U0895170

本著作受兰州大学管理学院教师学术出版基金资助

虚拟政府视域下的公共服务外包

——基于中国城市基层政府的扎根理论研究

PUBLIC SERVICE OUTSOURCING FROM THE VIRTUAL GOVERNMENT'S HORIZON
—A GROUNDED THEORY RESEARCH BASED ON CHINESE CITY'S BASIC GOVERNMENT

贾旭东 ◎ 著

中国社会科学出版社

图书在版编目（CIP）数据

虚拟政府视域下的公共服务外包：基于中国城市基层政府的扎根理论研究/贾旭东著．—北京：中国社会科学出版社，2016．8

ISBN 978－7－5161－8853－8

Ⅰ．①虚…　Ⅱ．①贾…　Ⅲ．①公共服务—对外承包—研究—中国　Ⅳ．①D669．3

中国版本图书馆 CIP 数据核字（2016）第 206460 号

出 版 人	赵剑英
责任编辑	王　曦
责任校对	周晓东
责任印制	戴　宽

出　　版	中国社会科学出版社
社　　址	北京鼓楼西大街甲 158 号
邮　　编	100720
网　　址	http：//www．csspw．cn
发 行 部	010－84083685
门 市 部	010－84029450
经　　销	新华书店及其他书店

印刷装订	三河市君旺印务有限公司
版　　次	2016 年 8 月第 1 版
印　　次	2016 年 8 月第 1 次印刷

开　　本	710×1000　1/16
印　　张	14．5
插　　页	2
字　　数	248 千字
定　　价	56．00 元

凡购买中国社会科学出版社图书，如有质量问题请与本社营销中心联系调换

电话：010－84083683

目　　录

前　言

公共服务是政府的重要职责之一。长期以来，世界各国实行的公共服务供给机制都以政府主导型为主，即主要由政府直接向社会提供公共服务。但自20世纪70年代末至80年代初以来，西方主要工业国家为走出政府信任危机、财政危机和管理危机，适应经济全球化时代国内外环境的巨大变化及社会越来越高的公共服务需求，开始推动被学术界称为公共行政的里程碑的新公共管理运动。

新公共管理运动兴起以来，英国、美国、澳大利亚、挪威、芬兰、丹麦、新西兰、荷兰等工业化国家相继开始进行大规模的政府改革，为世界各国的行政体制改革提供了示范和样本。虽然目前人们已经开始越来越多地反思这场运动并重申公共行政的终极价值和意义，但新公共管理运动却依然影响着世界各国的政府改革。

在新公共管理运动的浪潮中，尽管世界各国的政府改革内容与方式并不完全相同，但如何增强政府的服务意识、降低服务成本、创新服务方式及机制、提升服务能力的目标和取向却是一致的。新公共管理运动最突出的特点就是引入市场竞争机制，运用工商管理领域的理论、方法和技术来改善政府部门的管理，提高其运营效率，提升其公共服务水平。

政府的新定位与政府公共服务的市场化取向、政府间关系调整的分权化取向和政府组织变革的绩效化取向是新公共管理运动的三大主题，其中最核心的主题就是公共服务的市场化。即改变政府主导下的公共服务提供机制，将社会资源和市场力量引入公共服务领域，推行政府职能的市场化和民营化。

公共服务外包是西方各国市场化改革的主要方式之一，即通过合同承包的方式将向社会提供公共服务的任务交由私人部门承担。早在20世纪70年代，英国、美国、澳大利亚、新西兰、法国、日本等西方发达国家就开始了政府公共服务外包的尝试。最初，外包的公共服务局限于垃圾处理、城市绿化、手工服务等简单劳动，现在已经扩大到政策制定、环境保护、道路交通、医疗救助、社会保障、工作培训、公共工程、信息收集、数据处理以及监狱管理、邮电通信、医疗保健、治安保卫、公共住宅管理、自来水供应等城市公共管理事务。

当前，中国日益融入经济全球化的大潮，进入了经济社会全面转型的关键时期，使政府面临着比以往任何时期都更加复杂和繁重的公共管理任务。经过30多年的改革，经济体制的结构性矛盾仍然存在并且在发展中更加明显和激化，市场经济的完善任重道远，其中许多深层次的矛盾和问题都与政府自身的改革密切相关。因此，对中国政府而言，向公共服务型政府转型已是大势所趋、形势所迫，是中国在21世纪新的历史条件下的必然选择。

在我国政府的转型中，城市基层政府扮演着越来越重要的角色。虽然我国各城市政府开始越来越重视公共服务职能，公共服务能力也有了很大提高，但总体而言，我国城市基层政府在公共服务的提供中还存在很多亟待解决的问题，导致公共服务产品总量不足、投入不够、分配不均、政府及公共部门过度垄断和服务供给结构失衡。在这样的背景下，以市场化为导向的新公共管理运动为我国的行政管理体制改革提供了有益的经验和借鉴。我国许多城市的基层政府已经开始尝试在公共部门中引入市场机制，借助私营部门和社会组织的资源和能力，更加有效地为公众提供更多、更好的公共物品和服务。

由于中西方社会文化环境及各国政治体制、政府结构的诸多差异，我国无法简单照搬基于西方发达国家情境所构建的公共服务外包理论来解释中国的问题和现象并指导中国政府的实践。而中国的一些城市基层政府已经积累了一定的实施公共服务外包的实践经验，但由于目前在此问题上的理论研究滞后，尤其缺乏基于中国情境或考虑了中国情境因素的理论研究，因而实践者仍受到许多问题的困惑，迫切需要理论指导。

因此，本书基于中国情境，在扎根理论研究方法论的指导下，运用包括经典扎根理论在内的多种研究方法，深入中国城市基层政府实践进行研究，具有非常重要的理论和现实意义。通过本书的研究，发现了中国城市基层政府公共服务外包的动因，回答了中国城市基层政府为什么进行公共服务外包这一重要理论问题，同时研究了中国城市基层政府公共服务外包利益相关者之间的关系，发现了一些以前未曾被研究过的独特现象，通过理论归纳和分析，初步提出了一些新的概念，还对虚拟企业、虚拟政府等已有的概念提供了实证支持，提出了虚拟政府组织及运行的基本理论模型和框架，并从虚拟政府的视角研究公共服务外包，给出了中国城市基层政府公共服务外包机制的基本框架、设计原则及具体措施，为中国政府完善公共服务外包机制、提高公共服务外包效率和质量提供了对策建议和理论指导，为公共服务外包理论研究做出了原创性的贡献。

本书是根据作者的博士毕业论文补充、完善而成，能顺利付梓面世，有太多的谢意需要表达。

感谢我的授业恩师——兰州大学管理学院院长包国宪教授。师从包教授有年，深感所学无垠，受益终生。恩师待人，或温润如水，或峻严如山，但无一不慈念悲心；恩师授业，或当头棒喝，或苦口婆心，但无一不应机而化；恩师常怀忧天下之心，济家国之志；携提同侪，拔超学子，殚精竭虑，孜孜以行；践鸿鹄之志于鳞爪之间，踯躅不回；履奇峰险滩于谈笑之际，九死不悔。得遇恩师实乃此生之大幸，必当踵武不辍，戮力一心，冀有成以报万一！

感谢兰州大学管理学院的各位前辈和同事们。我的成长和提高离不开他们一直以来的鼓励和关心，本书从选题到成文也得益于与他们多次的讨论与交流，我从他们的身上学到了许多许多！

感谢兰州大学管理学院多位MPA、MBA同学，没有他们的大力协助，我无法顺利完成本书的调研工作。感谢接受我的访谈或为本研究提供帮助的所有朋友，虽然我不能在这里列举他们的名字，但我心中对他们充满感激，感谢他们对我研究的支持和帮助！

感谢英国卡迪夫商学院费晓冬（Foster Fei）博士，最初是他在学术会议上的介绍引起了我对扎根理论的兴趣，与他的讨论和争鸣促进了我对这种优秀的研究方法论的理解和掌握，使得本书的研究获得了有力的方法和工具。感谢丹麦哥本哈根商学院李平（Peter Ping Li）教授，他对后学晚辈无私的教诲和指导使我受益良多。感谢中山大学政治与公共事务管理学院院长马骏教授和牛美丽副教授，与他们曾经的交流和探讨给了我在本书研究方法选择上很大的信心和启发。

运用经典扎根理论方法论进行基于中国本土情境的管理学研究，尤其是将其应用于政府公共服务外包研究还是一个全新的尝试，加之作者能力水平所限，本书一定有着诸多问题与不足，恳请学界同行及读者大力批评指正。

第一章　绪论

西方国家兴起的新公共管理运动将工商管理的理论和方法用于政府改革，中国经济社会的全面转型使得越来越多的城市政府尝试推动公共服务的市场化改革。在这样的背景下，本书通过运用规范的研究方法对我国城市基层政府公共服务外包的实践案例进行深入的定性研究，试图获得在中国情境下新的研究发现和理论贡献。

第一节　研究背景与意义

本书的研究基于国际国内两方面的背景，具有理论和实践的双重意义。通过本书的研究，获得了基于中国情境的新的研究发现，初步给出了基于中国情境的理论阐释，为指导中国城市基层政府的公共服务外包实践提供了新的理论视角和工具。

一　研究背景

本书的研究背景来源于国际与国内两个方面。国际上，起源于西方发达国家的新公共管理运动通过引入市场机制，运用社会资源和能力，由社会组织和企业提供公共服务，有效提高了政府运营效率和公共服务质量。在国内，转型期的中国城市基层政府开始借鉴新公共管理运动的成果，尝试进行公共服务外包并取得了初步成效。

（一）国际背景

公共服务历来被认为是政府必须承担的重要职责之一。18 世纪时，英国经济学家亚当·斯密就曾在《国富论》中指出，“国防、公共基础设施、行政与司法”是政府的主要职能。长期以来，世界各国实行的公共服务供给机制以政府主导型为主，即主要由政府直接向社会提供公共服务。

但自20世纪70年代末至80年代初以来，西方主要工业国家先后出现了经济发展的“滞胀”现象，使其面临着政府规模不断膨胀、财政赤字日益扩大、运营成本不断上升、福利支出居高不下、失业人口增加、政府公信力下降等严峻挑战。为适应经济全球化时代国内外环境的巨大变化以及社会越来越高的公共服务需求，进而走出政府信任危机、财政危机和管理危机，以英美等为代表的西方发达国家开始推动新公共管理运动，这一运动被学术界称为公共行政的里程碑。

新公共管理运动兴起以来，英国、美国、澳大利亚、挪威、芬兰、丹麦、新西兰、荷兰等工业化国家相继开始进行大规模的政府改革，把这场运动不断推向高潮，为世界各国的行政体制改革提供了示范和样本。虽然目前人们越来越多地反思这场运动并重申公共行政的终极价值和意义，但新公共管理运动却依然影响着世界各国的政府改革。

新公共管理运动最突出的特点就是引入市场竞争机制，运用工商管理领域的理论、方法和技术来改善政府部门的管理，提高其运营效率，提升其公共服务水平。政府的新定位与政府公共服务的市场化取向、政府间关系调整的分权化取向和政府组织变革的绩效化取向是新公共管理运动的三大主题，其中最核心的主题就是公共服务的市场化。即改变政府主导下的公共服务提供机制，将社会资源和市场力量引入公共服务领域，推行政府职能的市场化和民营化，这使得将市场机制引入公共服务领域成为行政体制改革的普遍趋势。

西方各国的市场化改革主要以两种方式进行，一种是对长期以来由政府垄断的行业进行非国有化改革，另一种方式是通过合同承包的方式将向社会提供公共服务的任务交由私人部门承担。这种通过合同承包的形式，让私人部门提供公共服务的做法就是本书要研究的政府公共服务外包。

早在20世纪70年代，英国、美国、澳大利亚、新西兰、法国、日本等西方发达国家就开始了政府公共服务外包的尝试，尤以英美两国最为突出。最初，外包的公共服务局限于垃圾处理、城市绿化、手工服务等简单劳动，现在却早已经扩大到政策制定、环境保护、道路交通、医疗救助、社会保障、工作培训、公共工程、信息收集、数据处理以及监狱管理、邮电通信、医疗保健、治安保卫、公共住宅管理、自来水供应等城市公共管理事务。

（二）国内背景

当前，我国已经进入经济社会全面转型的关键时期。在市场导向的经济体制改革中，我国的经济转轨迅速而平稳，主导性的资源配置手段正逐步由计划转向市场，社会主义市场经济体系逐步确立。但目前经济体制的结构性矛盾仍然存在并且在发展中更加凸显和激化，市场经济的完善还任重道远，其中许多深层次的矛盾和问题都与政府自身的改革密切相关。完善我国市场经济体制迫切需要政府职能的转型，以更好地向社会提供更优质的公共服务。

在新公共管理运动的浪潮中，世界各国均对政府机构进行了大刀阔斧的改革，尽管各国的改革内容与方式并不完全相同，但如何增强政府的服务意识、降低服务成本、创新服务方式及机制、提升服务能力的目标和取向却是一致的。中国已经加入世界贸易组织，日益融入经济全球化的大潮，经济社会的全面转型使政府面临着比以往任何时期都更加复杂和繁重的公共管理任务。因此，对中国政府而言，建设公共服务型政府转型已是大势所趋、形势所迫，是中国在21世纪新的历史条件下的必然选择。

在我国政府的转型中，城市基层政府扮演着越来越重要的角色。虽然我国各城市政府越来越重视公共服务职能，公共服务能力也有了很大提高，但总体而言，我国城市基层政府在公共服务的提供中还存在很多亟待解决的问题，导致公共服务产品总量不足、投入不够、分配不均、政府及公共部门过度垄断和服务供给结构失衡。

同时，经济转型和现代化进程的迅速推进深刻影响着我国社会生活的各个方面，其中一个重要表现就是，我国的社会阶层结构已经开始出现具有现代意义的重要变化，即社会结构的中下层逐步缩小，中间阶层已经出现并不断壮大，社会阶层结构正在从金字塔形向橄榄形过渡。而城市社会结构的橄榄形特征更加明显，中间阶层在城市居民中的比例日益扩大。在这场深刻的社会转型中，社会公众尤其是中间阶层的公共服务需求急剧增加并且日益多样化，迫切需要城市基层政府转变传统的管理模式，以更好的方式和手段为社会提供公共服务。

在这样的背景下，以市场化为导向的新公共管理运动为我国的行政管理体制改革提供了有益的经验和借鉴。我国许多城市的基层政府已经开始尝试借鉴新公共管理运动的成功经验，在公共部门中引入市场机制，借助私营部门和社会组织的资源和能力，更加有效地为公众提供更多、更好的公共物品和服务。

从20世纪90年代以来，公共服务外包已经开始在我国城市基层政府得到了初步应用。如青岛的街道清扫服务外包，北京东城区的公共厕所服务外包，深圳的能源、水务、燃气、公共交通等公用事业的国际招标，广州市珠江环卫体制实行管理与服务分离，上海用商业化模式治理苏州河，厦门推行下岗人员“社会培训、政府埋单”等都取得了良好的效果。

二 研究意义

本书在扎根理论研究方法论的指导下，运用包括经典扎根理论在内的多种研究方法，深入实际，对中国城市基层政府公共服务外包的动因、利益相关者在公共服务外包中的相互关系、公共服务外包机制等问题进行了理论研究，获得了基于中国实践的研究发现和理论贡献，具有理论和实践的双重意义。

（一）理论意义

由于中西方社会文化环境及各国政治体制、政府结构的诸多差异，我国无法简单照搬基于西方发达国家情境所构建的公共服务外包理论来解释中国的问题和现象并指导中国政府的实践。因此，本书基于中国情境，深入中国城市基层政府实践进行研究，发现了中国城市基层政府公共服务外包的动因，回答了中国城市基层政府为什么进行公共服务外包这一重要理论问题，同时研究了中国城市基层政府公共服务外包利益相关者之间的关系，发现了一些以前未曾被研究过的独特现象和问题，通过理论归纳和分析，初步提出了一些新的概念，对一些已有的概念提供了实证支持，进而提出了虚拟政府组织及运行的基本理论模型和框架，为公共服务外包理论研究做出了原创性的贡献。

本书采用扎根理论研究方法进行实证研究，不仅有助于发现新的管理现象并提炼出新的理论问题，也使理论的分析和构建牢牢扎根于实践，为政府公共服务外包问题的理论研究提供了新的方法，进而对公共管理研究方法论的多元化和规范化做出了贡献。

（二）实践意义

中国的一些城市基层政府已经积累了一定的实施公共服务外包的实践经验，但由于目前在此问题上的理论研究滞后，尤其缺乏基于中国情境或考虑了中国情境因素的理论研究，因而实践者仍受到许多问题的困惑，迫切需要理论指导。因此，本书在实证研究基础上进行理论构建并进而运用新的理论视角研究实践问题，提出了中国城市基层政府公共服务外包机制的基本框架、设计原则及具体措施，为中国城市基层政府完善公共服务外包机制、提高公共服务外包效率和质量提供了对策建议和理论指导，有助于推动这项改革的深入开展，进而促进中国政府的行政体制改革和服务型政府的构建，以更好地为社会提供公共服务。

第二节　研究思路、框架和方法

本书总体属于定性实证研究，即运用规范的研究方法论，选择典型案例进行深入调研并运用扎根理论方法进行理论抽象和概括，试图发现新的研究问题并作出新的理论贡献。

一　研究思路

本书研究的总体思路是：采用规范的定性研究方法，以我国经济社会的全面转型为背景，以我国城市基层政府的公共服务外包活动为研究对象，选择中国城市基层政府公共服务外包机制改革中的典型案例进行深入调研，基于扎根理论方法进行实证研究，力图在研究中发现目前我国城市基层政府公共服务外包中存在的问题，完善和提升对政府公共服务外包问题的理论认识，为我国城市基层政府完善公共服务外包机制提供具有可操作性的理论指导。

具体思路是：本书总体采用经典扎根理论研究方法，在对以往研究成果进行总结评述的基础上，对我国城市基层政府公共服务外包的典型案例进行实证研究，运用深度访谈、问卷调查等方式收集数据、发现问题；通过对数据进行文本分析，获得核心范畴，得到理论构建的基本元素。在通过扎根理论研究获得了核心范畴并达到理论饱和后，根据理论的发展状况进行初步的理论构建，为我国城市基层政府公共服务外包的改进和机制的完善提出对策建议和理论指导。

二　研究框架

本书的总体研究框架如图 1 -1 所示（见下页）。

三　研究方法

总体来说，本书的研究在经典扎根理论研究方法论的指导下展开。即由最初的研究兴趣将研究者引入研究情境，通过对典型案例进行的深入调研来发现问题并进行理论研究，最后通过不断比较的方法来进行理论构建和阐释。具体而言，本书还采用了深度访谈、文本分析、问卷调查、计算机软件分析等方法，分述如下：

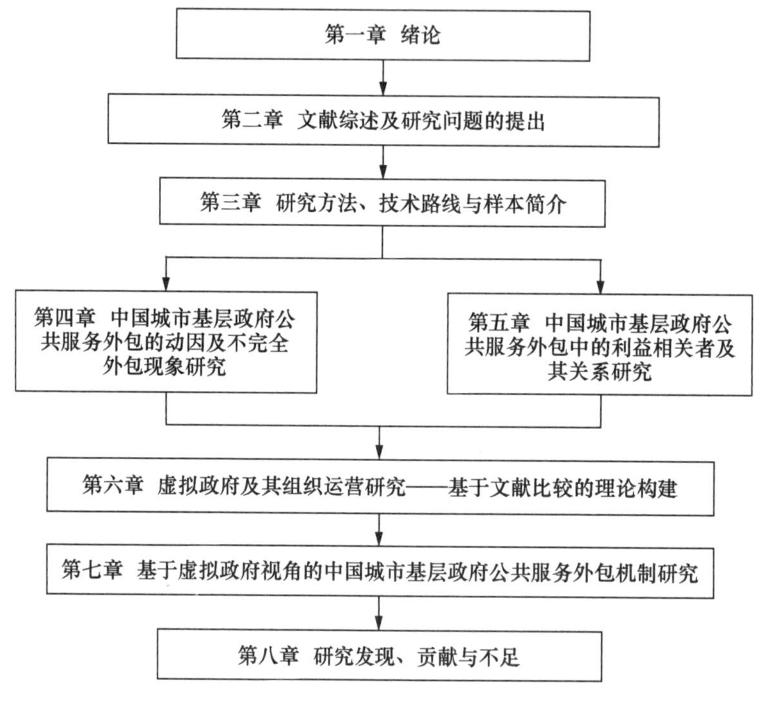

图 1－1 本书总体研究框架

（一）经典扎根理论研究方法

采用经典扎根理论研究方法进行实证研究是本书研究的重点，也是本书进行理论构建的基础和关键。经典扎根理论研究是一个精心设计的动态研究过程，既有非常规范的研究步骤和方法，又要根据研究的进展动态调整研究活动。其基本程序、研究过程及本书对该方法的运用详见第三章。

（二）深度访谈法

经典扎根理论研究中最常用的方法是深度访谈，即对典型案例的相关当事人进行深度访谈以收集研究数据并获得一手资料，常常能够从与研究对象的深度沟通中产生新的研究问题及概念和范畴。本书在研究过程中对多位相关人士进行了大量的访谈。在访谈过程中，笔者虽然事先准备了访谈提纲[①]，但始终保持着一种参与者的姿态，倾听和关注访谈对象所关心的问题，避免任何先入为主的引导和提示，主要使用开放性问题，鼓励访谈对象说出自己真实的想法，以谈心的方式完成访谈。为保证不遗漏重要信息，本书的访谈过程进行了全程录音，为数据分析提供了真实的原始数据。详见第三章。

（三）文本分析法

经典扎根理论提供了完整的数据分析思路和方法，文本分析是其进行数据分析和处理的主要手段。经典扎根理论的文本分析方法是逐行编码（Line by line coding），即对文本资料或数据逐行进行概念化和抽象化编码，归纳出其中蕴含的概念和范畴。在本书的研究中，笔者通过文本分析对访谈和调研中获得的第一手数据及研究笔记进行处理，逐层归纳出了基本概念直至核心范畴。同时，本书在研究中灵活运用了该方法，详见第三章。

（四）问卷调查法

问卷调查法也称问卷法，是以书面提出问题的方式搜集数据的研究方法。调查者运用统一设计的问卷向被选取的样本，即调查对象了解情况或征询意见。本书在研究深圳 H 区居民对深圳 H 区环卫外包工作的态度时运用了该方法，将所要研究的问题编制成表，以当面及留置的方式请研究对象填答，了解其对该问题的看法和意见。本书研究中运用的调查问卷详见附录 4，调查结果分析详见第六章。

（五）计算机软件辅助分析

一般而言，扎根理论研究都需要对大量的文本数据进行分析，而传统的扎根理论研究者仅靠纸笔进行资料的编码和整理，工作效率极低。因此，笔者在本书的研究中采用了思维导图软件 Mindjet Mindmanager Pro 7.0 进行编码的比较和整理，极大地提高了本书研究的效率，也为提高扎根理论研究的效率进行了有益的探索。详见第三章、第四章、第五章及附录 6、7、8。

第三节　研究问题与研究内容

笔者在最初的研究问题引领下进入研究情境，随着研究的逐步深入和

① 详见附录 3。

理论的发展而不断发现新的研究问题和内容，最终对我国城市基层政府公共服务外包的动因、相关利益者及其相互关系、公共服务外包的机制等相关问题进行了研究，发现了一些基于中国情境的研究问题和现象，初步构建了虚拟政府的组织模型并对中国城市基层政府公共服务外包机制的设计提出了原则和对策建议。

一 本书的研究问题

本书的研究围绕着以下问题展开：

●转型期我国城市基层政府公共服务外包的动因是什么？

●我国城市基层政府公共服务外包的利益相关者有哪些？他们在公共服务外包过程中分别扮演着怎样的角色？具有怎样的态度与行为？他们之间有着怎样的互动关系？对外包的过程与绩效有何影响？

●基于职能虚拟的视角，如何认识虚拟政府与公共服务外包？如何从理论上界定二者的关系？虚拟政府的组织结构理论框架为何？

●在转型期的中国，城市基层政府应如何设计和完善公共服务外包机制？公共服务外包机制设计的原则为何？

应当说明的是，这些研究问题是在研究中逐步出现并形成的，笔者带着最初的研究问题——转型期我国城市基层政府公共服务外包的动因进入典型案例进行调研，在扎根研究中，新的、相互关联的研究问题不断涌现，引导着本书的研究不断深入。继而，本书对城市基层政府公共服务外包的利益相关者及其相互关系进行了研究并获得了研究发现。在通过理论性编码获得了有关虚拟政府的概念和范畴后，本书的研究转向对虚拟政府的组织结构及运行机制理论的构建，继而从虚拟政府的高度获得了研究中国城市基层政府公共服务外包的新的理论视角，最后基于这一视角对我国城市基层政府设计和完善公共服务外包机制提出了对策建议。

二 研究内容

本书运用规范的定性研究方法，基于转型期中国城市基层政府公共服务外包的典型案例，对其公共服务外包的相关问题进行实证研究。通过本书研究发现了在中国情境下城市基层政府公共服务外包实践中的一些新现象、新问题，对公共服务外包的动因、不同利益相关者在公共服务外包中的思想、态度及其互动关系等问题进行了深入研究。通过与虚拟企业理论的比较，本书构建了虚拟政府组织机构与运行机制理论的基本框架，并基于虚拟政府的理论视角，为中国城市基层政府设计、完善公共服务外包机制给出了对策建议。

本书分为以下八个部分：

第一章 绪论。在分析选题背景、选题意义的基础上，提出本书的整体研究思路、方法和内容。

第二章 文献综述及研究问题的提出。本章对公共服务市场化、公共服务外包及相关领域研究的国内外相关文献进行了理论综述。从文献综述中发现了目前研究尚未涉及的问题及其不足，进而获得了本书最初的研究问题。

第三章 研究方法、技术路线与样本简介。由于本书运用的经典扎根理论研究方法论在国内公共管理研究中尚未见采用，而且该方法论的几大学派在发展过程中有许多争论，本书又对其进行了适度的创新，因而本章对该方法论及其方法进行了较详尽的说明，同时介绍了本书的技术路线和研究样本的基本情况。

第四章 中国城市基层政府公共服务外包的动因及不完全外包现象研究。本章介绍笔者通过经典扎根理论研究方法，以广州 F 区政府和深圳 H 区政府为样本进行研究，发现了其公共服务外包的多个动因。同时也发现，中国城市基层政府存在公共服务职能的不完全外包现象，本章对此进行了研究并给出了解释。

第五章 中国城市基层政府公共服务外包中的利益相关者及其关系研究。本章介绍对样本中的公共服务外包利益相关者及其相互关系进行的研究，从中获得了“职能单位”及“行政性承包”等新的概念或范畴。

第六章 虚拟政府及其组织运营研究——基于文献比较的理论构建。根据扎根理论研究中获得的相关概念和范畴，本章引入了虚拟企业和虚拟政府相关文献进行比较研究，通过文献比较提出了基于职能虚拟的虚拟政府概念并构建了一个虚拟政府的组织结构一般模型。

第七章 基于虚拟政府视角的中国城市基层政府公共服务外包机制研究。本章基于虚拟政府的视角，在第六章所构建的虚拟政府组织模型的基础之上，探讨了虚拟政府的运行机制和虚拟政府视角下公共服务外包利益相关者间的关系，并结合中国城市基层政府公共服务外包机制中现存的问题，对外包机制的设计和完善提出了原则与对策建议。

第八章 研究发现、贡献与不足。本章总结了本书的研究发现和主要贡献，对未来的研究工作进行了展望和规划。

第二章　文献综述及研究问题的提出

有关公共服务市场化、公共服务外包及相关领域的理论研究成果非常丰富，国内外学者从不同角度、运用不同方法对以上问题进行了研究，获得了多样化的研究成果。但目前的研究成果中还非常缺乏基于中国情境的研究，同时对中国城市基层政府的公共服务外包缺乏充分的实证研究，而基于国外政府实践的研究成果又难以充分解释中国政府的实践。由此，笔者产生了最初的研究兴趣并提出了最初的研究问题，即中国城市基层政府为什么进行公共服务外包?

第一节　公共服务外包研究综述

公共服务外包在英文文献中常用多个词汇来表述，最常见的是 contracting out，也有一些文献用 contracting 或 outsourcing。而中文也有多种译法，如“合同外包”、“合同承包”、“合同出租”、“外包”等。本书采用了“公共服务外包”这个译法，因为笔者认为这种译法能够更贴切地表达出政府将本由自身负责的公共服务生产职能交由其他组织来承担的意思和内涵。

目前学界对公共服务外包概念的认识大同小异，没有太大的分歧。所谓公共服务外包，就是政府在确定某种公共服务的数量和质量标准的基础上，将原本由自身承担的某些公共服务的生产权和提供权以契约合作的方式转让给其他市场主体或社会组织，如私营企业或第三部门组织，由其按照合同向民众提供公共服务，政府用财政拨款购买其产品和服务的一种公共服务方式。一般认为，政府公共服务外包最主要的目的是降低公共服务成本、提高公共服务质量、增加公共服务收益、提高政府运营效率，等等。但现有研究表明，不同国家、不同层级的政府，其公共服务外包的目的不同。

国内外对公共服务外包的研究分别从两个视角展开，其一是从较为宏观的公共服务市场化视角，将外包作为政府公共服务市场化（或称社会化、民营化）的途径来进行研究；其二是从微观视角展开，即对公共服务外包活动尤其是公共服务外包机制及相关问题进行的研究，涉及政府公共服务外包的动因、外包决策的影响因素、外包过程中参与各方的行为等问题。

一 对公共服务市场化的研究

这一视角的研究大多较宏观，将外包作为政府公共服务市场化（或称社会化、民营化）的途径之一来进行研究，没有将公共服务外包作为单独的研究对象，而是与其他公共服务市场化的手段进行综合或比较研究。

（一）国外的研究

公共服务市场化是20世纪70年代以来世界各国政府改革的一个大趋势，也是各国政府改革的核心主题之一。关于公共服务市场化，学术界有不同的表述，如“民营化”（Privatization；Savas，萨瓦斯）、“代理政府”（Government by the Proxy；Kettl，凯特勒）、“国家的市场化”（the Marketization of the State；Jon Pierre，皮埃尔）、“市场治理”（Government by the Market；Peterself，彼得塞尔夫），等等。

西方学界研究市场化（或民营化、社会化）的主要先驱者包括萨瓦斯、奥斯本（David Osborne）、盖布勒（Ted Gambler）等。其中贡献和影响最大的是美国学者萨瓦斯。他参与了49个国家的市场化实践，积累了丰富的经验，为公共服务市场化研究做出了独特的贡献，被称作“民营化之父”。萨瓦斯在1987年出版的《民营化：改善政府的要径》一书被译为13种语言出版，对指导美国乃至其他发达国家政府的市场化改革起到了十分重要的作用；稍后出版的《民营化与公私部门的伙伴关系》一书更是成为这一领域的经典。

萨瓦斯从三个方面阐述了公共服务的市场化问题。首先，他认为公共服务市场化的推动力量可以分为现实压力、经济、意识形态、商业等方面和平民主义的影响。其次，他认为政府的过度扩张不仅会抑制经济增长，而且许多政府活动被证明是无效的，因而需要重新审视政府的角色，发挥其促进者和管理者的作用，使政府更多地依靠公民、社区和市场来提供公共服务。最后，他认为可以通过 10 种不同的制度安排来提供公共服务，外包就是其中之一（萨瓦斯，2002）。

萨瓦斯根据公共产品提供主体的特点、公共产品的性质及公共服务市场化采取的形式和手段将公共服务市场化的形式归纳为以下十种：政府服务、政府出售、政府间协议、合同承包、特许经营、政府补助、凭单制、自由市场、志愿服务、自我服务，这一分类已经为学界广泛接受，其中所谓“合同承包（Contracting out）”就是本书研究的公共服务外包。

萨瓦斯指出，政府公共服务外包是民营化最重要的一种形式。他总结并提出了政府公共服务外包的实施过程，包括：确定拟外包的服务、进行可行性研究、准备招标合同、发布招标公告、选择服务承包商、监测评估并促进合同履行等步骤（萨瓦斯，2002）。

奥斯本和盖布勒（Ted Gambler）的《改革政府：企业家精神如何改革着公营部门》一书以丰富的实践经验和理论例证为各国政府的市场化实践提供了有力指导。在本书中，他们提出了改革政府的十条具体原则，如：起催化作用的政府（Catalytic Government）、掌舵而不是划桨……以市场为导向的政府、通过市场力量进行变革，等等，这十条原则几乎都与民营化和公共服务外包有关，其中所谓“企业化政府”模式就是用市场机制重塑政府（奥斯本、盖布勒，1996）。

关于未来的公共管理模式，彼得斯认为，政府部门的全部工作都应当通过某种竞标的方式来组织，通过让私人部门来投标，使政府有机会让私人部门更好、成本更低地完成那些原本由政府完成的工作。他认为，通过引入竞争机制，以政府间协议和合同承包等方式提供公共服务以提高服务质量将成为未来政府公共服务的主导模式（彼得斯，2001）。

新公共管理的主要倡导者之一胡德（Hood）认为，传统公共行政是以韦伯的官僚体制为基础，服务模式过于机械化、重视程序而非绩效、以专业为主而非合作或管理取向，因而公共服务的提供过程缺乏企业的价值理念与技术方法。他主张政府要重视工商企业的管理方式，将企业的有效管理手段运用到公共部门中。他提出：公共部门应当向更具竞争性的方向发展，包括“订立合同条款及公开招标程序”，原因在于“竞争是降低成本和达到更高标准的关键所在”（Hood，1991）。

美国公共行政学会前会长马克·霍哲（Hodge）认为，西方社会正处在一个关键的交叉路口，公众对效率和效能低下的政府正逐渐失去耐心。

他认为存在两条变革途径，其一是运用民营化的手段，引入社会组织高效率、低成本地提供公共服务；其二是公共部门通过对自身的一系列变革来改善公共服务并重新获得公众的信任。霍哲积极支持后一种变革途径，对民营化及公共服务外包却持怀疑和保留态度。但在他提出的公共部门创新方案中，建立伙伴关系是核心要素之一，在这些伙伴关系中，既包括与社区（公民与志愿者）及私有部门的关系，也包括与非营利组织的伙伴关系，而这些恰恰是公共服务市场化和外包的重要形式。因此，表面上与民营化和公共服务外包针锋相对的内部改革思想依然渗透着民营化及公共服务外包的思维。

（二）国内的研究

我国国内对公共服务市场化的研究主要从三个方面展开。第一个方面是研究在我国推行公共服务市场化的可行性和必要性，探讨我国是否应推行公共服务市场化，这是国内早期的公共服务市场化研究问题。这方面的研究者主要包括宋世明、毛寿龙、刘旭涛、马敬仁等。

例如，宋世明回顾和分析了工业化国家公共服务市场化的进程及对中国行政改革的启示，认为应该把公共服务市场化纳入到中国行政改革的实践之中，将公共服务市场化作为中国行政学的重要课题来进行研究（宋世明，2000）。毛寿龙认为“公共服务市场化对实现从无限政府走向有限政府的治道变革，是非常重要的。没有这一领域的改革就不可能实现政府职能的治道变革，也不可能改善公共服务”（毛寿龙等，1998）。刘旭涛认为公共服务市场化是政府职能转变的重要方向并具体分析了我国推行市场化的基本动因及市场化对我国政府改革的重要意义（刘旭涛，1999）。这些早期的学者为启动我国公共服务市场化的实践起到了积极的推动作用。

第二个方面的研究是致力于研究我国政府在推行公共服务市场化进程中所扮演的角色，代表性的观点认为，政府应该将服务生产者和安排者的职能分离，由政府来“掌舵”，让市场和社会“划桨”。代表性的学者主要有娄成武、李军鹏、胡象明、沈荣华、唐娟等。例如，娄成武指出：政府作为公共服务的主导者应充分发挥参与、监督和引导作用，发挥其政策职能，消除不合理的管制，完善监管机制以促进市场化的顺利进行（娄成武，2003）。胡象明等从治理理论的视角研究了公共服务市场化问题，分析了治理理论对实现政府公共服务市场化的指导意义及其具体体现，并进一步阐述了政府公共服务市场化的必要性及对我国政府体制改革的启示（胡象明、鲁萍，2002）。沈荣华则从市场机制、顾客导向、协作机制、政府责任、绩效评估等方面研究了提高政府公共服务能力的思路（沈荣华，2004）。

第三个方面的研究侧重于对公共服务市场化进程进行理性反思，研究我国推行公共服务市场化过程中的制约因素和现实问题。代表性学者有王乐夫、李彬、王明华、陈富荣等。如，王乐夫等从公共性的视角分析了我国政府在民营化改革中存在的主要问题，如民营化带来的经济性损失、公平性损失及社会责任缺失等六个方面，认为要对市场化活动进行科学分类并采取有效的对策（王乐夫、陈干全，2004）。

二 对公共服务外包相关问题的研究

近年来，国内外学者运用不同方法，对公共服务外包的不同方面进行了研究，主要集中在政府公共服务外包的动因、外包决策的影响因素、外包过程中参与各方的行为等方面的问题。

（一）国外的研究

综合国外近年来的研究，许多理论都曾被运用于公共服务外包研究之中，如公共选择理论、公共物品理论、交易成本理论、新公共管理理论、新公共服务理论、协商民主理论及社会选择理论等。虽然这些理论的来源及层次不同，却都曾被应用于公共服务外包研究，而且在西方发达国家已经日渐呈现出超越意识形态之争的态势。

20 世纪下半叶，西方学术界围绕着“计划与市场孰优孰劣”的问题曾展开过深入的讨论。起初，以新公共管理理论、公共选择理论为代表的市场派占据优势，他们强调市场机制的优越性，强调私营部门的管理实践与技术均优于公共部门，公共部门需要向私营部门学习以提高自身的效率和效能。因此，公共服务外包顺理成章地成为改革原有的公共服务提供方式的最重要工具。

随着新公共服务理论的出现，新公共管理理论遭到了有力的挑战和强烈的批评。新公共服务理论重视公民利益与政府责任，强调为民服务是政府的天职，批评新公共管理理论过分强调经济效率和市场竞争，把公民当作顾客而不是服务对象，忽视了对公民呼声的回应。虽然，迄今为止，新公共服务理论并未撼动新公共管理理论的主导地位，但它的积极意义在于，它促使人们开始审视公共服务外包中政府责任的缺失及私营部门对公民利益的忽略。

显然，政府计划在反映社会的价值观念上存在着天然的缺陷，而建立在理性人基础上、过于强调市场竞争的公共选择理论也同样存在缺陷。而社会选择理论则强调以一系列兼顾市场与计划的反复的对话协商程序来解决不同利益团体间的冲突，兼顾公民利益与服务效率。这一理论的产生与发展反映出政府改革中人们的价值观已经开始超越市场与计划的二元之争，从单纯追求政府效率，转而兼顾公民权利与意愿。随着该理论的广泛传播，人们开始尝试寻求市场与计划间的平衡。

具体而言，国外关于公共服务外包的研究成果极为丰富，近年来，学者们针对不同的问题、采用不同的方法、沿着不同的路径或视角展开了多方面的研究，得到了丰硕的成果。相关研究从以下几个方面展开：

1. 对公共服务外包过程中不同方面问题的研究

现有研究围绕着公共服务外包过程中多方面的问题展开，主要包括外包的动因或决策影响因素、外包参与各方的行为、外包成果与外包机制间的关系等三个方面。

（1）对外包的动因或决策影响因素的研究

早在 1997 年，Anne M. Libby 就已经通过对美国加州县级政府管理者的访谈和调查，对政府在居民心理健康服务上的外包决策及影响因素进行了研究（Anne M. Libby，1997）。

Anna Ya Ni 等通过对美国国家信息化协会、国家采购协会、国家立法委员会等部门的问卷调查及对美国人口调查局提供的宏观数据分析，对政府公共服务外包决策的影响因素进行了研究，发现影响美国各州政府外包决策的因素有：人口规模、市场规模、招投标过程中的竞争、外包过程的专业化、立法机构及党团组织、政治竞争等，其中政治因素在外包决策中起到了主要作用（Anna Ya Ni et al.，2007）。

Manuela S. Macinati 研究了意大利政府实行的国民健康服务外包。研究表明，外包已经广泛运用于意大利国民健康服务领域，特别是辅助服务领域。通过问卷调查和分析，得出以下结论：公共服务外包并不一定总是像政府官员想象的那样明显降低成本和提高效率，而地方政府推动公共服务外包的动因也并不完全是因为降低成本或提高效率，有可能是为了规避在劳动力聘用和管理方面的政府规定（Manuela S. Macinati，2008）。

Henry Ohlsson 通过对国有企业和私营企业成本模型的分析，采用在

115 个瑞典城市中进行垃圾处理业务的 170 个公共企业或私营企业的数据，比较了其国有企业和私营企业在垃圾处理业务上的成本差异，得出了一个有趣的结论，即：国有企业处理垃圾的成本比私营企业低 6%，但这种成本差异却并未影响当局的决策。换句话说，政府进行公共服务外包的动因并非为了降低成本，或者说，公共服务外包也并没有降低政府的公共服务成本（Henry Ohlsson，2003）。

以上三项分别针对美国、意大利和瑞典政府的研究对公共服务外包动因的解释并不完全相同，但有一个结论却是类似的，即政治方面的因素是政府公共服务外包的重要动因或决策影响因素之一，这也与下文中 Thomas Pallesen 由政治学路径对丹麦地方政府公共服务外包的研究结论相吻合。

但是，E. Dijkgraaf 等采用荷兰地方政府数据，通过建立数量模型，研究了荷兰地方政府的垃圾处理服务后，发现大部分的管理当局都自行处理垃圾，无视公共服务外包可以明显地降低成本。这种现象产生的原因有很多，如居民数量、中央政府的转移支付、利益集团的要求等都是重要的影响因素，而意识形态却是次要因素（E. Dijkgraaf et al.，2003），这一研究的结论似乎又与上述三项研究相悖。

因此，从以上研究中我们可以看出，不同国家政府进行公共服务外包的动因和决策影响因素并不完全相同，因而传统理论中政府实行外包主要是基于成本和效率动机的观点需要结合具体国家的情境来进行研究，这不禁使笔者产生了最初的研究兴趣并提出了本书最初的研究问题：中国城市基层政府实行公共服务外包的动因是什么?

（2）对外包参与各方行为的研究

Colette Rogers 对澳大利亚政府将就业网络服务外包给非营利组织进行了研究，对承接外包业务的非政府组织和政府都提出了对策建议（Colette Rogers，2007）。

Raymond J. Struyk 研究了东欧和独联体地区 7 个国家中非营利组织（Nonprofit Organizations，NPOs）接受政府公共服务外包的案例，发现政府对非营利组织参与公共服务外包采取了不同的态度和政策，有的政府积极支持，但有的政府却漠然以对（Raymond J. Struyk，2002）。

Yosef Bhatti 等运用丹麦城市政府公共服务外包的相关数据，分析了不同类型、拥有不同技能和工作动机的城市政府雇员对公共服务外包的态度。研究表明，政府组织中一般雇员的数量是影响外包的内生变量，具有专业精神而非官僚主义者的行政管理人员对外包的成功有着积极影响（Yosef Bhatti et al.，2009）。

Ruben Berrios 通过对美国政府公共服务外包的大量数据资料的分析，对公共服务外包活动中发包方（政府）和承包商的行为进行了研究（Ruben Berrios，2006）。

以上研究的重要启示是，在政府公共服务外包中，参与各方或相关利益者的态度和行为是影响外包过程及其成果的重要变量，应当给予高度重视。因而在中国城市基层政府的公共服务外包活动中，相关利益者的态度与行为及对公共服务外包的影响同样值得深入研究。笔者在最初的研究兴趣和研究问题的引导下进入研究情境后通过扎根研究也发现了这一问题，这一发现使得本书的研究问题自然地转向了对相关利益者在公共服务外包中的思想、行为及其相互关系的研究，对这一问题的扎根研究使本书获得了很多有趣的研究发现。

（3）对外包成果与外包机制间关系的研究

Mary K. Marvel 等通过对美国俄亥俄州的城市管理者协会的会员进行问卷调查，比较了政府分别采用自营机构或外包方式提供同样服务时的绩效监控水平，发现政府对由自身提供的公共服务绩效的监控往往比外包的服务要严格得多（Mary K. Marvel et al.，2007）。

上述 Yosef Bhatti 等的研究也支持大多数文献已经证明的观点，即经济社会的繁荣程度和意识形态都对外包的成果有着重要影响（Yosef Bhatti et al.，2009）。

Trevor L. Brown 等采用 1992—1997 年美国地方政府的相关数据进行的量化研究表明，外包是否成功与政府的合同管理能力密切相关（Trevor L. Brown et al.，2003）。

David M. 和 Van Slyke 认为，外包的成功取决于公共服务类别的特殊性、高度发达的竞争性市场、合约的性质以及履行责任和评估项目的能力（David，2003）。

从以上研究中我们可以看出，公共服务外包的绩效与外包的机制有很高的相关性，如政府内部的合同管理、绩效管理甚至对待外包的态度都对外包的成果有一定影响。因而在处于转型期的中国，如何设计有效的公共服务外包机制以取得理想的外包绩效需要进行深入研究。这一点同样在本书的扎根研究过程中得以发现，因而本书的研究问题最终转向如何设计有效的公共服务外包机制。

2. 运用不同方法对公共服务外包的研究

国外对公共服务外包的研究大多属于实证研究，按照其具体方法，又可分为案例研究和定量实证研究两类。

（1）案例研究

案例研究是国外公共服务外包研究中最多见的研究方法。如 Michael E. Yensz 以 1987 年美国海岸警卫队将其 21 家最大的陆基食品服务工厂外包为案例，对其外包决策及影响因素进行了深入研究。其研究证明，公共服务外包的确能够显著提高政府的公共服务效率（Michael E. Yensz, 2001）。

Ahmed 等通过对香港房地产管理部门（Hong Kong Housing Authority）服务外包的两个案例的研究发现，公共服务外包能否取得降低公共服务成本、提高公共服务质量的目标与外包过程管理中的许多因素有关，如：决策、监督、绩效评价及问责系统（Ahmed et al. , 2005）。这项研究也佐证了 Trevor L. Brown 等的观点，即外包的成功与政府自身的管理能力密切相关。

上文中 Anne M. Libby、Raymond J. Struyk 等的研究也都运用了案例研究方法。通过案例研究，学者们发现了许多在原有研究中没有发现的现象和问题，提出了新的研究问题，为更加深入的研究提供了空间。这给笔者重要的启发，即在对中国城市基层政府的公共服务外包问题进行研究时应优先考虑采用定性研究方法，即首先深入研究情境发现新的、有趣的现象和问题，得到有价值的研究发现，以此为基础才能进行更加深入和有价值的定量研究。但在定性研究方法的选择上，由于扎根理论在方法的系统性、权威性、数据处理技术的规范性和严谨性上明显优于案例研究方法，而且与案例研究方法相比，扎根理论更加长于理论的构建及作出理论发现或贡献。因此，笔者最终选择了扎根理论作为本书的研究方法。

（2）定量实证研究

通过运用数理统计工具及量化模型进行假设检验是国外实证研究的主流方法，也被大量运用于政府公共服务外包的研究中。如 Seiichiro Hayakawa 等通过日本地方政府 1997 年的数据，对提出的理论假设进行了统计检验，证明工会密度（union density）与地方政府的外包行为呈负相关关系。

Paul Oslington 通过对澳大利亚地方政府20世纪90年代以来进行失业者帮扶服务外包的数据分析，建立了一个理论模型，用以描述在政府公共服务外包中的失业者和福利组织的行为（Paul Oslington，2005）。

上文中 Yosef Bhatti、Ruben Berrios、E. Dijkgraaf、Trevor L. Brown 等的研究都运用了定量实证研究方法。定量实证研究方法严谨、准确，有助于深入理解公共服务外包中各变量间的相互关系，为建立具有较高普适性的理论做出贡献。但该方法更适于理论验证而非理论构建，其最大的局限在于，其理论假设的提出是基于已有的理论，难以发现和解释新的问题，难以实现较大的理论突破和创新。因此，对本书拟研究的中国城市基层政府公共服务外包问题，由于这是一个全新的研究情境，而且缺乏现成理论的支持，因而在研究的初期难以遽然采用定量实证研究方法，这将是运用定性研究方法发现了新的研究问题并初步提出了理论假设后进行的工作。

3. 从不同学科、研究路径或视角进行的公共服务外包研究

从研究路径和视角来看，由于公共服务外包属于新公共管理范畴，因而国外文献中从新公共管理的研究路径或视角进行的研究较为多见，如上文所述。但也有个别研究采用了其他学科的研究路径或视角，如从政治学路径及公共预算、行政治理视角进行的研究。

（1）从政治学路径进行的研究

Thomas Pallesen 通过对丹麦地方政府1985—1997年公共服务民营化的经验数据的调查和分析，从政治学路径对关于公共服务私有化的主流学说提出了挑战和质疑。虽然传统上人们认为倾向自由或倾向保守的政治领导和政府的预算压力都是公共服务私有化的原因，但其研究表明，政府实施公共服务私有化的动机更多地来自政治而不是经济（Pallesen，2004）。

（2）从公共预算视角进行的研究

Irene Rubin 从政府公共预算的视角，针对公共服务外包项目在美国一些地方政府预算中常常被省略或合并的现象及相关问题进行了分析和讨论，并提出了相应的对策（Irene Rubin，2006）。

（3）从行政治理视角进行的研究

Age Johnsen 等从行政治理的视角，对芬兰和挪威地方政府的审计职能外包进行了比较研究，研究发现，挪威和芬兰都广泛采用了将地方审计工作外包的做法，而由于挪威的地方政府审计费用高于芬兰，因而挪威的

地方审计外包更多地采取关系契约的方式（relational contracting），而芬兰则更多地采取市场契约方式（market contracting）（Age Johnsen et al.，2004）。

采用多学科的研究路径或多样化的研究视角显然有益于从多方面、多角度认识和理解公共服务外包，并有可能实现学科交叉及理论创新，这为本书的研究提供了重要的启示。更应当指出的是，政府公共服务外包源于新公共管理运动，而新公共管理运动的中心思想是借鉴工商管理的理论和方法来改革政府行政模式，进行公共服务外包研究又较多涉及政府与企业间的关系，与工商管理学科较为接近，因而研究该问题应当可以引入工商管理的相关理论或采用工商管理的理论视角，这将有可能发现公共服务外包的本质，获得公共服务外包研究的新成果。这一点在本书的扎根理论研究中也得到了验证，基于工商管理的虚拟企业相关概念的确在扎根研究过程中涌现并在随后的不断比较中使本书获得了新的、重要的理论视角，使本书得以从更新、更高的角度来研究公共管理外包，最终为本书的研究做出了重要贡献。

（二）国内的研究

与国外相比，国内对公共服务外包的研究相对不足，研究的问题不够广泛、不够深入、不够具体，也较缺乏规范、科学的方法论的运用。总体来说，国内的理论研究与国内公共服务外包实践的水平相适应，都处于探索阶段。

1. 对公共服务外包相关问题的研究

国内文献较集中的是对中外公共服务外包的比较研究或对国外经验的总结，也有一些针对其他问题的研究。

（1）中外比较研究或对国外政府经验的研究

从研究问题来看，国内现有研究较多集中在对国内外公共服务外包实践进行的比较研究上，这反映了我国在公共服务外包的实践上落后于西方国家，因而需要多多参考和借鉴其经验的现实，也反映了理论界试图从西方经验中获得理论启示的努力。

如黄伟、刘学政在分析美国地方政府推行公共管理社会化和公共服务市场化的经验教训和珠海城市管理面临的问题基础上提出了珠海城市管理体制创新的具体策略（黄伟、刘学政，2002）。

句华通过对美国自20世纪80年代以来地方政府公共服务外包的理论背景、发展现状与趋势的总结，分析了其中的问题及深层次的原因，探讨了美国实践对中国公共服务改革的借鉴（句华，2008）。

刘昕对澳大利亚、荷兰、英国和德国在公共就业服务方面，如职业介绍和就业安置等职能外包的经验进行了比较研究，进而指出，公共就业服务外包尽管有可能带来效率提升和成本节约，但它对政府部门的外包管理能力也提出了很大挑战。在公共就业服务外包的制度设计方面，政府必须妥善处理好选择、监督和激励承包商的问题（刘昕，2008）。

郑恒峰介绍了英国公共服务民营化战略的历史背景和改革实践，分析了其积极意义与存在问题，提出了对进一步推进我国公共服务体制改革的借鉴（郑恒峰，2008）。类似的研究还有：王艳、马宁（2006）、邵峰（2005）等。

虽然，在对西方经验的总结和与中国实践的比较研究中取得了许多成果，但值得思考的是，西方政府公共服务外包的经验能否直接用于指导中国政府改革的实践，或者说在多大程度上，中国政府的公共服务外包能够借鉴西方的经验。正如李招忠指出的，中西方都处在信息化、全球化时代，公共服务成本高、效率低、质量差是世界各国政府遇到的共同难题，但中西方社会发展阶段不同、行政管理体制改革的目标各异、公共服务市场化的起点不同，决定了双方无论在改革目标的选择，还是采取的改革步骤、手段等方面都会有所差异并具备各自的特色（李招忠，2004）。

笔者非常认同这种观点，认为处于转型期的中国与西方政府具有完全不同的社会环境、历史发展阶段及不同的社会文化，实施公共服务外包必然与西方面临不同的问题。因此，研究者应当首先深入中国情境去了解中国政府的外包实践，从中发现新的、西方没有的或具有中国本土特点的研究现象，进而在此基础上提出研究问题并进行理论研究才有可能获得新的研究发现和理论贡献。而在中国，开始进行公共服务外包尝试的多是城市基层政府，而且它们已经积累了一定的经验，因而对中国城市基层政府的公共服务外包实践进行研究，总结其实践经验将首先有助于解决基于中国情境的公共服务外包理论问题，为其未来的实践提供理论指导和经验总结。而未来深入推进这种研究并进行与西方实践的比较研究将有可能对公共服务外包理论乃至公共管理理论做出更大的理论贡献。

（2）对公共服务外包其他问题的研究

王金华研究了政府在公共服务外包中的角色，认为中国政府在公共服务民营化中的角色应为规划决策者、监管者、培育者、组织安排者、裁判员、生产者、倡导者等（王金华，2005）。

徐漪等以组织理论为基础，通过逻辑和实证分析研究了政府模式对电子政务外包风险的影响，着重分析了现阶段我国电子政务外包风险的三个特殊问题并就电子政务外包风险的控制进行了理论探讨（徐漪等，2007）。

应当承认，国内对公共服务外包的研究尚不全面和具体，尤其缺乏对公共服务外包中具体问题的研究，体现出国内研究仍有待深入和具体化的现状。

2. 运用不同方法对公共服务外包的研究

从研究方法来看，国内目前对公共服务外包的研究以规范研究为主，大多为应用新公共管理、公共服务、公共行政、交易成本等理论工具所进行的理论研究。虽有一些实证研究，但还不是很多，尤其缺乏有较高实证价值的成果，这与国外以实证研究为主的现状形成了对比，也体现出国内研究与国外的差距在于缺乏规范、科学的研究方法的运用。

（1）规范研究

在理论研究方面，很多学者成果颇丰，代表人物有毛寿龙、宋世明、周志忍等。如毛寿龙等在《西方政府的治道变革》一书中指出，“公共服务的承包制改革，就是把政府业务承包出去，具体的办法是通过一种竞争性的招标办法，把政府所承担的公共服务业务承包给非政府的组织去经营，实际上就是公共服务的民营化，它是民营化改革政策的继续……承包制的主要目的是减少公共部门提供服务的费用。只要通过承包制减少了费用，即使质量没有变化，也是值得的……为了高效率和负责任地提供基础设施服务，需要通过使用三种手段来变革激励机制：商业化管理、竞争和有关人士的参与。政府和私有部门的作用也必须改变”（毛寿龙、李梅，1998）。

宋世明提出，“公共服务的合同出租，扩大了政府供给公共服务的资源以及技术力量，降低了成本，提高了效率，提高了顾客的满意度。从各种数据来看，合同出租比政府直接供给降低成本 20%—30%。但必须指出的是，合同出租为腐败提供了温床，政府监督承包商执行合同的交易，成本上涨也是个头痛的问题”（宋世明，2000）。周志忍在《西方国家行政改革述评》中也有类似表述（周志忍，1998）。

周春梅从信息经济学的角度，以我国公共服务市场化环境为背景，运用委托—代理理论和灰色理论，分析了公共服务外包中的委托—代理问题和与之相关的选择、激励—约束与监督机制，并结合相关模型，阐述了公共服务外包机制的设计思路和方法并提出了对策建议（周春梅，2006）。类似的有陈薇的研究（陈薇，2005）。

（2）实证研究

在国内对公共服务外包问题的实证研究中，多数运用了案例研究方法，也有个别的定量实证研究，而运用其他实证研究方法的成果尚未出现。

如莫永荣研究了台湾公共服务委托外包政策规划的起源与成效，及实务操作中面临的问题与困难，并提出了解决方案（莫永荣，2004）。

陈微露以广东中山市的公共服务市场化改革为案例进行研究，并借鉴了美国、欧洲、韩国、新加坡、中国香港、上海及浙江的公共服务市场化做法，总结了其经验并提出了政策建议（陈微露，2005）。

詹晨霞以浙江省温岭市泽国镇环卫服务市场化为个案进行研究，据此提出了对我国公共服务市场化的对策建议（詹晨霞，2007）。

敬嘉提出了一个测量公共服务对外依赖程度的计算框架并据此对中国公共服务外包水平进行了实证分析。其研究结果表明，在2001—2004年间中国公共服务外包的总体水平处在20%—30%之间的一个幅度约为5个百分点的区间并呈现出年均1个百分点的增长趋势。表明中国公共服务提供已经从封闭自持发展为相当程度对外依赖的开放系统。进而从政府治理转型的角度提出，政府必须增强网络治理的意识和能力，积极构建一个复合、稳定和多元开放的以政府为核心的国家治理网络（敬嘉，2007）。

陈文博以厦门市湖里区的外来人口管理为典型案例，研究了转型期城市政府的社会管理和公共服务职能建设问题，分析了我国城区政府社会管理和公共服务职能履行中存在的问题并提出了对策建议（陈文博，2008）。

值得注意的是，近年来，国内陆续出现了一些以公共服务外包为研究对象的硕士论文，如陈智军（浙江大学，2003）、赵晨（吉林大学，2004）、周春梅（燕山大学，2006）、刘静波（西北工业大学，2006）、刘艳丹（中国政法大学，2007）、姚青（兰州大学，2008），等等。从研究内容来看，这些论文大多对公共服务外包进行了较宏观的研究，研究问题不够具体；从研究方法来看，这些论文多为规范研究，虽个别论文结合了一些案例分析，但并不多见。这一方面表现出国内学界对公共服务外包研究日渐重视的现状，但缺乏规范的研究方法的运用及研究公共服务外包相关问题的博士论文也反映出高质量研究成果匮乏的现实，这更显出了本书研究的价值和意义。

第二节 研究问题的产生与发展

本书的研究遵循了扎根理论的研究方法论，即首先带着研究兴趣进入研究情境，在研究过程中发现和界定研究问题，进而进行更加深入的理论研究与理论建构。

一 研究问题的产生

本书最初的研究兴趣来源于对转型期中国城市基层政府公共服务外包实践的初步了解，这种实践中的有益尝试使笔者非常有兴趣对此进行深入的了解和研究，而最初的研究问题则来自于产生了这种研究兴趣之后对现有政府公共服务外包研究文献的回顾。从对实践的观察和对文献的回顾中，笔者首先对以下问题产生了浓厚的兴趣：处于转型期的我国城市基层政府公共服务外包的动因是什么？和现有文献中的研究结论是否吻合？中国城市基层政府的外包动因和现有文献中对国外政府的研究结论是否相同？

正是带着这样的兴趣和问题，笔者选择了经典扎根理论研究方法①并按照其指引进入了样本地区的基层政府调研，在研究情境中对这一问题进行深入的探究和思考。

二 研究问题的发展

在对所选样本的扎根研究过程中，随着相关编码、概念和范畴的逐渐涌现，新的研究问题也逐渐产生：在我国城市基层政府公共服务外包的实施过程中有哪些利益相关者？他们扮演着怎样的角色？在公共服务外包过程中具有怎样的态度与行为？他们之间如何互动？有着怎样的相互关系？这种关系对公共服务外包有何影响？

在以上问题的指引下，扎根研究继续深入，通过对公共服务外包主要

---

① 研究方法的选择与运用详见第三章。

利益相关者的访谈和调研，笔者逐渐发现，公共服务外包机制是影响公共服务外包绩效的重要因素，因而产生了另一个值得研究也是必然影响公共服务绩效的问题：如何设计科学合理的公共服务外包机制？如何对现有的公共服务外包机制加以完善？基于扎根研究中获得的编码和概念，本书产生了研究公共服务外包机制的新的视角，即虚拟政府的视角。在通过文献比较完成对虚拟政府的组织结构和运行机制的理论构建后，基于虚拟政府这一全新的视角对政府公共服务外包的考察使本书的研究获得了最终的成果。

第三章　研究方法、技术路线与样本简介

本书主要在扎根理论研究方法论[①]的指导下进行研究。对这一方法论的选择建立在对本书研究问题特点和性质的分析及对现有公共服务外包文献梳理的基础之上。扎根理论是一种规范的定性研究方法论，其系统、规范的研究方法非常适于研究本书提出的研究问题。扎根理论已有40多年的历史，形成了3种主要学派并互有争论，本书选择了其中的经典扎根理论学派为主要方法进行研究，在研究中也对其某些操作性技术有所创新和发展。

第一节　研究方法的选择、介绍与评述

研究方法的选择应当服务于解决研究问题的目标，只有研究方法符合所研究问题的特点和性质并有可能运用其解决或回答该问题时，该方法的运用才是正确、恰当和有价值的。同时，选择某种研究方法要事先考虑其研究风险并确保能够有效规避才能使研究获得预期成果。

一　本书研究方法的选择

目前社会科学中常用的量化实证研究方法来源于波普尔（Popper）、拉卡托斯（Lakatos）等学者的科学实证主义思想，由于其抽取的样本具有对总体的代表性，因而量化实证得到的理论更易于被接受并认同其科学性。但目前学界也越来越认识到了量化研究方法的局限性，尤其是其理论假说的提出基于已有的理论，如果对一全新的或现有理论难以解释的社会现象强行提出假说，则很难发现新的理论问题，也难以避免因研究者先入

① 在目前的文献中，扎根理论还有很多不同的译法，如基本理论、草根理论、实基理论、植基理论和立基理论等。

为主的主观认识使研究方案设计、数据分析乃至导出结论的过程出现偏差，或在数据收集中因主观因素忽略现实中的重要信息，错过真正的问题。另外，由于定量研究是通过对事物可量化要素及其相关关系的测量、计算与分析来掌握事物发展的规律，因而用其来直接研究一些复杂且动态的现象就比较困难，更难以获得新的研究发现。

20 世纪 70 年代以来，在西方，尤其是北美，越来越多的社会科学研究者开始由以往仅重视定量研究方法转而对“质性研究”[①] 方法（Qualitative Research）给予同样的重视。随着全球化浪潮及多元文化的冲击和后现代理论群的影响，以及定量研究局限性的显现，定性研究方法逐渐获得社会科学研究者越来越多的青睐。实际上，定性研究与定量研究从本质上各有优势和弱点，各自适用于不同的研究问题和情境，两者并不排斥，而是互为补充，相得益彰。

从前文的文献综述中可以看到，现有对政府公共服务外包的研究成果中非常缺乏基于中国情境的实证研究，而西方已有的研究成果或基于西方情境所构建的理论又难以解释中国的现象和问题，因而本书拟研究的中国城市基层政府公共服务外包的动因等问题无法从已有的文献中获得理论解释，也就无法根据现有理论提出假设而进行量化的实证研究。因此，面对这样的问题和研究基础，我们只能先深入实践，通过定性的实证研究方法去发现新的现象和问题，进而进行理论归纳，抽象出基本概念或构建基础性的理论假说，才能进一步对这些概念和假说进行大样本的量化验证以最终构建解释现象、解决问题的普适性理论。所以，基于本书问题，本书只能也必须选择定性的实证研究方法作为基本研究方法，以发现现象和问题、提出概念或假说为基本目标。囿于篇幅，通过量化实证研究给出更具普适性理论的工作就只能留到未来的研究中去进行了。

那么，在诸多定性研究方法中，本书应该选择哪种来进行研究呢？经过比较和分析，笔者选择了扎根理论。

扎根理论首先是一种研究方法论（Methodology），其基本研究逻辑是：通过深入情境的研究收集数据和资料，通过对数据间的不断比较（constant comparison），进行抽象化、概念化的思考和分析，从数据资料

---

① 也称“质化研究”或“质的研究”，虽与常用的“定性研究”概念是否同义尚有争论，但目前学界多将二者等同，因此，本书也将其视为同义并采用“定性研究”一词。

中归纳提炼出概念（concept）和范畴（category）并在此基础上构建理论。

扎根理论是一个系统的方法（Method）体系，其方法系统、规范，分析过程科学、严谨，通过扎根理论的研究程序所构建的理论牢牢扎根于经验数据，而且其研究能够被追溯检查，甚至在相当程度上实现重复检验，使理论构建成为一个科学的过程，提高了信度和解释力，克服了一般定性研究缺乏规范的方法论支持，研究过程难以追溯，从而得出的结论说服力不强等问题。由此，扎根理论被认为是定性研究中最科学的方法论，其方法也被认为是社会学五大传统研究方法中最适于进行理论建构的方法（其他 4 种方法为传记研究、现象研究、民族志和案例研究），被誉为"定性革命"的先声（Denzin & Y. S Lincoln，1994）。

作为一种规范的定性研究方法论，扎根理论非常适于研究本书提出的问题，其系统的研究方法和规范的研究程序使得本书的研究能够扎根实践，获得较有说服力的研究成果，因而本书选择该方法作为实证研究的工具。

而且，作为一种一般性的社会科学研究方法论，扎根理论适用于社会科学研究的各个领域。自提出以来，已经在社会学、教育学、护理学等领域得到了广泛应用，国内外也不乏运用扎根理论进行研究的管理学成果，因而完全可以将其运用于本书的研究。同时，在国内外公共服务外包文献中还未见采用扎根理论研究的相关成果，这正体现了本书在方法论运用方面的尝试和创新。

在三大扎根理论学派中，本书的研究选择了经典扎根理论方法，主要原因在于，扎根理论整体属于后实证主义范式方法论，而经典扎根理论方法更加接近实证主义，其科学性比 Strauss 和 Corbin 的方法更胜一筹，提高了理论的信度和解释力，详见下文介绍。

二 扎根理论的产生与意义

扎根理论研究方法论（Grounded Theory Methodology）产生于社会学领域，最早由美国芝加哥大学的格拉斯（Glaser）和哥伦比亚大学的施特劳斯（Strauss）提出。在长期的发展与历史沿革中，扎根理论出现了三大派别，在扎根理论学者之间也引发了长期的争论。

1967 年，Glaser 和 Strauss 的经典著作 *The discovery of grounded theory*（《扎根理论的发现》）出版，宣告了扎根理论的诞生。从该著作中可以很清楚地看出，扎根理论的提出是为了回答在社会研究中，如何能系统性地获得与分析资料以发现理论，保证其符合实际情境并能提供相关的预测、说明、解释与应用。简单来说，"扎根理论就是由资料中发现理论（的方法论）"（Glaser & Strauss，1967）。由此，扎根理论从产生之日开始就明确了其使命，即"经由质化方法来建立理论"（Strauss & Corbin，1997）。

此后，这两位作者及其合作者不断对扎根理论进行发展和完善，发表了一系列著作（Glaser，1978；Strauss，1987；Strauss & Corbin，1990；Glaser，1992），使扎根理论逐渐成为一个完整的方法论体系。在其发展过程中，扎根理论更试图融合归纳与演绎两种研究路径，兼顾对定量和定性数据的处理，成为一种定性与定量相结合的方法论①。如 Strauss 在其于1987 年及 1990 年出版的两本著作中指出，扎根理论研究是一面搜集资料、一面检验的连续循环过程，在此程序中已经蕴含着检验手续（徐宗国，1994）。

扎根理论方法论的创立和发展被认为是定性研究的一项重大突破（Marc Hozer，2001），"自此往后，只要是定性研究，几乎都会运用到扎根理论的基本原则或具体操作程序"（冯生尧、谢瑶妮，2001）。扎根理论首先被应用于社会学研究（如 Glaser & Strauss，1968；Glaser，1976 等），之后逐渐扩散到护理学、教育学、宗教学和管理学等领域。

三　扎根理论的主要流派与争论

1990 年，著名的学术著作出版商 Sage 出版了 Strauss 和科宾（Corbin）合著的《定性研究基础：扎根理论程序与技术》（*Basics of Qualitative Research：Grounded Theory Procedures and Techniques*）一书。得益于 Sage 优秀的出版发行能力，该书对推动扎根理论的普及产生了巨大影响，也使人们将该书中提出的扎根理论研究方法奉为圭臬，在各学科的研究中大量使用。

然而，Strauss 和 Corbin 在该书中介绍的扎根理论研究方法已经不是1967 年所创建的扎根理论的原始版本了，他们提出了一些新的概念和方法，如维度化（dimensionalizing）、主轴编码（axial coding）和条件矩阵（the conditional matrix）等。而 Glaser 认为，这些概念和方法已经背离了扎根理论方法论最可贵的精神——不先入为主地构想问题、范畴和假设来

① 但学界一般仍将扎根理论划为定性研究方法论或质化研究方法论，因而本书也从此例。

强制选择资料和形成理论，而是完全让数据中蕴含的社会规律自然涌现。扎根理论发展史上最大的争论就此产生。Glaser 开始撰文，逐章批判此书中提出的观点和方法，最终写成了《扎根理论分析基础》（*Basics of Grounded Theory Analysis*）一书并于 1992 年出版。自此以后，这两位学者的学术立场彻底决裂。

此后，曾在 Strauss 指导下于 1973 年获得美国加州大学心理学博士学位的卡麦兹（Charmaz）也对扎根理论进行了研究，并逐渐形成了一个新的扎根理论方法体系，被称为建构型扎根理论（The Constructivist' s Approach to Grounded Theory）（Charmaz，1995；Charmaz，2006）。Charmaz 认为，扎根理论必须从其实证主义源头那里继续发展，把过去 20 年来由建构主义者所提出的很多方法和问题融入进来，使其成为一种更加细致和更具反思性的研究方法。但 Glaser 对 Charmaz 的观点也不认同，并撰文予以反驳（Glaser，2002）。

自此，扎根理论形成了三个既有联系又不完全相同的版本：Glaser 与 Strauss 最初提出的扎根理论原始版本，即本书运用的经典扎根理论（Classic Grounded Theory）；Strauss 和 Corbin 的程序化扎根理论，以及 Charmaz 的建构型扎根理论。也正是由于以上三大流派间的争论，扎根理论方法论被称为社会科学中使用最为广泛却误解最深的研究方法论之一（Suddaby，2006；Shah & Corley，2006；Denzin & Lincoln，1994）。

迄今为止，Strauss 和 Corbin 提出的程序化扎根理论是扎根理论三大流派中使用最为广泛的一支，尤其是在中国。这在相当程度上得益于其出版商——SAGE 优秀的发行传播能力，以及徐宗国教授对该书出色的翻译工作（徐宗国，1997），而经典扎根理论诸多著作至今尚无任何中文译本。

最近几年，包括扎根理论在内的定性研究方法得到了国际主流管理学界越来越多的关注和重视（Gephart，2004；Suddaby，2006），而国内有关扎根理论的文献还不多，运用扎根理论进行研究的文献则更少。现有文献在教育学领域最多，管理学领域的文献数量虽有所增加但仍屈指可数。同时，由于传播广泛、学界了解较多，因而国内现有几乎所有讨论扎根理论的文献中介绍的都是 Strauss 和 Corbin 的版本（王锡苓，2004；李志刚，2007；冯生尧、谢瑶妮，2001；张敬伟、马东俊，2009），而运用扎根理论研究方法进行研究的文献则无一例外地运用了这一版本（仓平、王素芬，2008；李志刚、李兴旺，2006；任征等，2005；韩炜，2008；于建原、李清政，2007；李志刚、王迎军，2007；邓文君，2006），可见其影响力之大。

四　经典扎根理论简介与讨论

经典扎根理论学者以目前仍健在的 Glaser 为代表（Strauss 已于 1996 年去世）。1992 年以来，Glaser 以每 1—3 年就出版一本的速度不断推出新的著作（Glaser，1992；1995；1998；2001；2002；2003；2005；2007），继续对经典扎根理论进行完善和提升，而他对目前流传最广的 Strauss 和 Corbin 的程序化扎根理论的批评也得到了许多学者的认同，如 Eaves 认为："在现有的众多关于扎根理论研究方法论的文献中，绝大部分是被认为违背和脱离原始版本的"（Eaves，2001）；Melia 指出，Strauss 和 Corbin 的扎根理论研究方法论已经变得"相当程序化和过于公式化"（Melia，1996）。

从方法论层面而言，笔者也更加认同 Glaser 的观点，因而本书选择了经典扎根理论作为主要研究方法。

（一）经典扎根理论的核心理念与适用范围

作为一种研究方法论，经典扎根理论最核心的理念和精神是，强调研究问题的提出及理论的形成都是一个自然涌现（Emergence）的过程。"即在当时当地收集第一手资料，从当事人的视角理解他们行为的意义和他们对事物的看法。这也就是说，研究者在没有获得确实的证据之前，绝不能先入为主，绝不能从主观想象、推测和臆断出发，而必须深入到被研究的人群中间去看他们怎样做，听他们怎样说，对他们的说法和做法加以描述和分析，再据此提出假设或理论"（王京生等，2000）。

经典扎根理论强调，"研究问题应当从研究参与者中产生"（Glaser，1992），"强调通过对不断涌现的数据保持充分的注意力，以便使研究者保持开放的头脑来对待研究对象所关注的问题"（Charmaz，1995），"如果研究问题的定义是从研究者本身的专业兴趣着手的话，那就违背了扎根理论的目的——'形成一个与研究对象本身所相关的、棘手的，可以解释行为模式的理论'"（Glaser，1978）。

因此，经典扎根理论最核心和最根本的方法论原则是避免研究者任何主观的、先入为主的假定，让研究问题和最终的理论成果从社会过程及对其进行的研究过程中自然涌现。而 Glaser 之所以猛烈抨击 Strauss 和 Corbin，就是认为他们的扎根理论方法由于过于程序化而背离了这一扎根理论的根本原则。

经典扎根理论指出，其研究目的和适用范围是对社会过程的分析（Social process analysis）。如 Glaser 指出，经典扎根理论所关注的重点是对抽象问题及其（社会）过程的研究，并非问卷调查和案例研究等描述性研究那样针对个人、团体和组织等社会单元（Glaser，1992）。经典扎根理论“对社会过程分析的关注是对现实存在但不易于注意到的行为模式进行概念化”（Glaser，2002）。这里所说的“基本社会过程可以分为 2 种：基本社会心理过程和基本社会结构过程，后者有助于在社会结构中存在的基本社会心理过程的运作”（Glaser、Holton，2005）。

（二）经典扎根理论研究方法的特色

经典扎根理论的研究方法有以下三方面的鲜明特色：

1. 不断比较（Constant Comparison）

不断比较贯穿于经典扎根理论研究的全程，也是所有派别扎根理论共同遵循的核心方法，因而扎根理论也被称为“不断比较的方法”（Glaser & Strauss，1967）。经典扎根理论认为，理论的形成源于数据分析过程中数据对数据、概念对概念或范畴对范畴的比较，概念和范畴在比较中出现，通过更多的比较显示出其特征，“这就是问题的全部”（Glaser，1992）。

不断比较是指，资料搜集和资料分析是交互进行的，即获得数据后立即进行数据分析和编码，从中产生新的概念和范畴并与已经形成的概念、范畴或关系进行比较，据此进行新的数据收集和分析工作。“数据分析者不断比较的过程分为 4 项步骤，依次是：事件与事件、概念与更多事件、概念与概念、外部比较（譬如轶事、故事和文献）”（Glaser，1978）。这种比较的方法与量化实证研究存在明显的区别，后者在研究中往往把资料搜集和资料分析截然分开。

资料搜集与分析伴随着整个经典扎根理论的研究过程，直至达到理论饱和（Theoretical Saturation），即新的数据中再没有新的概念、范畴或关系出现，在研究中抽象出的概念或范畴已经足以涵盖研究者所获得的数据乃至新的数据。

2. 数据的丰富化和多元化

经典扎根理论认为“一切皆为数据”（All is data）（Glaser，2001），

在实质研究阶段，任何涉及研究者的一切，都可以当作数据来不断进行比较，从而形成概念并最终发掘其中所涉及的模式（Glaser，1998）。这意味着，经典扎根理论已经将定性研究数据分析对象和理论建构素材的范围扩大到了极限。这里的数据既包括研究者在研究过程中获得的一切客观资料，如研究对象的观点、有关研究对象的图片和音像、其历史信息或个人经历、访谈记录、调查数据和现有文献等，也包括研究者对研究对象的认知和思考。

3. 文献回顾延迟进行

经典扎根理论“并不排斥文献研究，但为避免已有文献对研究者先入为主的主观影响，当概念化的数据分析完成之后，相关领域里的文献才会被回顾和比较”（Charmaz，1995）。而且，在经典扎根理论的视野里，文献也是数据，因而“研究者可以建立和阐述他们从现有文献中所得到的假设，让它们变成数据的一部分，然后与现实中出现的社会现象不断进行比较”（Glaser，1998）。这样的文献回顾方式是经典扎根理论核心理念的又一体现，即研究者在进入研究情境时一定要放下定见，带着一颗“无知”的心灵，真正从社会现实和实践中归纳出理论。

（三）经典扎根理论的研究程序

经典扎根理论研究是一个动态的研究过程，既有非常规范的研究程序，又要根据研究的进展进行动态的调整。根据 Glaser 的相关论著，笔者将经典扎根理论的研究过程划分为 4 个阶段：产生研究问题、数据收集、数据处理和理论构建，如图 3－1 所示。

1. 产生研究问题

经典扎根理论最突出的特点，也是与其他研究方法论最大的差异之一体现在其研究问题的产生阶段。其经典扎根理论强调研究问题的自然涌现，即研究者在研究之初要带着对某方面问题的笼统、模糊的兴趣进入研究情境，在对情境的观察和情境中不同主体的互动中自然地发现和提出研究问题。

2. 数据收集

研究问题产生后，研究者要选择适当的研究样本。经典扎根理论在样本选择上也与量化的假设检验实证研究大不相同。后者往往根据理论演绎提出研究假设，再据此进行随机抽样，更多地从研究信度方面考虑如何确保样本对总体的代表性。因而在研究设计时，研究者要确定抽样的总体、样本和详细的抽样方案等一系列问题。而经典扎根理论的抽样方式为理论性抽样（Theoretical Sampling）。即由在研究过程中形成的概念、范畴或理论指导研究者进行下一步研究的抽样和资料的采集，“这个数据收集过程由正在形成的实质或形式理论所控制”（Glaser，1978），因而在研究设计

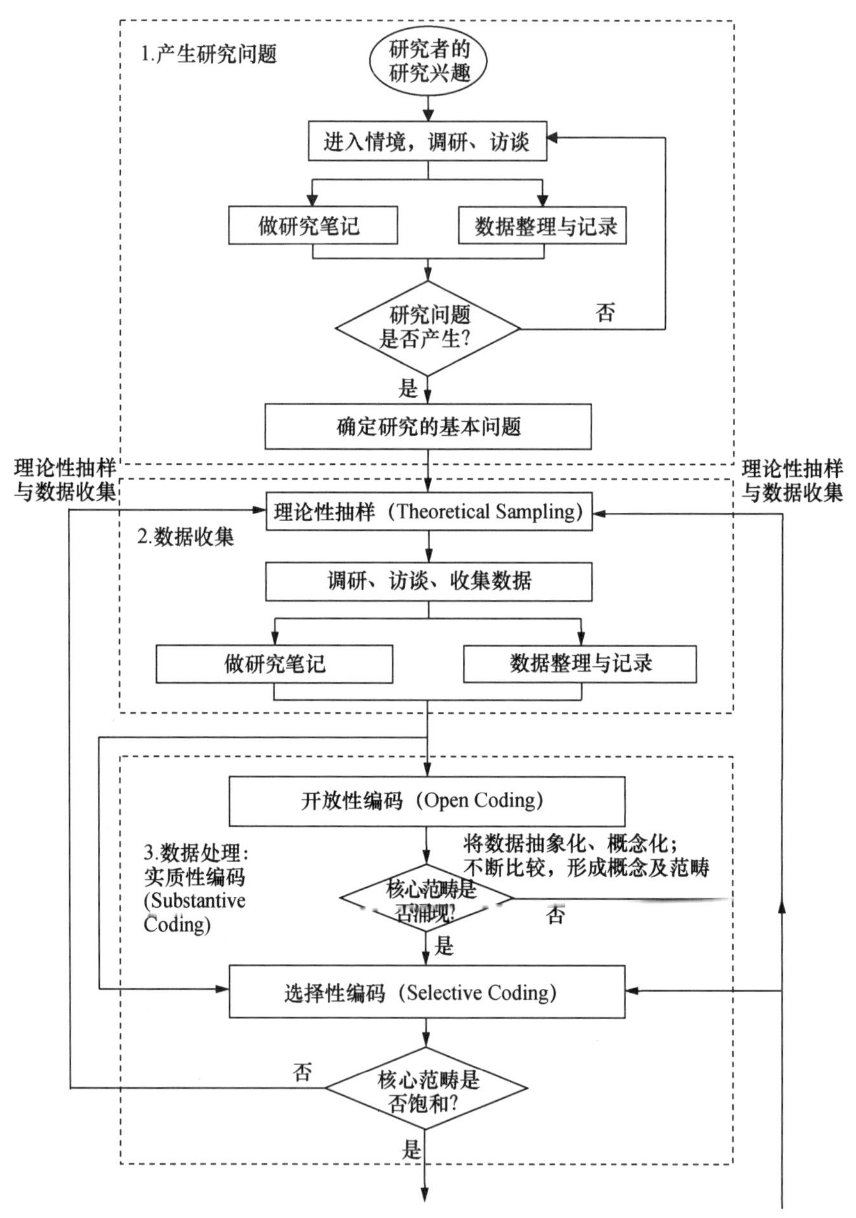

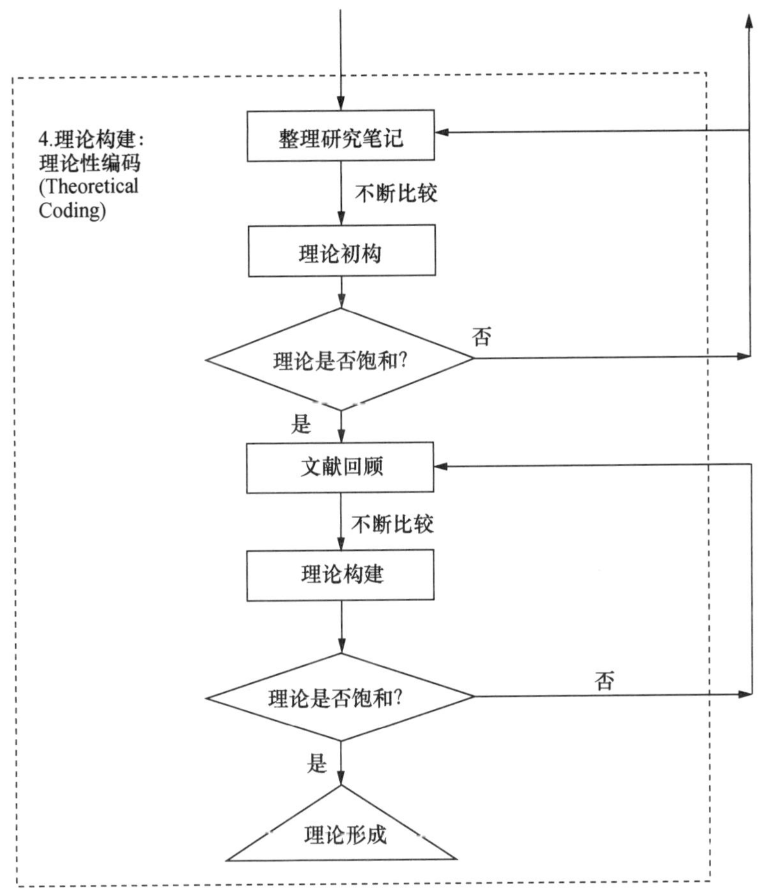

图 3－1　经典扎根理论研究程序示意图

时很难将抽样对象和数据来源具体化。因此，在数据收集的最初阶段，研究者往往采取的是目的性抽样（Purposeful Sampling），即选择具有足够典型性的样本进行初步的研究，再根据研究的进展来决定下一步的抽样对象。

在经典扎根理论研究中，访谈是非常重要的数据收集方法，这有助于从研究参与者中产生研究问题和理论（Glaser，1992）。在访谈过程中，研究者应保持一种参与者的姿态，关注访谈对象所关心的问题，避免任何先入为主的引导和提示，多使用开放性问题，鼓励访谈对象说出自己真正的想法，以谈心的方式完成访谈①。

① Glaser 并不完全赞同在访谈中运用录音工具。本书在研究中运用了录音工具，对该问题的讨论详见本章第二节。

经典扎根理论非常强调研究者在访谈结束后及时整理资料，做研究笔记（memo，或译为“备忘录”）。每天写作研究笔记有助于研究者深入理解数据并激发理论思考，而且研究笔记本身也是重要的数据来源，往往能够提高概念化水平及引导理论的发展。

3. 数据处理——实质性编码（Substantive Coding）

在完成初步的数据收集后，研究者要及时通过实质性编码来进行数据处理和分析，这是构建理论的关键和基础环节，又包括开放性编码（Open Coding）和选择性编码（Selective Coding）两大步骤。“编码，在经典扎根理论研究方法论中，是指通过对事件之间和事件与概念的不断比较，从而促成更多的范畴、特征的形成及对数据的概念化”（Glaser，1992）。经典扎根理论强调在不断比较中进行数据的概念化（Conceptualization）和抽象化工作，而非出于解释性（Explanation）目的的关键词提取。

开放性编码指，通过对数据进行逐行编码（line by line coding）[①] 将其逐层概念化和抽象化，通过不断比较把数据及抽象出的概念打破、揉碎并重新综合。在此过程中，研究者并没有任何事先设想的编码——他必须完全保持开放的态度（Glaser，1992）。开放性编码要遵循“逐级编码”原则，即要对数据逐步地进行抽象化提升，使其概念化程度逐级提高，不能从原始数据直接跳到抽象化程度较高的概念或范畴。因此，在开放性编码中往往要通过多级的编码才能得到足够抽象化和概括性的概念或范畴。

选择性编码是在出现了核心范畴（core category）之后，由研究者确定的，只对那些可以和核心范畴产生足够重要关联的数据所进行的编码。在这一阶段，“核心范畴变成了进一步数据收集和理论性抽样的指导”（Glaser，1978）。核心范畴是在开放性编码中自然涌现的，其主要特征有：

- 核心性，即这样的变量应尽可能多地与其他数据及其属性相关联；
- 解释力，即能够解释大部分研究对象的行为模式；
- 频繁重现性，即这样的变量是经常出现的；
- 易于与其他变量产生联系并具有意义。

如果核心范畴没有达到理论饱和，则研究者就要继续进行理论性抽

① 本书对该编码方法有所创新，详见本章第二节。

样，或重复上述步骤，或再次进行选择性编码，直到饱和为止，因而“这种编码比逐行编码更具概念特征”（Glaser，1978）。在核心范畴达到理论饱和后，研究就转入了理论构建阶段。

4. 理论构建——理论性编码（Theoretical Coding）

经典扎根理论研究的理论构建工作主要通过理论性编码来完成，即将在实质性编码中形成的概念或范畴组织起来以构建理论。Glaser 指出，理论性编码是指概念化实质性编码所形成的概念或范畴间隐含的相互关系，如并列、因果和递进等。“它们是自然涌现的，穿插于被破碎的事件之中，形成概念，然后形成一个完整的理论。它们提供理论形成的模式，在编码、写研究笔记，特别是在手工整理研究笔记的时候自然涌现”（Glaser，1998）。

研究过程中写下的研究笔记在理论性编码阶段将发挥重要作用，特别是那些将数据和核心范畴进行概念化连接的理论性的研究笔记，而手工整理研究笔记就是要把研究者在研究过程中形成的思想、概念和范畴聚集起来，进行概念化综合以形成完整的理论。如通过理论性编码发现理论无法饱和，则研究者有可能需要追溯整个研究历程，或者从出发点开始重新进行理论性抽样，或者再次进行选择性编码，以重新补充新的数据，实现理论的饱和。

在完成初步的理论构建后，研究者要进行文献回顾，即将初步构建的理论与已有的文献进行不断比较以发现和补充已有概念、范畴及理论的不足。当通过与文献的不断比较也不能产生新的概念与范畴时，理论就达到了饱和，此时，经典扎根理论研究的理论构建工作宣告完成。

在研究程序和方法上，经典扎根理论与 Strauss 和 Corbin 版本的最大差异在于编码过程。经典扎根理论的编码过程分为实质性编码和理论性编码 2 个步骤，而 Strauss 和 Corbin 的版本分为开放性编码、主轴编码和选择性编码三个步骤。名称的差异并不重要，关键是 Strauss 和 Corbin 的 3 级编码过于程序化，虽便于操作但人为地使研究者将理论构建的方向和形式导向为简单寻找概念和范畴间的因果关系，而不是以开放的心灵，去做出更为丰富的理论贡献，这是 Glaser 与 Strauss 等最大的分歧所在。

笔者更加赞同 Glaser 的观点，原因有二：首先，扎根理论整体属于后实证主义范式方法论，而经典扎根理论则更加接近实证主义，增加了研究的科学性；其次，笔者更加认同 Glaser 的观点，即对一个全新的现象或问题进行理论研究时，研究问题应当从研究情境中产生，而且，不应预设任何理论前提及预想任何理论成果，以避免研究者的主观影响，影响扎根于现实的理论的自然产生，否则就将失去扎根理论作为研究方法论的扎根现实的学术精神。

五　对扎根理论的讨论

扎根理论是一种优秀的研究方法论，但长期的学术争论使学界形成了一些不尽一致的观点，如扎根理论的适用范围和对象、对初学者运用扎根理论的态度等，而扎根理论方法与其他定性研究方法的关系及其不足也是经常使人感到困扰的问题。

（一）对扎根理论研究方法适用范围和对象的讨论

关于扎根理论的适用范围和对象，Glaser 认为，扎根理论适用于对抽象问题及社会过程（Social Process）的研究，而不同于针对个人、团体和组织等社会单元进行的描述性研究（Glaser，1992）。

笔者认为，扎根理论研究方法可应用于更加广泛的研究领域。虽然其最终目的是通过对社会过程及其中社会主体的研究来构建理论，因而区别于对静态对象的描述性研究，但由于其具有规范的数据收集处理程序和方法，因而研究者完全可以将其全部或部分方法运用于研究任何适于运用定性实证方法进行研究的问题。即便这种研究的成果可能仅仅是发现了一些新的研究现象或问题，抑或仅仅是归纳出了某些概念或范畴而没有能够构建一个完整的理论，运用经典扎根理论研究方法都使得这些定性研究具有较高的科学性和规范性，从而为通过更加深入的研究来实现构建理论的最终目标打下了很好的基础。

因此，笔者认为，只要不违背扎根理论的基本精神和方法论原则①，全部或部分运用扎根理论方法进行的研究都是有价值和应该被允许的。当然，仅运用了其部分研究方法或技术，尤其是没有完全遵循扎根理论的基本研究程序和规范进行的研究，不应声称或被认为是采用了扎根理论的研究方法论。

显然，由于本书的研究问题存在于中国城市基层政府的公共服务外包过程之中，属于一种 Glaser 所说的“社会过程”，因而即便从 Glaser 的视角来看也完全适于采用扎根理论进行研究。同时，本书的研究完全在扎根

---

① 下文会进行更加深入的讨论。

理论研究方法论的指导下进行，也全部和系统地运用了经典扎根理论的程序和方法，虽然对一些技术性方法进行了适度的创新①，却并未违背扎根理论的基本精神和方法论原则，因而完全可以称得上是一项扎根理论研究。

（二）对初学者运用扎根理论的讨论

扎根理论研究方法论在定性研究中的地位、作用和意义已经得到学界广泛的认同。但在其方法的应用方面却仍有一些不同观点和认识，最常见的观点就是认为扎根理论操作难度较高，因而将其归为“高级研究方法”，认为不适宜初学者学习和运用。如牛美丽认为：“在所有的经验研究方法中，扎根理论可能是最具有吸引力的一种方法，……扎根理论对研究者的研究方法和理论修养二者的要求都比较高，因此，严格来讲，扎根理论并不适合初学者”（牛美丽，2008）。

为讨论这一问题，我们需要引入一个概念——理论敏感性（theoretical sensitivity，又译理论敏感度、理论触觉）。经典扎根理论非常重视研究者的理论敏感性，Glaser 甚至专门出版了一本专著 *Theoretical Sensitivity* 来论述这一概念。所谓理论敏感性是指研究者“从数据中提炼出概念，然后找出这些概念间的关系并形成规范的理论模型的能力”（Glaser，1978）。实质上就是研究者透过事物的表象来发现其本质、挖掘其深层次内涵并将其上升为理论的能力。理论敏感性的高低是研究者学术素质的体现，决定了他是否有可能在科学研究中做出知识贡献。这种学术素质不仅对扎根理论研究至关重要，在其他定性研究乃至定量研究中也同样重要，只有具备高度理论敏感性的学者才有可能从人们熟视无睹、错综复杂的现象中发现问题的本质并进行卓有成效的研究，得出有价值的研究成果。由此，人们认为扎根理论不适于初学者的主要理由是，初学者缺乏理论敏感性，难以运用扎根理论方法获得有价值的成果。

但笔者以为，理论敏感性并非生而有之，而是在长期的社会实践和研究工作中逐渐培养起来的，运用扎根理论进行研究恰恰是培养和提高初学者理论敏感性的最佳方法和手段。首先，其扎根实际的学术精神要求初学者深入情境进行研究从而避免了社会科学研究中闭门造车的研究倾向，有助于使初学者在丰富的社会实践中获得理论营养，增强理论联系实际的能

① 详见下一节。

力从而提高理论敏感性；其次，其规范的研究程序使初学者的理论概括能力在研究过程中不断提升。在扎根理论研究中，丰富的原始数据及研究过程中形成的各种资料都能被完整保存，其编码过程也能够被追溯并进行重新比较和检验，因而使初学者可以对原始数据进行反复编码和比较，其理论敏感性就会在这样从现实到理论的不断比较和抽象化、概念化的理论思考中得到提升。

因此，笔者认为，社会科学研究的入门者不但不应将扎根理论视为所谓的“高级研究方法”而对其敬而远之，反而应当把它作为一种基本的学术训练手段，从扎根实践的研究中提高自身的理论敏感性，在研究中学习研究，其研究能力才能逐步提高。

（三）扎根理论与其他研究方法的关系

扎根理论与其他定性研究方法，如案例研究、田野研究等既有联系又有不同，囿于篇幅，本书只对其进行简要比较。

1. 扎根理论与案例研究

扎根理论与案例研究方法关系最为密切，也最常使初学者困惑。笔者认为，二者既关系密切又大不相同。首先，从方法论层面来说，扎根理论是一种系统的研究方法论（Grounded Theory Methodology），包括一系列规范的研究方法；而案例研究一般都被认为是一种研究方法（Case Study Method），二者属于不同层面。

其次，从具体的研究方法上来看，二者既有相近之处也有很大不同。其相近之处在于，运用扎根理论也要选取典型案例进行研究，这与案例研究方法非常相似；而且扎根理论是一种“不断比较”的方法，需要在不同案例之间进行比较，这与多案例比较研究非常类似。二者的差异在于：第一，扎根理论研究的主要目的就是构建理论，这一点非常明确，而案例研究方法既可用于构建理论也可用于验证理论；第二，扎根理论有严格的操作程序和完善的资料分析技术（虽然三大学派并不完全相同），而案例研究方法虽然有时也会采用文本分析等类似的技术，但却没有一个相对固定的、严格的操作程序和过程，其技术和方法的运用更多地取决于研究者个人的把握；第三，虽对所研究案例的典型性要求相似，但扎根理论只有在研究刚开始时是根据研究计划选取案例的，即进行目的性抽样，而以后的案例都完全根据研究过程中的发现及数据分析的结果来选取，即进行理论性抽样，这与案例研究方法在研究设计时就选定案例有根本的不同；第四，对扎根理论来说，一切都是数据，因而其数据类型极其多样，数据来源极其广泛，不一定仅仅来源于案例，而案例研究方法的数据则一定来源于所研究的案例。

2. 扎根理论与田野研究

笔者认为，扎根理论与田野研究的方法论精神和原则是一致的，都强调深入田野即深入情境进行研究。但田野研究是一个更加宽泛的概念，它包括了定性与定量在内更多的研究方法，而其研究目的也多种多样，不一定必须以建构理论为导向。因此，笔者认为扎根理论可以被理解为更加广义的田野研究的一种，只不过其目的是通过规范的田野研究方法和程序构建理论。

（四）扎根理论的不足

无疑，扎根理论是一种优秀的定性研究方法论，但任何方法论都有其不足之处，扎根理论也不例外。

扎根理论要求理论构建一定要扎根于研究情境，特别强调研究者在进入研究情境时以及研究过程中要始终保持高度的客观性，避免任何主观的干扰，这使得扎根理论的科学性大大提高。而且，相对其他定性研究方法，扎根理论尤其是经典扎根理论的确具有较高的客观性，这一点也毋庸置疑。但从实际操作层面来讲，任何研究者都难以保证绝对的客观，即便在其进入研究情境时能做到不先入为主，但其脑海中也绝非一片空白，其教育背景、工作经历和生活经验必然反映在其思维中，使其在观察和研究客观世界时抱有各种各样的主观认识。另外，资料的编码过程也难以完全保证客观，不同的研究者对同样的数据进行编码很可能会得出不同的结果、概括出不同的概念乃至构建出不同的理论，这既与研究者理论敏感性的高低有关，也与研究者的教育背景、工作经历和生活经验有关，绝对客观的确很难做到。

因此，高度重视和强调客观却又难以完全避免主观的影响，这是扎根理论最大的困扰，也为其带来了最大的不足：运用该研究方法较难进行团队合作，在研究中，如果由不同的研究者分别进行数据处理则难度很大。由于理论敏感性不同，对数据的理解不一，编码过程将受到多个研究者的主观影响而更加无法保证客观，得到的概念和范畴可能大不相同，最终理论的形成可能面临极大的困难。所以，笔者认为，在运用扎根理论研究方法论进行中国管理问题研究的过程中，我们有必要也有可能对其方法进行完善和创新。

六 研究风险的规避

进行扎根理论研究最大的风险来自研究对象的可进入性，即能否进入研究样本进行深度的研究，能否根据研究的进展获得一手资料和数据。即便研究者找到了理想的、典型的样本，但如果无法进入该组织或接触到主要的当事者进行深度调研，或者无法获得较为详尽的数据和资料，那么扎根研究就无法深入，更难以获得成果。因此，选择扎根理论作为研究方法具有相当的风险，在研究开始之前一定要对这种风险进行预评估，以确定能够顺利进入研究对象，获得预期成果。

由于笔者所在的兰州大学管理学院面向全国招生，已经在广东设置了MBA、MPA 教学点，在深圳、广州有大量学生和校友，多为企业高管或政府官员，笔者又承担 MBA 教学任务多年，因而能够通过这样的人际网络进入研究对象，研究风险是可以被规避的。

本书的研究过程证明，研究之初的这种风险预估是客观和现实的。笔者在先后选择了广州 F 区和深圳 H 区作为研究样本后，正是在兰州大学管理学院广州 MPA 班和深圳 MBA 班毕业生的帮助下顺利进入了两个样本单位并进行了深入的调研，获得了预期成果。

第二节 对经典扎根理论研究方法的运用与创新

经典扎根理论是一种优秀的定性研究方法论，但在具体操作方法上，许多研究者却过于拘泥其技术性要求而亦步亦趋。而笔者认为，研究者可以根据研究情境的不同及研究的不同阶段在研究技术上进行合理的调整甚至创新，只要不违背其方法论精神——“扎根精神”，那么这种调整和创新就是合理且应当被允许的。

一 经典扎根理论的精髓——“扎根精神”

虽然有很多争论，在方法和操作层面也还有许多改进的空间，但这些都无法掩盖经典扎根理论作为一种优秀的定性研究方法论的优势以及对研究基于特定情境的管理问题的适用性。该方法论的精髓是它所蕴含的那种扎根现实、理论源于实践的学术精神，笔者将这种精神命名为“扎根精神”。能够最深刻、最生动地诠释这种“扎根精神”的是管理发展史上最著名的研究之一——霍桑实验。

霍桑实验是从 1924 年开始，在美国芝加哥西部电器公司所属的霍桑工厂进行的针对工人工作效率及其影响因素的一系列研究，历时 8 年，共分 4 个阶段。第 1 阶段为历时近 3 年的照明实验。当时占统治地位的生产效率理论是劳动医学的观点，认为影响工人生产效率的是疲劳和单调感等因素，于是研究者根据该理论提出了实验假设：提高照明度有助于减少疲劳，提高生产效率。但 2 年多的实验发现，照明度的改变对生产效率并无显著影响，研究者对此茫然无措。

从 1927 年起，以哈佛大学心理学教授梅奥为首的研究团队接手该研究，开始了霍桑实验的第 2 阶段——历时 2 年多的福利实验。实验目的是按照当时已有的理论来验证福利待遇与生产效率的关系，实验发现，福利待遇的高低和产量并无显著的相关关系。此时，研究小组根据已有理论提出的假设全部被现实数据所否定，这说明，原有的理论已经无法解释眼前的现实，实验再次陷入困境。

按照计划，实验的第 3 阶段是对工人的访谈，原计划是要工人回答有关管理当局的规划和政策、工头的态度和工作条件等方面的问题，但访谈在进行过程中却出现了意外：工人对研究小组预设的问题根本不感兴趣，他们认为重要的事情与调查者预想的完全不同。

幸亏梅奥教授及时果断地做出了具有重大意义的调整，即废止原有访谈计划，进行完全开放的访谈：不规定访谈内容，每次访谈的平均时间从 30 分钟延长到 1—1.5 个小时，研究者多听少说，详细记录工人的意见和思想。正是这一意外情况的出现和研究方法的调整挽救了霍桑实验，更使之获得了突破性进展——梅奥从中发现了“人际关系”这一影响工人工作效率的重要因素，由此，使第 4 阶段的群体实验也获得了圆满成功——梅奥又发现了“非正式组织”的存在，从而圆满完成了历时 8 年的霍桑实验，突破了原有理论并提出了著名的“社会人”假设，后来在此次实验的基础上开创了管理的人际关系学派和行为科学理论，被称为管理发展史上继泰勒科学管理思想之后的又一里程碑。

纵观霍桑实验的整个过程可以发现，在研究第 3 阶段放弃先入为主的前提假设，以开放式访谈倾听当事者的心声是其获得成功的关键。正是通过这种新的研究方法才发现了新的研究问题并激发了研究者的理论思考，使得该研究做出了重大理论贡献。虽然当时扎根理论还远未诞生，但梅奥在霍桑实验中研究方法的调整却暗合了“扎根精神”——扎根现实，让研究问题自然涌现，从实践中获得理论。

霍桑实验的成功充分证明，经典扎根理论有助于在新的情境下发现新的研究问题并做出新的理论贡献。因此，带着“扎根精神”进行研究是经典扎根理论方法论的精髓，而在技术层面上却无须对某些非原则性的要求过于拘泥。

二 本书在研究中的技术性调整和创新

基于笔者对经典扎根理论研究方法论的理解及本书研究问题的性质和特点，笔者在运用经典扎根理论进行研究的一些操作性、技术性环节上进行了适度的调整和创新。

（一）灵活把握文献研究的时机

经典扎根理论并不排斥文献研究，但为避免已有文献对研究者先入为主的主观影响，它强调在进入理论性编码阶段后再进行文献的研究和比较。但是，基于以下原因，笔者认为对这一点不能教条地理解和运用。

首先，研究问题的产生可能有多种途径，而从文献研究中发现问题就是一个不容忽视的重要路径和方法。只有经过对历史文献的综述和梳理，研究者才能确定自己感兴趣的问题是否已经得到解决，是否值得进行深入研究。如果过于拘泥于强调研究问题一定产生于实际情境而且文献研究一定要待扎根研究近乎完成之后进行，那么就有可能出现研究者耗费大量时间和精力发现了一个研究问题并进行深入研究后，才从历史文献中发现，这一问题前人早已做过研究并且已经有成熟的理论可以解释。显然，这样的研究是对研究者宝贵精力的浪费，更是对社会科学宝贵的研究资源的浪费。

其次，即便研究者从实际情境中发现了一个自己感兴趣的研究问题，理性的做法也应当是首先检索现有文献，看看这一问题是否已经有人研究，或者是否已有研究结论，如果前人已经做过研究，而且研究者也认同其结论或者已经解答了研究者的问题，那么再次对这一问题进行研究就既无价值也无必要了。只有当研究者从实践中发现的研究问题在现有文献中无法找到答案时，研究者才有必要采用扎根理论的方法进入情境，深入研究，以期构建理论，回答这一问题。

最后，即便是从文献研究中发现研究问题，笔者认为也不违反扎根理论的基本原则和精神。因为，从扎根理论研究者的视角来看，“一切都是数据”，而扎根理论的研究就是通过对数据之间的不断比较来建构理论，那么从这个角度来看，历史文献也是扎根研究的数据，而首先进行历史文献的研究并从中发现研究问题也应当是“不断比较”的重要成果。因此，在进行扎根理论研究的早期和晚期分别进行文献研究是合理且必要的。

因此，在扎根研究的早期或晚期分别进行文献研究甚至在进行扎根研究的过程中随时进行文献研究并不违背“扎根精神”，也无损于扎根研究成果的获得，至少这样的做法应当得到允许。问题的关键并非在于是否看过文献，而是无论看过多少文献，在进入研究情境时，研究者都一定要放下定见，带着一颗“无知”的心灵，深入观察和研究实践，从实践中提出和构建理论。

（二）灵活运用编码技术

按照经典扎根理论的要求，对原始数据要进行“逐行编码”。笔者以为，对这一技术要求也不必过于拘泥。因为，不同的文本数据整理格式会影响每行数据的内容，有时一行数据根本无法表达一个完整的意义，甚至有时多行数据才能进行有效的抽象化和概念化，而有时研究者却可能从一行数据甚至一个词语中发现多个编码或概念。因此，过于拘泥必须从每一行数据中逐一进行编码无益于概念的发现和理论的构建，研究者应当以不错过任何一段有价值的数据为原则，根据数据本身的特征进行灵活的编码，这种编码可以“逐行”，也可以是“逐句”、“逐段”甚至“逐词”。

因此，本书在研究中综合运用了“逐行编码”、“逐句编码”、“逐段编码”乃至“逐词编码”——根据数据的特征，让其中蕴含的编码和概念自然涌现。

（三）访谈中运用录音工具

Glaser 本人对在扎根理论研究的访谈过程中运用录音工具态度较消极，他至少不提倡这样做①，其主要原因是担心录音会导致访谈对象心有顾虑而不愿说出真实的想法，这将直接影响研究数据的质量甚至误导研究者。笔者完全认同这一观点，但同时认为，能否在访谈中进行录音并非某种原则甚至“天条”，是否应进行录音应以是否会影响受访者谈话的真实

---

①　这一点是笔者于 2008 年 2 月参加在香港理工大学召开的“第三届中国扎根理论研究方法论研讨会”上，从与 Glaser 本人的网络通话中了解到的。

性为标准：如果录音不影响受访者谈话的真实性及访谈内容的话，那么访谈中进行录音就应该被允许甚至鼓励。这是因为，访谈录音能够忠实、完整地记录访谈时双方的沟通情境，为以后的研究提供最完整的原始数据，使得研究者能够在随后的实质性编码及包括理论性编码在内的各个技术环节中重现和回忆访谈当时的情境，并有可能随着研究的深入和理论的发展对原始数据进行反复的比较和编码。更为重要的是，作为原始数据的访谈录音大大提高了研究本身的可重复检验性，其他研究者可以对整个访谈过程乃至原始数据的编码进行检验或重新整理，这使得研究的科学性大大提高，这也是使扎根理论方法成为最科学的定性研究方法的一个重要的技术性原因。

基于以上认识，由于本书的研究问题和在访谈中拟与受访者沟通的问题均不存在个人隐私等敏感问题，因而录音不会影响受访者的谈话态度和内容。技术上，为进一步确保受访者能够放心地接受访谈并谈出真实的想法，笔者还采取了其他的保障措施以消除受访者的顾虑，使本研究中的所有访谈均顺利进行了现场录音并掌握了真实的情况，详见第三节的说明。

（四）运用计算机软件辅助研究

在扎根理论研究过程中会形成大量的文本资料和数据，传统的扎根理论研究者仅靠纸笔进行编码和整理，工作效率极低，往往使研究者的思维淹没在文本的海洋里，把宝贵的研究时间过多地花在了简单劳动之中。因此，笔者在本书的研究中尝试运用了计算机软件进行辅助研究。

笔者采用思维导图软件 Mindjet Mindmanager Pro 7.0 进行编码的整理，极大地提高了本书研究的效率，获得了预期成果，也为改进扎根理论研究方法、提高扎根理论研究效率进行了有益的探索。图 3－2 即为笔者运用 Mindjet Mindmanager Pro 7.0 进行开放性编码时形成的编码图基本结构。由于编码众多，图中细目在正常规格下难以看清，须放大方可，因而这里只能看到其基本结构，全图详见附录 6[①]。选择性编码和理论性编码图的结构与此类似，因而不在此列举，详见附录 7 和附录 8。

① 附录 6 也经过了适当的压缩。因编码众多，如按全图原尺寸打印则纸面太宽太长，无法装订。因而笔者只能将下文附有详图的概念或范畴的层级均缩回（图中表示为“⊕”），一些不重要或本书未用到的编码也未展开。附录 7 也做了类似处理。

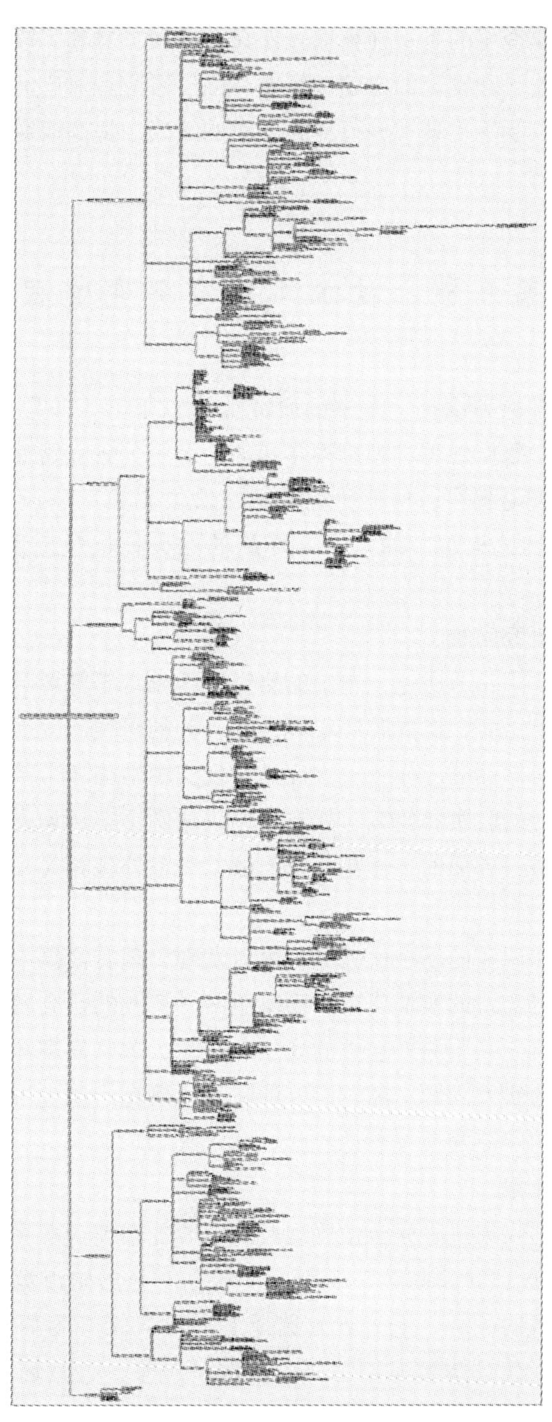

图 3－2　本书研究中运用思维导图软件进行开放性编码的截图

当然，必须说明的是，计算机软件只是一种工具和手段，它并不能代替研究者进行编码和理论的构建，只能有助于研究者对已经编码的概念和范畴的整理，以便于检索和进行更高层次的编码，提高研究者编码和数据整理的效率而已。

第三节　技术路线与研究过程

基于以上讨论和设计，本书的研究分为以下五个阶段：产生研究问题、数据收集、数据处理、理论构建和理论运用。研究路线总体符合经典扎根理论的方法论程序，但在研究的第一阶段和第四阶段，即“产生研究问题”和“理论构建”两阶段与传统的经典扎根理论程序略有不同，如图3－3所示。

一　产生研究问题

正如第二章第二节所述，本书的研究兴趣来自于笔者对政府公共服务外包研究的初步了解，但此时还未能确定明确的研究问题。研究问题的初步确定来源于两方面的工作：一方面是对现实中中国城市基层政府公共服务外包案例资料的收集和研究，如本书调研的两个案例均是在此阶段已经有所了解的；另一方面的工作是对政府公共服务外包相关领域文献的研究和梳理。

从对文献和现实的不断比较中，笔者发现，现有成果中非常缺乏对中国城市基层政府实践的实证研究，而基于西方实践的研究发现却不一定能够解释中国政府公共服务外包中的现象和问题，这些发现和思考使笔者确定了本书最初的研究问题。随着研究的深入，研究问题也不断发展，使本书不断获得新的研究发现及理论收获。

二　数据收集

本书的数据收集过程完全按照规范的经典扎根理论程序进行，即首先进行目的性抽样（Purposeful Sampling）。根据对我国城市基层政府进行公共服务外包实践的了解，笔者首先选择了广州 F 区（为尊重受访者的意愿，本书隐去了其具体名称）为第一个调研对象，以其环卫服务外包为样本进行研究。因为广州 F 区政府是国内较早进行公共服务外包实践的城市基层政府，非常典型，符合目的性抽样的基本要求。研究过程证明，这一样本具有很高的典型性。

在对广州 F 区政府进行的研究中，经过对数据的初步编码，相关的核心范畴逐步涌现，而单一的样本难以使该范畴饱和并获得发展。因此，此时需要根据理论的发展进行理论性抽样（Theoretical Sampling）。笔者又

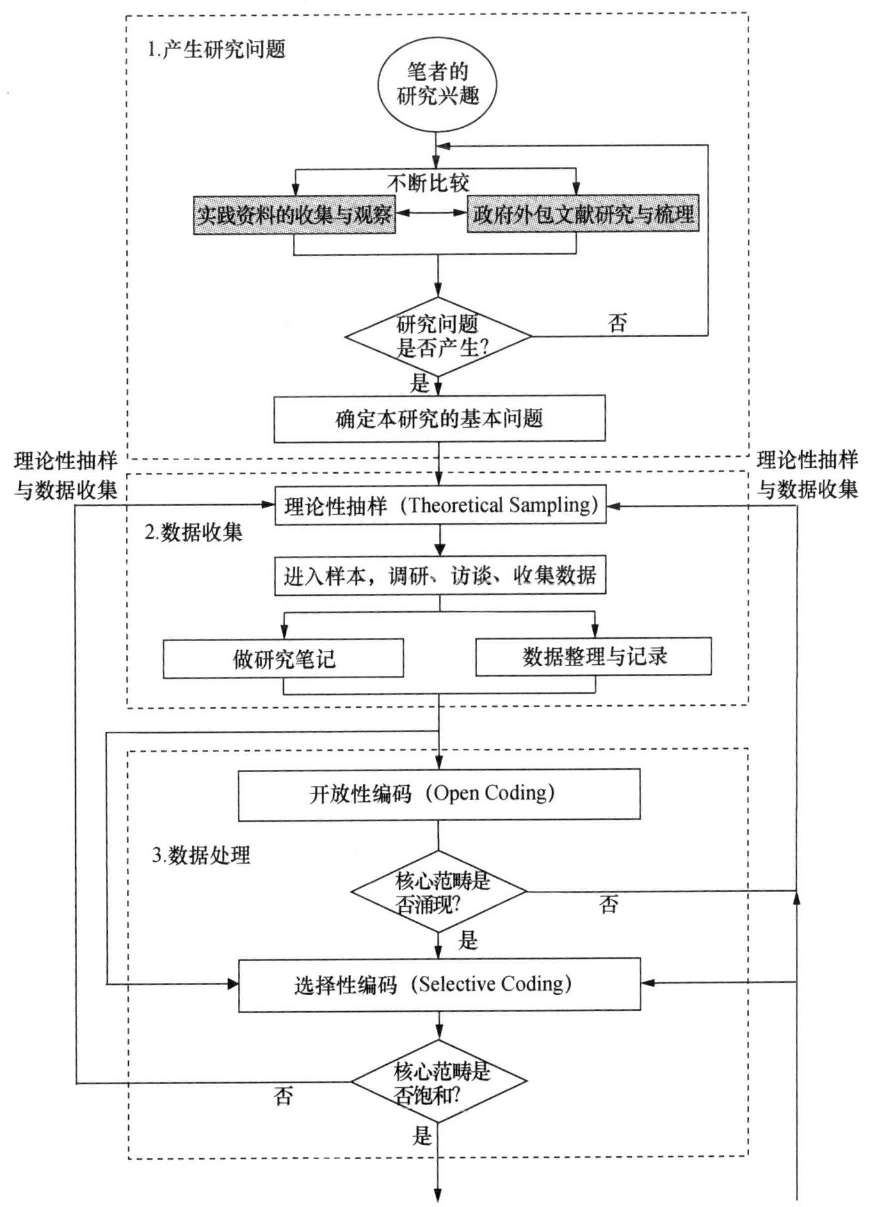

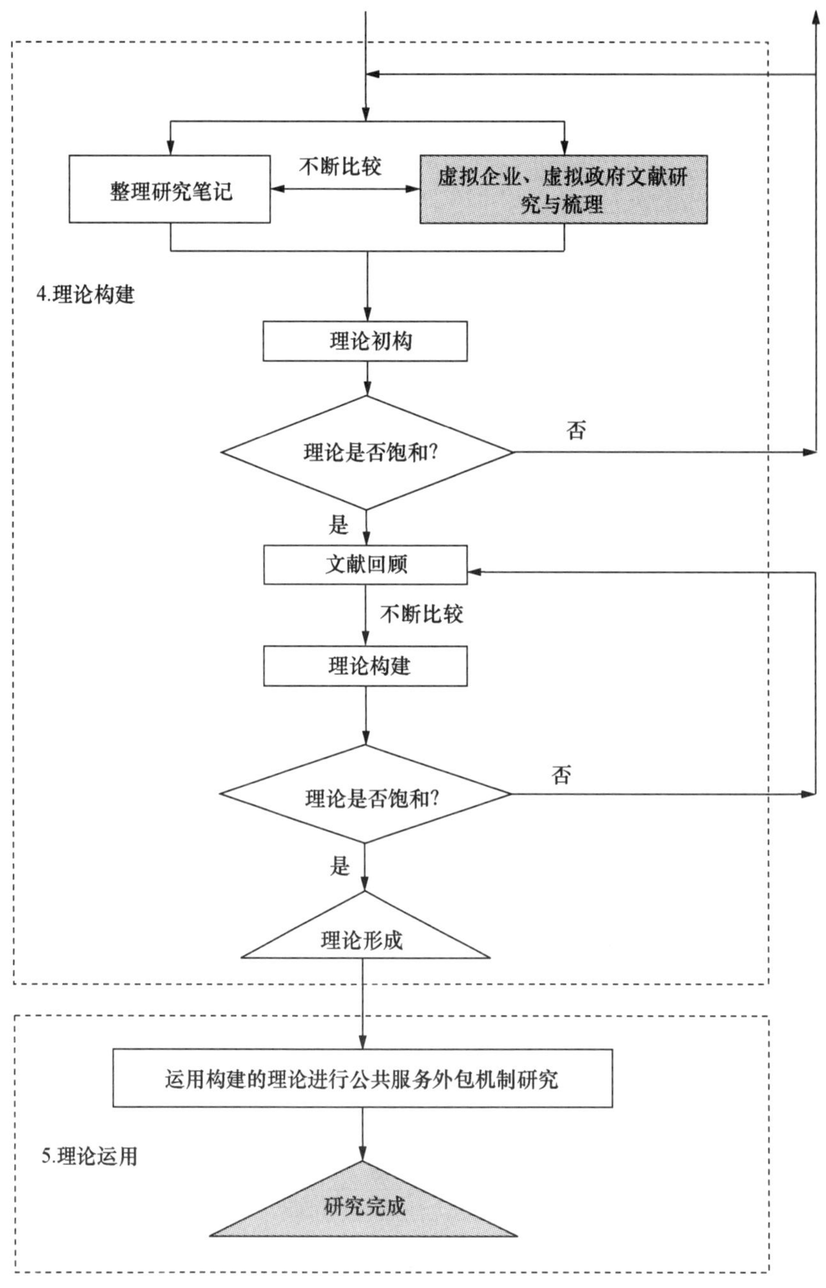

图 3－3 本书研究路线示意图

选择了深圳 H 区政府（为尊重受访者的意愿，本书隐去了其具体名称）

作为第二个样本，同样对其环卫外包进行研究。由于深圳 H 区政府和广州 F 区政府同属国内较早进行公共服务外包实践的城市基层政府，也积累了丰富的实践经验，尤其是和广州 F 区政府地域接近，环境相似，因而可以避免因地域和环境不同带来的其他情境因素的干扰。

访谈是经典扎根理论研究中非常重要的数据收集方法，因而在本书的研究中多次使用该方法，对研究样本的主要负责人和利益相关者进行深度访谈。另外，为提高资料收集的效率，笔者还采用了召开小型座谈会的方法进行访谈。这样的小型座谈会参加人数在 4—8 人之间，笔者不断提出问题，由参加者自由讨论。

在对广州 F 区的调研中，笔者分别走访了基层政府主管环卫工作的相关部门、承接政府外包的环卫任务的企业领导、社区单位及居民等，通过个人访谈、问卷调查和小型座谈会等方式收集数据。总计进行了 2 小时 35 分钟的访谈，召开小型座谈会 2 次，含笔者共 8 人次参加。

在深圳 H 区政府，笔者分别对主管环卫工作的部门领导、承接外包任务的企业高管、社区居民等进行了总计 4 小时 9 分钟的访谈，召开小型座谈会 3 次，含笔者共 14 人次参加。

所有访谈完成后，总计整理访谈录音文稿近 6 万字。同时，笔者收集并分析了广州市政府及深圳市政府关于环卫工作外包及招标采购的相关文件、广州 F 区政府及深圳 H 区政府有关环卫服务外包的相关文件，总计约 15 万字。

为获得完整的数据资料，笔者对所有的访谈和座谈会均进行了录音。但如第二节所述，如果访谈对象不愿接受录音或有顾虑，则要么得不到其真实的想法而使访谈流于形式，要么使其对访谈产生抵触甚至拒绝接受访谈。因此，为解决这一问题，获得受访者的充分信任，打消其接受访谈的顾虑，笔者在访谈之前均向受访者出示了由笔者所在单位——兰州大学管理学院开具的正式介绍信并将复印件留给对方。同时，笔者向所有受访者及座谈参加者均提供了由笔者亲笔签名的“保密承诺书”①。该“承诺书”以书面形式向访谈对象郑重承诺：充分尊重其隐私权；访谈结束后向其提供访谈录音文件；恪守学术道德，不将访谈的任何内容和信息（包括访谈录音及其整理文件）泄露给第三方或用于除本研究外的任何用

① 详见附件 1。

途；在本项目的最终成果中不出现任何有关受访者的个人信息或能够使人联想到受访者的任何暗示。“承诺书”还保证，如违反以上承诺笔者愿承担法律责任。

通过以上措施，笔者成功地获得了访谈对象的信任，受访者均愉快地接受了访谈并非常坦诚地与笔者互动交流，使本书的研究获得了理想的成果。当然，笔者也必将恪守学术道德及对受访者的承诺，尊重和保护其意愿和权利。

在深圳 H 区，为较广泛地了解市民对该区环卫工作的意见和看法，笔者还组织了一次面向深圳 H 区居民的小型问卷调查，发出问卷 35 份，收回有效问卷 28 份。

研究过程中，笔者在每天调研后进行数据编码的同时也进行着研究笔记的写作，记录了笔者在访谈和调研中的所见所闻、所感所想及对研究问题的理论性思考，总计约 3 万字。

三　数据处理

本研究的数据处理过程是按照规范的经典扎根理论方法进行的。

首先进行开放性编码。在数据收集过程中，笔者每天在访谈结束后都通过实质性编码来进行数据处理和分析。通过对所获数据的开放性编码，最终共获得一级编码 816 个，二级编码 246 个，三级编码 128 个，四级编码 38 个，在获得“财政支持弱化”、“政治压力强化”、“提升效率的需要”等核心范畴后开始进行选择性编码。

在对中国城市基层政府公共服务动因的研究中，笔者获得了“财政支持弱化”、“政治压力强化”、“提升效率的需要”等三个核心范畴。其中，核心范畴“财政支持弱化”在开放性编码阶段获得了 2 级共 18 个编码或范畴的支持而被判定为核心范畴，在选择性编码阶段，该范畴又获得了 3 级共 10 个范畴与编码的支持，笔者判定其饱和。详见第四章介绍及图 4－1、图 4－2。

“政治压力强化”这一范畴在开放性编码阶段共获得了 3 级共 17 个编码或范畴的支持而被判定为核心范畴，在对其进行的选择性编码中，该范畴获得了 3 级共 14 个编码或范畴的支持而被判定饱和。详见第四章介绍及图 4－3、图 4－4。

“提升效率的需要”这一范畴在开放性编码阶段共获得了 2 级共 18 个编码或范畴的支持而被判定为核心范畴，在对其进行的选择性编码中，该范畴获得了4级共8个编码或范畴的支持而被判定饱和①。详见第四章介绍及图4－5、图4－6。

在发现了中国城市基层政府公共服务职能的不完全外包现象后，笔者开始研究其动因及公共服务外包相关利益者间的关系，在研究中再次获得了“政治压力强化”这一核心范畴。在开放性编码中获得了4级共46个编码或范畴的支持而将其判定为核心范畴，在对其进行的选择性编码中，该范畴获得了3级共23个编码或范畴的支持而被判定饱和。详见第四章、第五章介绍及图4－8、图4－9。

至此，本研究开始转入理论构建阶段。

四　理论构建

在理论构建阶段，笔者获得了“企业职能虚拟化”与“政府职能虚拟化”两个重要的概念。

“企业职能虚拟化”这一概念来自笔者在数据收集阶段的研究笔记，在理论构建阶段，笔者通过对已有数据的重新编码，“企业职能虚拟化”这一概念获得了6级共38个编码或范畴的支持而被判定饱和。经过对类似数据的反复比较和理论性编码，同时与“企业职能虚拟化”这一概念及相关数据进行比较，笔者获得了“政府职能虚拟化”这一概念，它获得了5级共31个编码或范畴的支持而被判定饱和。

通过对以上两个概念进行理论性编码，笔者获得了“虚拟政府”与“虚拟企业”两个概念，由于这两个概念已经被提出并有大量文献进行过研究，因而需要把本书获得的这两个概念与相关文献进行比较。通过对虚拟政府及虚拟企业相关文献的比较，本书使基于职能虚拟的虚拟政府概念获得了实证支持，构建了虚拟政府组织结构的一般模型和运行机制的基本框架，并通过比较将政府公共服务外包与虚拟政府联系了起来，获得了研究中国城市基层政府公共服务外包的新的视角，即从虚拟政府的角度，将政府公共服务外包看做政府职能虚拟化并实现虚拟政府的一个过程来研究。

需要说明的是，从附录6、附录7、附录8中能够看到，本书并未全部使用在研究过程中出现过的编码。是否使用或发展这些编码或范畴取决于研究问题的出现、研究的进程和理论的发展，由于笔者在研究中逐渐将

---

①　由于此范畴符合研究者的一般认识，故不需进行更多的编码即可判定其饱和。

研究问题聚焦于虚拟政府的概念和理论，因而对其他编码和范畴就没有进行更加深入的开发。所以，如果将来重新整理和分析本书中的数据和资料，也许能够获得更多、更新的研究发现。

五　理论运用

最后，笔者运用本研究中构建的虚拟政府组织结构与运行机制理论框架，结合目前样本地区城市基层政府公共服务外包机制中存在的问题，提出了转型期中国城市基层政府的公共服务外包机制设计的基本原则与对策建议。

第四节　研究样本及其公共服务市场化改革简介

本书分别以广州 F 区政府及深圳 H 区政府的环卫公共服务外包为样本进行了扎根研究。这两个区级政府地域接近、经济发展水平相近、政府管理水平和体制相似，而且在国内较早开展了公共服务外包的实践，不仅具有典型性而且具有可比性，是非常理想的研究样本。

一　样本一：广州 F 区

本书研究的第一个样本，即通过目的性抽样选择的第一个样本是广州 F 区，本书通过对广州 F 区的环卫服务外包工作进行深度调研，获取了大量一手资料。

（一）广州 F 区简介

广州 F 区总体规划面积约 60 平方公里，处于珠江三角洲中心地带，交通极其便利，以此为中心，1.5 小时的车程半径可以覆盖整个珠江三角洲。该区域是中国外资企业最集中、经济最发达、生活水平最高、购买力最强的地区之一。

广州 F 区基础设施完善，具备较好的投资环境，已批准外商投资项目 1000 多个，世界排名前 500 家跨国公司已有近 60 家在区内投资设厂。广州 F 区已与世界 80 多个国家和地区建立了经贸联系，有 30 多个国家和地区的客商在区内投资设厂。

自成立以来，F 区广泛聚集各类科技和人才资源，大力推进科技创新创业，大力利用外资，发展现代工业，促进高新技术商品化、产业化、国际化，大力发展高新技术产业，努力实现经济和科技的有效结合，已有微软、IBM、SONY、INTEL、甲骨文、丰田、杜邦等一大批跨国公司在F区落户，发展和形成了以精细化工、食品饮料、电子及电器制造、原材料、机械制造和包装材料为主的产业结构。现已形成光电子、生物医药、汽车、特种钢、食品、饮料、精细化工、机械制造、电子及电器制造等主要产业链，成为广州市吸引外资、发展现代工业和高新技术产业、开展对外贸易的主要基地和重要的经济增长点。

（二）广州F区的公共服务市场化改革过程

在广州F区成立之初，为解决招商引资问题，F区委提出了较高的环境标准，对环卫工作相应提出了很高的要求，要求环卫工作不能拖后腿，起点要高。为此，F区管理委员会（以下简称F区管委会）在成立之初就考虑从管理体制上进行创新，以更高的标准和更好的质量来提供环卫服务。他们开始考虑公共服务市场化的做法。

但F区最初的环卫工作还不能称为严格意义上的公共服务外包，因为当时的环卫保洁工作是由F区政府通过任务单的形式下达给F区管委会直属、1988年成立的一个事业单位——广州F区环卫美化服务中心（以下简称环美中心）来完成。

1993年，F区开始进行党政机构改革。改革后的党政机关大幅精简，职能部门从改革前的20个精简为8个，精简了60%；部门内设机构由改革前的73个精简为31个，减少了57%；机关干部职工人数从改革前的368人精简为241人，精简了34.5%；机关原有的非常设机构全部被撤销，其职能全部被分解到有关部门或中介机构。改革大大减少了行政事业经费开支，据统计，行政机关的人头费开支较改革前约减少257万元/年。机构改革以来，F区管委会一直保持着高度精简的党政管理机构，行政编制控制在220名左右，而实际管辖区域既包括数十平方公里的经济功能区，也包括上百平方公里的农村地区，2003年以来实际管辖总面积达到215.5平方公里。

在此次机构改革中，F区的环卫体制改革也得以实现，从此时开始真正将环卫服务推向市场。由F区政府将清扫保洁工作打包，在公平竞争的条件下进行招标，通过招投标将环卫服务外包给企业。

目前，广州F区管理环卫工作的部门是F区环卫处，相当于其他区的环卫局，机构非常精简，正式在编人员只有6人，负责了相当于其他区一个局的职能。

自实行环卫服务外包开始，进入招投标的环卫面积也不断扩大。目前，F 区公共区域范围内的环卫、绿化等工作已经绝大部分实行了外包。但在本书的研究中发现，F 区至今还保留着环美中心这一区委直属的、名义上具有事业单位身份的清扫保洁部门，负责 F 区重点地区的保洁。而环美中心有正式事业编制的管理人员仅有 11 人，正式聘用的各种清扫保洁人员约 400 人，却不算事业编制。这一现象成为本书研究的重点问题之一：为什么广州 F 区政府没有将所有的清扫保洁工作全部外包？保留这样一个特殊部门的动因是什么？这个部门和政府有着怎样的关系？这都是一些很有趣的问题，详见第四章的研究。

二　样本二：深圳 H 区

深圳 H 区政府是笔者在扎根研究中，随着资料收集和处理过程的推进，随着理论的发展而进行理论性抽样所选择的第二个样本，这一样本比第一个样本更具典型性，在对第一个样本的扎根研究中所发现的概念和范畴在对样本二的研究中获得了饱和，使本书的研究最终得以完成。

（一）深圳 H 区简介

深圳 H 区地处深圳中部，成立于 1979 年，是深圳经济特区开发最早的中心城区之一。H 区辖区总面积约 80 平方公里，截至 2006 年底，常住人口为 86.78 万人。组建后的 H 区行政区域几经变化，1997 年 11 月至今，H 区下辖 10 个街道办事处，115 个社区居委会，83 个社区工作站，10 个街道派出所。

H 区已经形成了以服务业为主的经济结构，以高端服务业为龙头的第三产业占据了其经济结构中的主导地位，占 GDP 比重达到 88%，是深圳市的商贸中心、金融中心和网络服务中心。

（二）深圳 H 区的公共服务市场化改革过程

作为中国市场经济发育较早的地区，深圳的各类市场主体比较成熟，这为公共服务由政府直接生产的单一模式走向多元主体竞争合作的模式提供了得天独厚的条件。

1984 年，深圳市开始推动环卫系统的市场化改革。当时的深圳市环卫处首先制定了适合特区环卫工作的《环卫各工种劳动定额》，继而成立了全国首家清洁服务公司——R 公司。在此基础上，深圳在全国率先推行定额包干经济责任制承包，由 R 公司承担环卫处按业务和经费拟定的承包任务，把任务、经费、质量落实到基层班组与个人。承包后，R 公司的清扫面积由 2800m^2/人·日增至 4800m^2/人·日，清运垃圾平均从 3 车·次/台（车）·日增至 7 车·次/台（车）·日，公厕管理由 1.8 人/座下降至 1.1 人/座，不仅保证了卫生质量的合格达标，而且使环卫职工月平均工资较承包前提高了 20% 以上。

同时，R 公司在完成深圳环卫处的承包任务后还开展独立经营，实行对企业单位及城市居民清洁卫生的有偿服务。随着其规模的扩大，为进一步明确产权关系及法律责任，R 公司转制成为具有独立法人地位的企业。由于 R 公司创造了良好的权益，显示了充分的活力，深圳市相继成立了国营、集体、中外合资、个体等类型的专业清扫保洁公司共 23 家。

1993 年前，深圳市的环卫工作均由深圳市环卫处统一管理。从 1993 年开始，深圳市将环卫清扫管理下放到各区，各区相应成立环卫局，统管其辖区内的清扫保洁工作。

在这样的背景下，1993 年 10 月，H 区环卫局成立，接收了由深圳市环卫处下发的 H 区 80 多万平方米的环卫任务，开始对垃圾清运、道路清扫实行环卫系统内部的经济责任制承包。

1994 年 6 月，按照自负盈亏、自主经营、有偿服务原则，H 区组建了第一家大型的企业化的环卫专业公司——H 区环卫服务发展有限公司（以下简称 H 区环卫公司）。虽然称之为公司，但仍和政府没有脱离关系，而是和当时政府办的很多企业一样，挂靠在环卫局。

1998 年，H 区大力推行环卫体制改革，实行政企脱钩，优化环卫队伍，并将环卫业务逐步推向市场。环卫公司与政府脱钩，隶属于机械化清扫所（以下简称机扫所）。

1999 年，H 区从环卫清扫保洁工作入手，较早地开始了政府公共服务外包的探索。当时，全区承担的市政道路清扫面积为 624 万平方米，由城市管理办公室（以下简称城管办）下属的 6 个财政拨款事业单位承担，由于清扫面积逐年扩大，加上新建了一批公厕和垃圾中转站，增人增编增支的压力很大。区政府经过调研，决定将其中的 367 万平方米签约外包给 H 区环卫公司和 R 公司，外包单价为每平方米 3.6 元，外包经费为 1335 万元，由区城管办对履约情况进行监督检查。剩下的 257 万平方米由城管办直属的环卫所承担，单价每平方米 4.9 元，清扫支出 1264 万元。6 个环卫所共有在职员工 625 人，当年财政承担的人员支出 3319 万元。如果加上人工成本，则环卫所自扫部分的单价高达每平方米 17.8 元，几乎是外包单价的5倍。当时的H区环卫局有直属事业单位“五所一队”，即：H所、K所、Q所、Z所、机械化清扫所和机械化运输队。

作为环卫体制改革的一次新尝试，2005年底，H区为建立环境卫生管理与监督的长效机制，进一步优化环卫资源配置，实行管干分离，对H所、K所的内部管理职能及人员进行调整，把H所和K所的清扫面积外包，临时工随包分流，正式工编组成10个街道市容卫生监督队，其主要职责是负责辖区所有市政道路、内街小巷、城中村等场所环境卫生的监督和管理。

2006年4月，时任H区区长主持召开了2006年第一次区国有资产监督管理领导小组会议，通过了H区环卫公司的改制方案，原则上同意以1元的价格转让给该公司全体职工持股改制。从此，环卫公司这家一直顶着“红帽子”的官办企业成为一家真正的股份制企业。

2006年开始，H区政府要求所有的公共服务都要通过招投标的形式外包。2007年，H区开始正式对外全面实行环卫服务的招投标制度。同时，深圳涌现了大量的清扫保洁专业公司。据深圳卫生协会统计，截至2007年底，仅在H区辖区就成立了不同性质的专业清洁公司60多家。

经过多次行政机构改革，目前H区的环境卫生管理工作由区城管局下属行政管理事业单位“环境卫生管理办公室”（以下简称H区环卫办）负责。其主要职责是：贯彻执行环境卫生法律法规政策，制定辖区清扫保洁、环卫基础设施的发展规划；负责辖区环境卫生、垃圾清运、公厕等日常管理工作的指导、检查、监督；负责环卫基础设施的建设，负责环卫设施、环卫机械设备管养工作的指导；负责辖区环卫行业的管理及业务培训，负责环卫行业检查评比方案的制定并组织实施；配合市容环境辖区管理责任制的量化考评，配合环卫体制改革及环境卫生方面的执法；指导、参与辖区清扫保洁路段（面积）的招投标；受理并处理群众对环境卫生方面的投诉；负责环卫数据的统计和资料的整理，等等。

H区环卫办事业编制人数为5人，设主任1名，副主任1名。截至2009年6月30日，H区约有环卫从业人员3000人，区环卫系统人员合计554人（不包含离退休人员），其中事业在编180人，临时工374人。

第四章　中国城市基层政府公共服务外包的动因及不完全外包现象研究

中国城市基层政府公共服务外包的动因是本书最初的研究问题，在对该问题的研究中不仅发现其动因分别来自政府内外部两个方面，还发现了一个非常有趣的现象，笔者称之为中国城市基层政府公共服务职能的不完全外包现象。本书对此现象给出了初步的解释。

第一节　中国城市基层政府公共服务外包的动因研究

处于转型期的中国城市基层政府公共服务外包的动因是本书最初的研究问题，笔者非常感兴趣的是，中国城市基层政府为什么进行公共服务外包？其动因与国外政府有何异同？笔者带着这样的问题进入样本单位进行调研，从数据分析中发现，中国城市基层政府公共服务外包具有外部和内部两方面的动因。

一　我国城市基层政府公共服务外包的外部动因

本书研究发现，我国城市基层政府公共服务外包的外部动因同时来自经济和政治两个方面，经济动因是上级政府对基层政府的财政支持日渐弱化，而政治动因是上级政府对基层政府的政治压力却日益强化，由此迫使基层政府必须找到一条降低财政负担并同时满足上级要求的公共服务途径。那么，进行市场化改革，将自己无力负担而上级又对质量要求越来越高的公共服务外包给市场来完成就成为基层政府的最佳选择。

（一）经济动因——财政支持弱化

我国长期形成的以政府为主导的公共服务供给机制效率很低。改革开放后，随着经济的迅速发展，中国社会急剧转型，转型期的城市政府需要应付社会管理方方面面的问题，财政支出项目与日俱增，而财政支付能力却捉襟见肘，这导致上级财政对基层政府公共服务部门的财政支持日渐弱化，因而财政支持不足和公共服务水平低下成为困扰城市基层政府的长期问题。在这样的背景下，原本由政府财政负担的公共服务部门被迫进行企业化改制，基层政府将其推向市场以减轻自身的财政压力。但这样一来，政府自身的公共服务生产能力也随之下降，因而寻求市场化的方式来进行公共服务的供给、进行公共服务外包就成为一种必然。

在本书的研究中发现了一个核心范畴——“财政支持弱化”，支持该核心范畴的数据和编码多次出现在对政府官员和企业高管的访谈中。例如，某亲身经历过深圳市环卫改革历程的受访者 Z① 在谈到深圳市政府进行公共服务市场化改革的原因时这样谈到（见表 4 －1）：

表 4 －1　　　　数据 1②

数　　据	编　　码
Z：……当时（1995 年）创建国家卫生城市，经费少，人员就不足，设备更简陋，就几个车几个工人扫，这样的情况下你想搞（好）是很难的。人均经费（少），你讲的，城市基层公共服务，为什么要外包呢？其实就是你政府没钱，你有钱不在乎，你拿大笔钱养活（这些人），不用外包吧。为什么外包呢？核心还是效益、成本核算，事业单位体制效益差、没有效益，职工拿工人工资的，他没有绩效工资，没有去考核，没有激励机制，这样的情况下，那么经费又不足，那你怎么做这个工作？	环卫经费少；人员不足；设备简陋；环卫质量差；城市基层公共服务外包的动机；政府没钱；效益差；事业单位体制；缺乏激励

他接着谈到（见表 4 －2）：

他还谈到（见表 4 －3）：

对于政府公共服务外包的成功之处，他也表达了自己的观点并与笔者对话（见表 4 －4）：

---

① 为尊重受访者意愿，本书隐去所有受访者姓名并以英文字母替代。

② 左边一列是根据访谈者谈话录音整理的访谈数据，右边一列是笔者对这段数据的编码。

表 4－2　　数据 2

数　　据	编　　码
Z：政府由于经费问题，做不了这个事情，能否转移给别人做？它的好处是什么呢？第一个，节约经费，用企业的做法去管这个卫生……（来电话打断）……这第一个，第二个，深圳的特点是倒挂城市，外来人口多，说难听的，目前来讲叫廉价劳动力……政府成立了一个公司，这个公司管理着外来工，后来叫农民工，现在不提倡这个叫法了，都是员工，他的成本最低啊，他的直接成本低，后续成本也低，所以你政府的公务员，或者深圳的、事业单位在编的，你很多成本。	政府外包环卫服务的动因；节约经费 外来人口多保证了劳动力供给；外来工的劳动力成本低；公务员工资成本很高

表 4－3　　数据 3

数　　据	编　　码
Z：当时我们也做这方面核算，政府请事业单位扫马路的是请外来工扫马路成本的 6 倍，直接成本就是 6 倍，你要说间接成本啊（就更高了）……	事业单位做清扫工作的成本大大高于民营企业

表 4－4　　数据 4

数　　据	编　　码
Z：政府外包服务里头呢，我认为就是说，成功（的就是），政府管干脱离了，原来环卫局也管卫生，也干卫生，分离了，这块是很成功的，也降低了政府在这个环卫方面运作、整修的成本，人员的成本，设备成本没有变，设备成本还是政府投的，愿意投多少投多少，你想漂亮就投多一点，你想简陋一点就简陋一点。 笔者：现在就是……街上果皮箱就是…… Z：都是政府给的，这一块是政府给的，那清扫马路的设备也不用投了，也给企业去运作了，这一块。	政府外包的成功之处：管干分离、降低成本 外包降低了公共设施的投入
笔者：那这些设备要企业来负担吗？ Z：啊，企业来负担，现在就是包给你每平方多少钱，那你设备你去买了，这一块呢政府呢就是说，人员也减下来了，环卫局原来有一千几百人的编制，现在……那你津贴、经费啊各方面也减下来了，那么你外包经费也高了，这一点正常的，总体来说是降低了政府的管理成本，应该这样讲，管理成本，原来可能一米 1000 多元，按照现在编制来说可能 2 个亿，现在五六千万，七八千万，外包出去了，这个下来了，这个是绝对降低的。	政府冗员减少 政府人员成本降低；政府管理成本降低

另一段数据有类似的表述（见表4－5）：

表4－5　　数据5

数　　据	编　　码
Z：……你能承担服务外包你就是经费不足啊，或者事业单位的人头过于臃肿啊，效率不高啊，你才考虑到外包，不然外包干什么？不然何必外包呢？一个人能不能干好，一个人不行，五个人行不行？如果有钱的话，根本不存在这个问题……	财政紧张； 政府机构臃肿； 政府效率不高

以上数据和编码都支持“财政支持弱化”这一核心范畴，在开放性编码阶段，本范畴获得了2级共18个编码或范畴的支持而被判定为核心范畴，在选择性编码阶段，该范畴又获得了3级共10个范畴与编码的支持，因而笔者判定其饱和。

图4－1、图4－2分别为笔者使用思维导图软件Mindjet Mindmanager Pro 7.0进行开放性编码获得“财政支持弱化”这一范畴及对该范畴进行选择性编码的截图。

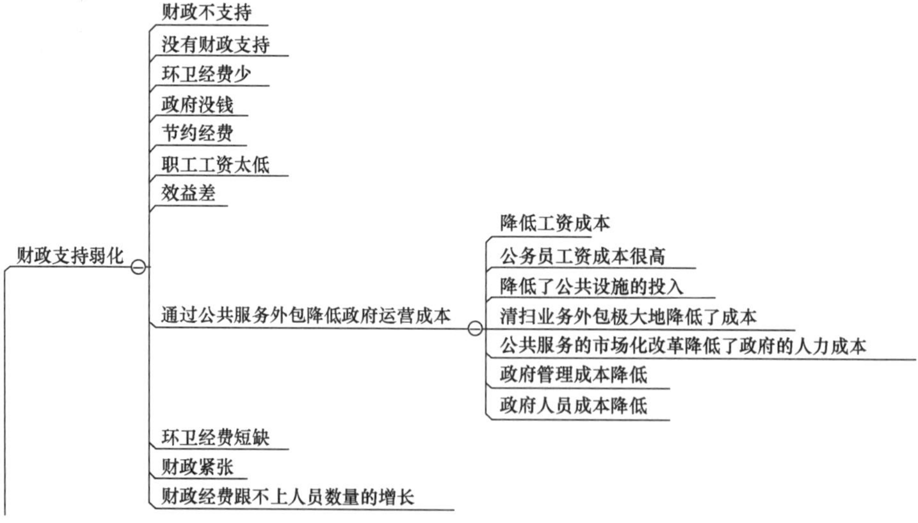

图4－1　发现“财政支持弱化”范畴的开放性编码截图

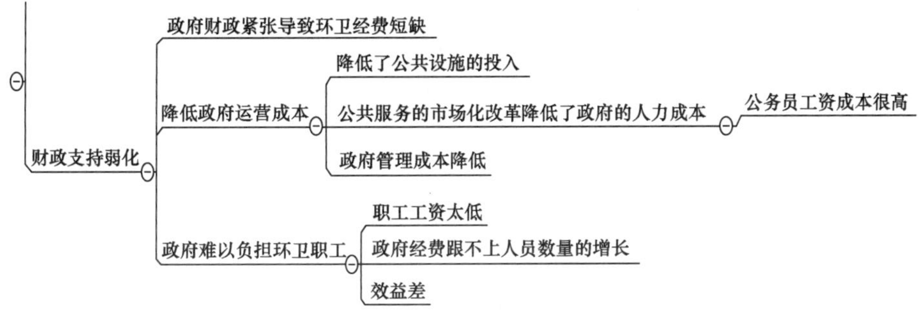

图4－2 对“财政支持弱化”范畴进行的选择性编码截图

从以上研究中得到，财政支持弱化是政府进行公共服务外包的重要动因之一。进一步，我们从选择性编码中可以得到，政府财政支持弱化的主要原因来自以下三个方面：

首先，上级政府财政紧张。上级政府由于财政紧张而无法支付充分的公共服务经费，使得公共服务部门经费极其短缺。

其次，上级政府降低运营成本。上级政府由于财政紧张而试图降低日常的运营成本，一方面通过降低对公共设施的投入，另一方面通过机构改革压缩人员以降低人工成本；人员数量减少之后，相应的管理人员数量及管理费用也随之下降，缓解了政府财政的紧张状况。

最后，上级政府无法负担过多的事业编制职工。在未进行公共服务外包之前，公共服务部门的职工都享受事业编制，吃财政饭，政府要负担其生老病死，财政不堪重负，而且职工的工资也难以提升。因此，政府试图通过公共服务市场化改革甩掉冗员包袱，从以下对深圳H区环卫部门某主管领导C的访谈数据中可以明显看到这一动机，如表4－6、表4－7。

表4－6　　　　数据6

数　　据	编　　码
C：……市里面呢，它原来的环卫队伍要改革嘛，要出去一部分人嘛，就是人太多了，机关里面人太多嘛，它就成立了一个公司，市环卫处下面有一个R清洁公司，将它们的一部分，要精简的一部分人成立一个公司，事业编，企业化管理，这样一个模式，就是也要在市里面搞出一部分面积，当时还不叫做市场化，叫承包……	环卫改革的动因之一：政府冗员众多 改革最初的形式：承包

表 4－7 数据 7

数据	编码
C：……那么政府在这个外包了以后购买服务，我觉得也可以卸下一个包袱，因为毕竟一个正式工，你招一个正式职工哦，从…还要解决住房啊，一直到退休，社会保险，一直由政府包下来，这笔数字算起来挺庞大的……	政府购买服务；政府卸下人员负担的包袱

从表 4－8 的这段数据中，我们可以进一步看到，政府财政难以负担庞大的环卫队伍是导致其推行公共服务改革的重要原因之一，同时环卫队伍的年龄结构也使得政府获得了一个减少改革风险和震荡的好办法，即随着环卫工人的逐年退休，以自然减员的方式减少人员并逐步将由于减员而退出的业务市场化。

表 4－8 数据 8

数据	编码
C：……也有一个原则，因为环卫的队伍太庞大了，队伍有2000 多人，正式队伍接近 1000 多人，占编制，吃财政的，全部是财政拨款的。这样的情况下呢，区里面的财政一直都比较困难，所以定了一个原则，只出不进。那就产生什么问题呢？环卫工人一天你要保洁清扫 4000 平方米的，这一批环卫工人都是在 80 年代、有些是 70 年代的时候在 L、B① 这些（地方的）原住民啊，招过来的，年纪也比较大了，我们接过来的这几年，大量地退，不断地退，退了之后这个面积就没人扫了。那没人进来就只能通过市场化来包，把退下来剩下的面积外包，就给了这两个公司，R 公司和环卫公司……	改革之初的环卫队伍太庞大；政府财政难以负担庞大的环卫队伍；改革的原则：只出不进；自然减员退出的业务进行市场化改革

（二）政治动因——政治压力强化

中国城市基层政府进行公共服务外包的政治动因可以概括为：政治压力强化。上级政府对基层政府日益强化的政治压力迫使基层政府必须找到更好的办法来提供更高质量的公共服务，公共服务外包成为一个重要而有

① 深圳另外两个区。

效的解决方案。

在开放性编码阶段，“政治压力强化”这一范畴共获得了3级共17个编码或范畴的支持而被判定为核心范畴，在对其进行的选择性编码中，该范畴获得了3级共14个编码或范畴的支持而被判定饱和。图4－3、图4－4分别为笔者使用思维导图软件Mindjet Mindmanager Pro 7.0进行开放性编码获得“政治压力强化”这一范畴及对该范畴进行选择性编码的截图。

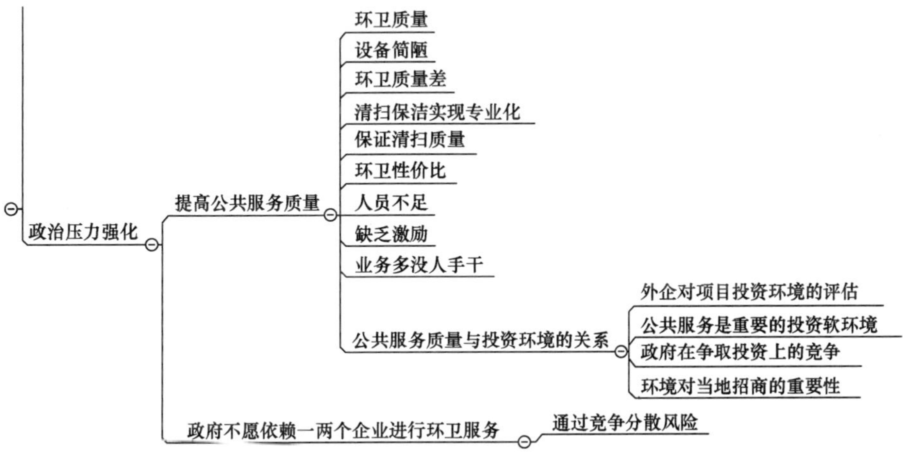

图4－3　发现“政治压力强化”范畴的开放性编码截图

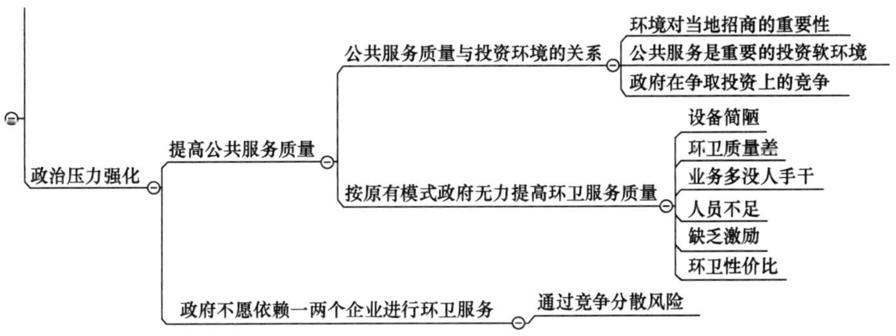

图4－4　对“政治压力强化”范畴进行的选择性编码截图

中国城市基层政府进行公共服务外包的政治压力来自上级政府，而上级政府的压力来自于经济发展和社会转型导致的社会公民[①]对公共服务水平越来越高的要求，这种要求通过媒体、网络、舆论等渠道转化为对执政者的压力，这一点已经成为政府、接包企业[②]和社会公民等公共服务外包利益相关者的共识，从本书获得的数据中也多有体现。如从以下数据中可以看到社会公民对公共服务水平质量要求的提高和监督意识的增强，如表4－9。表4－9的数据来源于在广州组织的小型座谈会上，广州市某接包企业高管E及广州市民D与笔者的交谈。

表4－9　数据9

数　据	编　码
笔者：那你们提供的环卫服务质量，除了政府监督，老百姓有没有监督？ E：有啊，他有投诉啊，（比如），有个退休老师，整天看他的楼梯不干净，（他就投诉）整天闹闹闹。 笔者：投诉给谁呢？投诉给政府？ E：监理所，卫生监督管理检查所。 D：街道下面设的一个部门，或者是环卫局管。	服务质量的监督； 居民对卫生质量的监督； 居民投诉； 居民投诉的处理部门
笔者：投诉以后怎么办？ E：查查看是不是有这回事喽，比如居民投诉我们上门收垃圾比较早，现在6点半上，他们说不行要7点半上，那员工就惨了，下班就迟了。 笔者：那政府接到投诉以后是不是一般倾向于老百姓？ E：他要调查是不是有这回事，他很重视的，一层层下去街访，发调查表，从下面一层层反馈回来，他很重视的。	政府解决居民投诉的问题；居民投诉对接包企业的影响； 政府对居民投诉很重视

因此，当中国政府顺应社会的发展趋势并响应来自社会和民间的压力，做出了建设“服务型政府”的决策后，这种改革政府行政体制和公共服务提供方式的压力就由中央政府逐级传导下去，各级地方政府和城市政府不得不一方面响应上级的要求，一方面减轻社会对自己的批评和压力而进行公共服务体制的改革。同时，这种改革如能获得成功，也为地方政

① 详见第五章。
② 详见第五章。

府官员获得政绩以帮助其晋升提供了机会和途径。

这种推动城市基层政府进行公共服务体制改革的政治压力通常以不同的形式体现出来：

首先，这种压力直接体现为更高层政府对基层政府构建"服务型政府"和进行公共服务体制改革的要求，从本书研究中获得的文件数据《关于完善环卫市场机制 提升城市清洁水平的意见》（深府［2009］5号①）中可以很明显地看出；

而上级政府的这种要求很大程度上来自于城市政府想通过打造良好的投资环境来招商引资，促进地方经济发展的动机上。从下面这段和广州F区某外资企业高管L的访谈数据中可以明显看到这一点（如表4－10）：

表4－10 数据10

数 据	编 码
L：对，F区的服务是特别好的，珠三角相对没有这里好……像我们昨天还在讨论，美国有个项目要过来，我们就在评估，是放厦门还是放广州？	外企对项目投资环境的评估
笔者：要看软环境，公共服务就很重要。 L；对，看政府的服务和环境。政府应该也意识到这一点了，现在政府之间也有竞争。 笔者：是啊，这是个良性循环嘛。	公共服务是重要的投资软环境；政府在争取投资上的竞争

因此，从表4－11这段来自政府调研材料②的数据中可以看出，政府已经将对环境的重视提高到了怎样的高度：

表4－11 数据11

数 据	编 码
城市环境卫生管理是城市建设和发展中必须面临和解决的问题，"环境就是生产力，环境就是竞争力，环境就是城市形象"已逐渐成为共识。	环境就是生产力，环境就是竞争力，环境就是城市形象

① 资料来源：附录5－2.7。
② 资料来源：附录5－2.1。

早在2003年，当时的深圳H区人民政府区长在深圳市H区四届人大一次会议上做的政府工作报告中有这样的语句，更加说明了政府对环境的重视：

环境竞争力是城市竞争力的核心环节，也是政府工作的重中之重。现代服务业的发展更要靠环境支撑。H区要有竞争力，特别是要有国际竞争力，关键是抓好环境建设。

其次，更多的时候，这种压力则是通过上级政府组织的“创建卫生城市”、“创建文明城市”及类似的对基层政府公共服务水平的评选和竞赛活动体现出来。在本书的访谈中，“创卫”、“创文”等字眼多次出现，如下面的一段数据：

表4-12　　数据12

数　　据	编　　码
E：现在广州市创文明城市还不行嘛，所以今年又开始搞，比较严。最近一个市长去几个省调查，他们做得比较好啊，把经验带回来……广州这边有好多领导（来视察）。所以今年就抓几个。 笔者：哈哈，抓几个典型看看啊。要是投诉了一直没解决，老百姓一直不满意的话，是不是也得扣企业的分？ E：一般都是要检查确实后才（采取措施），不是居民说了就算的。	创文明城市；领导调研；领导视察了就抓一下 居民的投诉需要确认

从以上数据中既可以看到基层政府对创文明城市这样自上而下的活动的高度关注，更可以看到其政治压力某种程度上来自于上级领导对环卫工作的重视，而居民的意见和投诉是其改革动因中相对较弱的一项，因而基层政府官员显然对上级政府的要求和问责给予更多的关注和重视，这从下文的数据中也可以明显地看出。

表4-13　　数据13

数　　据	编　　码
C：……市里我们专门有个“鹏城市容杯”，这个我们H区里有个H区市容杯，我们现在已经考核规范要求了，它们市容环卫专门有个组，专门盯着我们H区、莆田和盐田，它们专门去考核，去路面考，它也给我打分，找问题……	鹏城市容杯；H区市容杯；政府设立的环卫奖 环卫质量实行逐级考核问责

最后，这种政治压力常常以上级领导视察、外宾参观、重大外事活动或所在城市组织关系城市形象或执政者形象的重大活动或体育赛事等非常具体的形式体现出来，如以下对广州市 F 区某环卫主管部门领导的访谈数据（表 4 – 14）：

表 4 – 14　　数据 14

数　　据	编　　码
G：你有没有去过 X 城①，汪洋书记说是广州的希望，有很多外资企业在里面，整个 X 城的保洁都是我们做的，所以我们每年的接待任务非常重，每年省领导、国家领导、外国的国家领导人都要来 X 城看，我们要确保没有出错，不要出错。	省委书记的称赞 接待任务重；国内外领导的视察；确保不能出错

从中可以明显看到，因外事活动关系地方乃至地方政府的形象，使上级政府领导对环卫质量高度重视，这种压力会直接迅速地传导到基层政府和环卫企业，而基层政府和环卫企业对让上级领导满意显然给予了极其高度的重视。

在笔者进行访谈的过程中也屡次体会到基层政府对这种政治压力的重视，如为改善城市面貌广州市政府上下动员，办好“亚运会”这对笔者走访的 F 区政府和相关部门形成了很大压力，以至于本书的访谈多次因受访者忙于相关工作而被打断。更有一位基层政府官员，因应付上级的大检查，在访谈中接到电话称某区域出现了质量问题被领导发现而突然中断正在进行的访谈，匆匆离开。

因此，日渐强化的政治压力使中国城市基层政府不得不寻求以更高的效率和效能提供公共服务的机制，而采用原有模式显然由于财政支持的弱化而难以为继，因此，他们不得不采取外包这种高效低成本的方式来提供公共服务。

二　我国城市基层政府公共服务外包的内部动因

同时，城市基层政府内部也存在着提升公共服务效率的内在动机。在开放性编码阶段，我们获得了“提升效率的需要”这一范畴，共获得了 2 级共 18 个编码或范畴的支持而被判定为核心范畴，在对其进行的选择性

① X 城是广州 F 区重要的高科技产业园区。

编码中，该范畴获得了 4 级共 8 个编码或范畴的支持而被判定饱和。图 4－5、图 4－6 分别为笔者使用思维导图软件 Mindjet Mindmanager Pro 7.0 进行开放性编码获得“提升效率的需要”这一范畴及对该范畴进行选择性编码的截图。

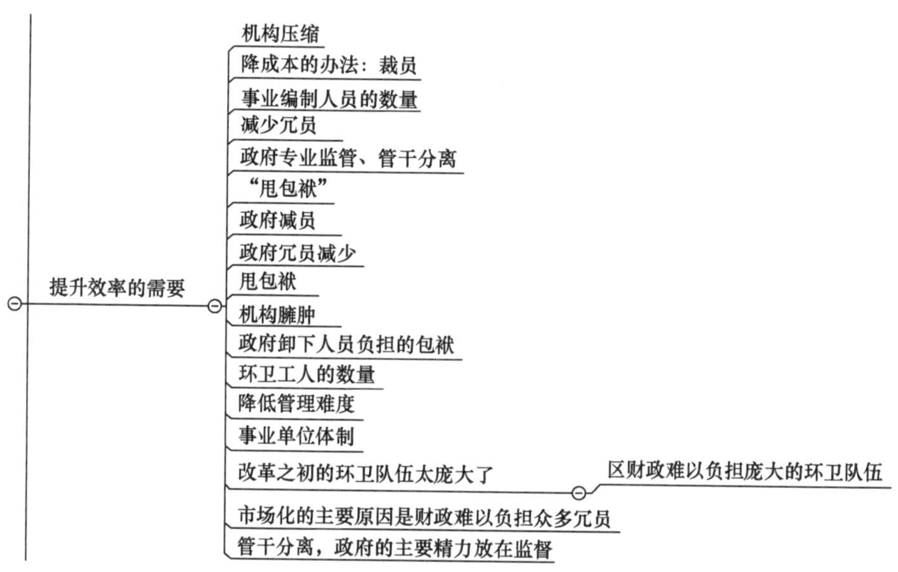

图 4－5 发现“提升效率的需要”范畴的开放性编码截图

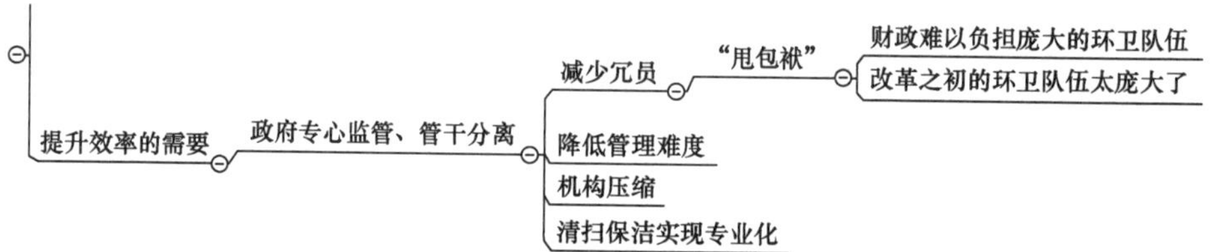

图 4－6 对“提升效率的需要”范畴进行的选择性编码截图

这种提升政府运行效率的内在动机主要体现在基层政府对自身能力不足的认识，从而希望将公共服务交给更加专业的公共服务企业，使自己能有充分的精力从事监管。如以下两段分别从深圳 H 区政府不同官员的访谈中获得的数据（表 4－15、表 4－16）：

同时，我们必须承认，在相当程度上，中国城市基层政府提高公共服务效率的内在动因又是受到政治压力强化这一外在动因与基层政府官员对个人仕途命运的关切这一深层次动机的共同作用而激发出来的。因为，对

表 4－15　数据 15

数　据	编　码
笔者：您觉得（公共服务外包）成功的地方有哪些，带来什么好处？有什么不足？什么地方需要改进？ Y：首先降低成本了，减少人员了，提高效率了，也能够提高环卫的质量，政府把更多的精力放在监管上，不用直接去管人、扫地。	政府公共服务外包的好处：降低成本、减少冗员、提高效率、提高环卫质量、政府专心监管

表 4－16　数据 16

数　据	编　码
C：……其实现在招标招出去的好处呢，一个就是管干分离，就像原来的旧模式，机扫所既要管又要干，运动员也是你，裁判员也是你，卫生质量和保洁质量保证不了，毕竟都是自己的，也没有什么专门的机构来监督，现在推向市场了以后呢，作为政府的职能部门，尤其我们一个科室，我们的主要任务放在监督。推向市场请专业公司来保洁呢，在深圳，我记得 2008 年深圳城管局的局长就说，要在清扫保洁这方面实现专业化、企业化，现在确实从清扫质量方面有保证，这方面深圳在全国是走在前列的……	环卫服务外包的好处：管干分离，政府的主要精力放在监督；清扫保洁实现专业化；保证清扫质量；清扫保洁专业化；深圳在环卫改革上领先全国

基层政府官员来说，如果不能让上级满意或一旦出错，其直接后果可能就是"乌纱帽"不保，前途堪忧。因此，公共服务的质量直接关系到他们的仕途和命运，这使得他们有了提高公共服务质量的强大内在动力。从以下数据中可以看到这一点：

表 4－17　数据 17

数　据	编　码
E：……有次，T① 旁边有一堆屎啊，刚好那个领导带人去参观，马上给环卫局领导打电话，环卫局领导马上跑去看看怎么一回事，我们那个班长就要给撤了，搞得那么脏。后来就跑去 S 寺②那边赶快看看是不是也是这样脏，那边还比较干净。就没什么了……S 那边也是市政府的宿舍，所以市政府领导也经常在那边看，义务监督员一样……	出现环卫质量问题 领导带人参观； 出了问题直接领导要撤职；政府领导关注的地方环卫质量高

① 广州某著名旅游景点。
② 广州另一著名旅游景点。

基层政府官员的这种内在动机是极其强烈的，因为这样的参观、检查极其频繁，每次他们都必须小心接待，不能出半点差池。也正是为了接待各级领导，基层政府及其环卫企业付出了巨大的努力。

如广州F区环卫美化服务中心（以下简称环美中心）2008年全年就接待了国家、省、市、区重要领导参观、接待检查共54次[①]。2008年"创文""国检"期间，环美中心仅超时加班费就合计达293616.93元[②]。在2008年环美中心的年终总结汇报材料中这样写道：

> 在创文国检过程中，广大员工日以继夜，团结拼搏，部门领导深入一线，与所有员工一起连续十几天奋战在一线直到深夜。广大员工响应主管局要求，对重点马路采取24小时保洁，连续加班达20多天，加班时间达到3万多小时[③]。

而仅2009年上半年，环美中心就已经接待国家、省、市、区重要领导参观检查共36次[④]。

综上所述，本书研究发现，与国外政府或出于经济目的或出于政治动机不同，中国城市基层政府公共服务外包的动因同时来自基层政府的内部与外部，同时来自于经济因素与政治因素。

首先，外部动因。其外部动因同时来自政治与经济两个方面。通过编码，笔者获得了两个核心范畴："财政支持弱化"和"政治压力强化"。即，我国城市基层政府公共服务外包的经济动因可以概括为"财政支持弱化"，而政治方面的动因则可以概括为"政治压力强化"，中国地方政府公共服务外包活动的外部动因是在政治和经济两大因素同时作用、相互影响下形成的。

其次，内部动因。中国城市基层政府同样具有进行公共服务外包的内部动因，这一动因来自基层政府提升自身运营效率的需要，通过编码，我们获得了另一个核心范畴："提升效率的需要"。

---

① 资料来源：附录5-1.1。
② 资料来源：附录5-1.1。
③ 资料来源：附录5-1.1。
④ 资料来源：附录5-1.6。

在基层政府具有提升自身运营效率的内在动机下，同样来自上级政府的政治和经济两方面的力量此强彼弱，这三方面因素共同作用，推动中国城市基层政府开始了公共服务外包的实践。如图 4－7 所示。

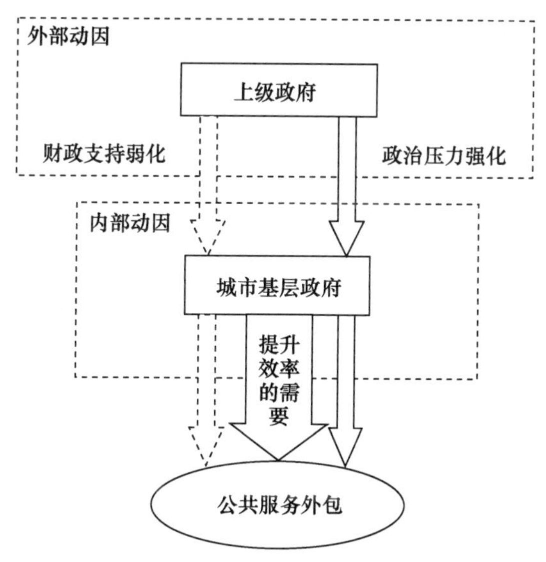

图 4－7　中国城市基层政府公共服务外包动因示意图

第二节　中国城市基层政府公共服务职能的不完全外包现象及其动因研究

在本书的研究中发现了一个极为有趣的现象，对某种特定的公共服务职能而言，中国城市基层政府在市场化改革中，既将其大部分职能外包，但又似乎存在着一种“反市场化”的力量，使之拒绝将该公共服务所有的职能完全外包，而是以保留一支自己的“嫡系部队”的方式来掌控该公共服务的某些关键领域，这使得基层政府的该公共服务职能并未获得完整的外包。

当与此现象相关的数据及编码不断涌现时，本书研究的问题自然而然地转向研究该现象的发生及其影响因素。为什么基层政府不愿将某公共服务全部外包？其动因是什么？这样对它们有什么好处？是什么影响着它们做出这样的决策？对它们而言，未来是否有可能将该公共服务职能全部外包呢？如果可以，那么在什么样的情况下它们才愿意将其全部外包呢？

一 中国城市基层政府公共服务职能的不完全外包现象

本书研究的两个样本，即广州F区及深圳H区政府都不约而同地为自己保留了一支“嫡系部队”[①]，即在将大部分环卫公共服务外包的同时还保留着直属于该基层政府、享受事业编制的公共服务部门。在广州市F区，这个部门就是前文所述的“广州F区环卫美化服务中心（环美中心）”。在深圳市H区，这样的部门有两个，分别为“机械化清扫所（简称机扫所）”和“机械化运输队（简称机运队）”，分别负责重要区域的清扫保洁工作和垃圾清运工作。

从广州市政府及深圳市政府的公共服务改革分别启动至今，广州市F区及深圳市H区外包的环卫服务领域都逐步扩大，业务量逐步增加，越来越多的环卫公共服务通过外包的方式来完成。但同时，两个基层政府却一直保留着直属于自己的“嫡系部队”。并且，在本书的访谈中，基层政府官员并没有将其推向市场的打算，而是一再表示，这一部门的存在非常重要，将来也应当保留。

例如，目前深圳H区市政道路清扫总面积626.56万平方米，由机扫所负责清扫的面积150.5万平方米，占总面积的24.02%，其余的476.06万平方米外包，占总面积的75.98%。H区每天产生生活垃圾总量约1500吨，其中由区机运队负责收集转运的有400吨，占总量的26.66%；350吨外包，占总量的23.33%；其余的750吨垃圾（占总量的50%），由小区物业单位自行解决清运问题[②]。

基于以上发现，本书将这种由于政府不愿将某种公共服务职能完全市场化而形成的政府仅将该公共服务职能部分外包，而同时又保留一部分职能由自己来提供的现象称之为：“公共服务职能的不完全外包”。

迄今为止，文献中从未提及公共服务职能的不完全外包这一现象，更没有看到对此现象的解释和研究。那么为什么会出现这一现象？中国城市基层政府不愿将某种公共服务职能全部外包的动因是什么呢？这需要我们进行更加深入的扎根研究。

---

① 这是访谈对象自己的用词，因其表达的准确性和概括性，本书将其直接运用在编码中。

② 资料来源：附录5-2.1。

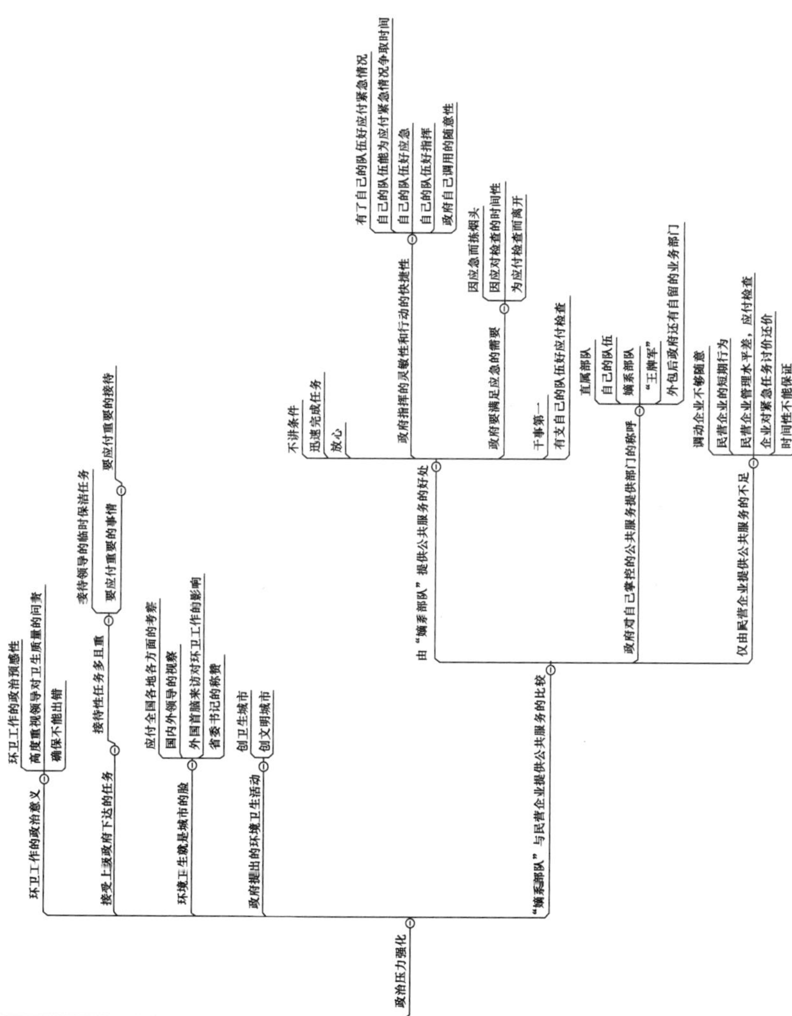

图4-8　发现"政治压力强化"范畴的开放性编码截图

二 中国城市基层政府公共服务职能不完全外包的动因研究

经过数据分析和整理，本书发现，中国城市基层政府公共服务职能不完全外包的主要动因并非经济因素，而是主要来自非经济因素，这种非经济因素就是：政治压力强化①。

在对中国城市基层政府公共服务职能不完全外包动因的研究中，笔者再次获得了“政治压力强化”这一核心范畴。在开放性编码阶段获得了4级共46个编码或范畴的支持而将其判定为核心范畴，在对其进行的选择性编码中，该范畴获得了3级共23个编码或范畴的支持而被判定饱和。图4－8、图4－9分别为笔者使用思维导图软件 Mindjet Mindmanager Pro 7.0进行开放性编码获得“政治压力强化”这一范畴及对该范畴进行选择性编码的截图。

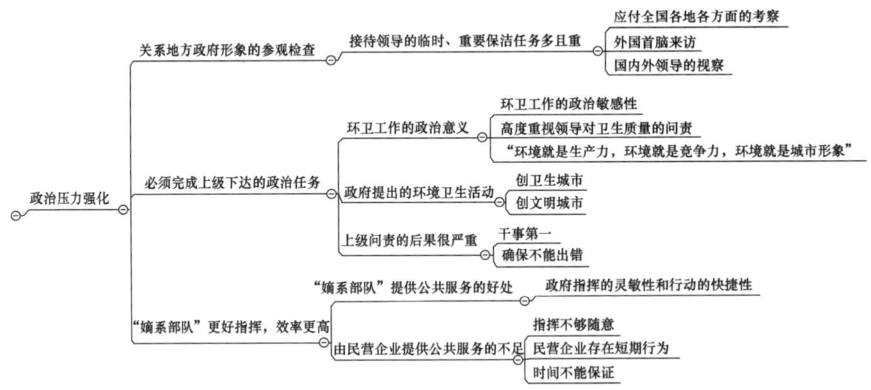

图4－9 对“政治压力强化”范畴进行的选择性编码截图

在广州F区政府，受访的主管环卫工作的政府官员A是这样介绍环美中心的（见表4－18）：

从上面的数据和编码中可以看出，政府将该单位视为“嫡系部队”而且给予主要管理人员事业编制，享受公务员待遇，原因在于该部门不仅

① 虽然在开放性编码中，笔者同时获得了有关公共服务职能不完全外包的非经济动因和经济动因的编码，在非经济动因中也获得了“政府仅将部分公共服务外包的主观观念”这样的编码，但在选择性编码过程中，这些范畴都没有得到更多数据和编码的支持，因而本书最终认定的不完全外包动因是“政治压力强化”。

表 4－18 数据 18

数 据	编 码
笔者：环美中心有多少人？ A：管理人员 20 来个，正式的阿姨有 400 人，他这里搞得特别好，直属的，嫡系部队，算事业编制，但是阿姨不算，管理人员算，有一个车队，一个运输垃圾的车队，因为如果我们应急的话，我去调动企业，企业老板可快可慢，因为他要成本的，我们这个（环美中心）不计成本的，先把事儿干了再说。	环美中心的人数；直属部门；嫡系部队；调动企业不够随意；民营企业应急的时间性不能保证；（环美中心）不考虑成本；干事第一

能够满足政府应急的时间性要求，而且能够不计成本地完成政府下达的任务，而不是像民营企业一样和政府讨价还价。

这位官员还谈到（见表 4－19）：

表 4－19 数据 19

数 据	编 码
A：从整个机制改制来说，我们区专门留了一个保洁的事业编制的一个部门，就专门扫地的，事业编制，以前其他区全部推向社会，社会化了，我们为什么留呢？因为我们的接待性任务太重，我也要保证我的质量问题，要有人专门不计成本地完成工作，如果按照（外包的）所有的步骤全部操作完了再来做，已经凉菜了（黄花菜都凉了）。所有的事情（来不及了），工作检查都做过了，所以我就觉得这一方面政府应该还是要保留一个自己的，也不叫王牌军吧，自己可以随时调用的部门，你发包给企业，你是指挥老板，老板下面那些员工的素质培养、培训就不是很严谨，这方面 F 区做得还是很严谨的。	事业编制的保洁部门；没有进行社会化改革的事业部门；接待性任务多且重；环卫质量；保留事业编制保洁部门的目的非成本动机；应对检查的时间性；“王牌军”；政府自己调用的随意性

在这位政府官员的口中，这支“嫡系部队”又被称为“王牌军”，而且再次强调，保留这支“部队”的原因是需要有人“专门不计成本地完成工作”，而且“自己可以随时调用”。

根据以上数据和编码，笔者将环美中心作为下一个研究对象。进入该部门后，通过深入沟通和交流，笔者召开了一个小型座谈会，其主要领导及主要部门负责人 B、D、I 共 3 人参加，从座谈中获得了更多的相关数据。其中，几位负责人这样讲到（见表 4－20）：

表 4－20　　数据 20

数　　据	编　　码
B、I：对，还是自己养活自己。拿的是政府的单子，但是质量能够保证，是最好的，是不讲条件的，好像政治性的意义，好像车翻车了，（D 插话：民营企业合格证没有啊，要讨价还价啊），但是我们一旦通知马上就去处理了，半个小时要到现场，5 个小时要搞定，交通要正常。	自己养活自己；保证保洁质量；不讲条件；政治意义；迅速完成任务
笔者：A① 也说，还是要有自己的队伍才比较放心。	自己的队伍；放心
B：市场化虽然是大势头，但市场也不是万能的，现在实践证明了很多走向市场的改革不一定成功的，比如……包括我们环卫改革，清运垃圾讨论了很长时间，要不要走向市场，后来还是不行……所以不敢放开改革。	市场化改革的局限性；不敢放开改革

在对这段数据的分析中再次出现了“迅速完成任务”、“不讲条件”这样的编码，与表 4－18 的编码“民营企业应急的时间性不能保证”、“（环美中心）不考虑成本”、“干事第一”相比较，我们自然可以看到政府保留这支“嫡系部队”的动因。

另外，在对这段数据的分析中出现了一个非常重要的编码：“政治意义”，这引导着我们把研究的目光转向了可能影响基层政府保留“嫡系部队”的政治因素。后面的研究证明，政治因素的确是导致基层政府不完全外包某公共服务职能的主要动因。在后面的访谈中，几位负责人再次表达了类似的观点，详见表 4－21：

从中可以看出，环美中心要负责应付“重要的接待”、“重要的事情”；而这些“重要的事情”不能交给民营企业的原因之一就是，民营企业给员工买社保的比例低，因而不能保证员工的稳定性，可能影响“重要事情”的保洁质量。而且，和前面的数据表达了相同的意思，即民营企业会为临时性的事情与政府讨价还价而根本不顾这是否是市长来视察这样的“重要事情”，但在这样的事情上因讨价还价花去宝贵的时间却是基层政府根本无法接受的。

① 前述 F 区主管领导。

表 4－21　　数据 21

数　　据	编　　码
笔者：咱们算是政府下属单位，是政府的一部分，但企业完全是市场主体，那么其中的业务关系（怎么样），我主要研究这个问题。	与政府的业务关系
D：（活儿）还是政府给的，它不给你，我们也没办法。	政府给活儿就干
B：有什么重要的接待啊，重要的事肯定要我们上了。 D：这些重要的事都是我们上，而且我们单位在整个 F 区都是大哥大，龙头单位，就是带领他们走的，最好的。 B：说句不好听的，那些私营企业，比方 100 个人，它给你买社保不会超过 30%，按政府要求是 100%，所以它们自己也保证不了那个人（人员的稳定性）。比如市长来了（要临时保洁），他说和我先临时签个协议，没有个把小时搞不定，那就叫我们去了，他们不搞，要钱啊。	要应付重要的接待； 要应付重要的事情； 私营企业给员工买社保的比例低；环卫员工的稳定性；接待领导的临时保洁任务；企业对紧急任务讨价还价

如果还有比市长来视察更为紧急、更为重要的事情，那政府就更加无法接受这种讨价还价了，此时政府需要的就是无条件地、尽可能快速地完成任务。从在深圳 H 区的一段访谈数据中可以看出这一点，详见表 4－22。

表 4－22　　数据 22

数　　据	编　　码
Z：……为什么有这块呢，因为这个是公共服务，它为了应急，……它有它的道理，那政府为什么留一块，当你企业或者运作很难，或者是闹事的情况，你会不会有一些力量去做这些应急的，比如说应急的游行啊，或者是聚会啊，带来的卫生各方面（的问题），或者是有自然灾害了，它带来的公共卫生方面的问题，这政府就有力量去对付，你全市场化了以后呢，就没有……	政府要满足应急的需要； 特殊情势下的应急； 政府指挥的灵敏性和行动的快捷性

因此，政府官员对保留“自己人”① 和不将公共服务完全外包具有高度一致的意见，从表 4－23 和表 4－24 的两段数据中可以看到他们的思想。

① 这也是访谈对象自己的用词，本书也将其直接运用在编码中，类似这样的表述还有“自己的部队”、“自己的队伍”等。

表 4 – 23 数据 23

数 据	编 码
C：没有自己的部队万一有什么事就很被动。那么我们这个机运队的角色就和机扫所一样了，万一有什么事我会应急……	没有“自己的部队”万一有事将使政府感到被动 “自己的队伍”好应急

表 4 – 24 数据 24

数 据	编 码
C：是不是要全部推向市场，我觉得还是有点保留意见，因为全部推向市场以后，有的企业经营不善，造成瘫痪，瘫痪了以后，到时候我们是措手不及。你说是说有应急预案，你说一个办公室没人打扫，临时找人就行。你想100多万平方米（怎么办）？所以10多年来，我们体会到，深圳特殊在哪里？位置哦，在咱们中国要有政治敏感性，政治很重要，作为我，我是区城管局，卫生部门，你卫生搞得不好，领导肯定会找你城管局的领导，我们局领导又找我主管的科室，所以我们应该保留一支队伍。	公共服务不一定要全部推向市场； 政治敏感性；高度重视领导对卫生质量的问责
有一支队伍，机扫所，你们来加班，我们就可以让他们加班，这个都没问题，政府该给加班费、工人付出了劳动，该给就给，我会应付得来。当然，现在我们应急就是那两三天最困难的，你真是不行我们就采取措施，（有）缓冲的时间。我们原来是搞那个绿化，我在＊＊科①的，为什么我们的灯光不推向市场？那个＊＊②市把市政灯光全部推向市场，推向市场以后，我企业我看这个灯真的不亮我才去收拾一下，你政府给多少钱我就干多少活儿，我能拖就拖，最终，本来该维修的，你不维修，线路老化了，最终3年、5年以后政府还要把设备重新更换，是不是浪费？所以我们深圳经常检查，我有支队伍可以应付得来。	应该保留自己的队伍；有了自己的队伍好应付紧急情况；自己的队伍能为应付紧急情况争取时间； 公共服务全部推向市场可能导致公共设施投资的浪费； 有支自己的队伍好应付检查

① C以前曾工作过的科室，为保护其隐私，本书隐去。

② C举例谈到的中国某城市。

表4－24中较完整地表达了基层政府在公共服务职能不完全外包上的思想和观念，一方面，他们看到了某些地方基层政府将公共服务完全推向市场带来的公共设施投资浪费现象而对公共服务的完全市场化心存疑虑，另一方面，也是更重要的是，他们希望保留一支自己的队伍好应付自上而下的各种检查、上级领导的问责等各种紧急情况。

尤其值得注意的是，这里又出现了一个非常重要的编码："政治敏感性"，将这一编码与前面出现过的编码"政治意义"相比较可以看出，它们非常准确地表达出了中国城市基层政府官员作出公共服务外包决策最重要的动因——政治压力强化。

正如前文分析，导致基层政府推行公共服务外包的政治压力来自上级政府的政令、上级政府组织的各种活动、领导视察及外事活动等三个方面，而导致其不完全外包某职能的政治压力却基本来自其中的一个方面，就是上级领导的视察及各种外事活动。包括来自全国各地各方面的参观、考察和学习；外国首脑的来访和国内各级领导的视察，等等。

虽然上面这些活动都是"软的"，既没有硬性的指标来评价，又不影响百姓的日常生活，但它们对基层政府官员的升迁和仕途却是"硬的"，即一旦出现任何差错，基层政府都有可能因此遭到上级的问责而"乌纱"不保甚至前途无光，这恐怕是基层政府坚决保留一支"自己的部队"来应急的关键所在。

至此，我们又看到了一个有趣的现象，即"政治压力强化"的结果一方面导致城市基层政府积极推动公共服务外包，但同时也构成了阻碍基层政府将该公共服务职能完全外包的关键动因——基层政府要在关系政治形象的重大问题上对公共服务的某些领域具有绝对的掌控权，从而通过保留"嫡系部队"的方式拒绝将该公共服务职能全部外包。基层政府这种绝对掌控部分公共服务职能的动机主要来源于地方政府官员自身的内在动因——即便不一定能获得提拔和升迁，但至少也不能因公共服务水平和质量问题导致上级的不快甚至问责，使自身的仕途蒙上阴影。这种有趣的现象及其对中国政府公共服务的影响值得进一步研究。

综合本章，中国城市基层政府公共服务的外包、不完全外包现象及其动因如图4－10所示。

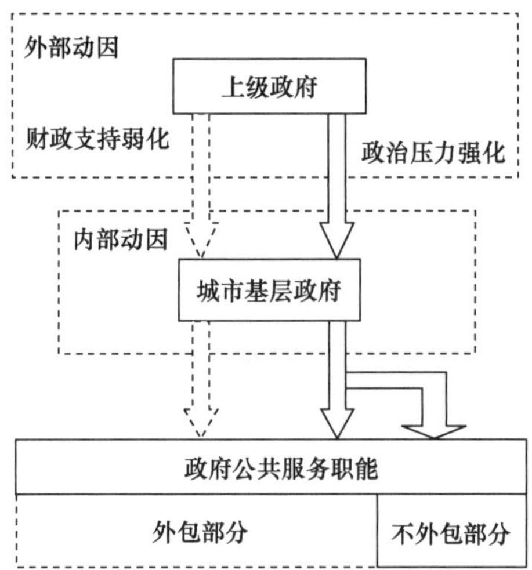

图 4-10 中国城市基层政府公共服务职能的不完全外包及其动因示意图

第五章　中国城市基层政府公共服务外包中的利益相关者及其关系研究

在本书的扎根研究过程中，与城市基层政府公共服务外包相关的社会组织和个人的数据和编码不断涌现，因而本书借用工商管理中利益相关者的概念，提出了“政府公共服务外包的利益相关者”这一概念，开始对它们之间的相互关系及对公共服务外包的影响等问题进行研究。

在开放性编码阶段，“政府公共服务外包的利益相关者”这一概念共获得了4级共31个编码或范畴的支持，在对其进行的选择性编码中，该概念获得了4级共25个编码或范畴的支持而被判定饱和。图5－1、图5－2分别为笔者使用思维导图软件Mindjet Mindmanager Pro 7.0进行开放性编码获得的“政府公共服务外包的利益相关者”这一概念及对其进行选择性编码的截图。

早在1927年，美国通用电气公司的一位经理在其就职演说中首次提出，公司应该为利益相关者服务（刘俊海，1999）。1963年，美国斯坦福研究院首次提出了“利益相关者”这一概念。1965年，美国著名战略学者安索夫（Ansoff）最早将利益相关者概念引入管理学和经济学并认为企业的利益相关者包括管理人员、工人、股东、供应商以及分销商（付俊文、赵红，2006）。

在工商管理领域对利益相关者的定义中，最为广义的定义是：利益相关者是指凡是能够影响企业活动或被企业活动所影响的人或团体。与该定义相比较，本书将“政府公共服务外包的利益相关者”定义为：凡是能够影响政府公共服务外包活动或被该活动所影响的人或团体。

根据本书掌握的数据和编码，本书将政府公共服务外包的利益相关者大体划分为以下六类：

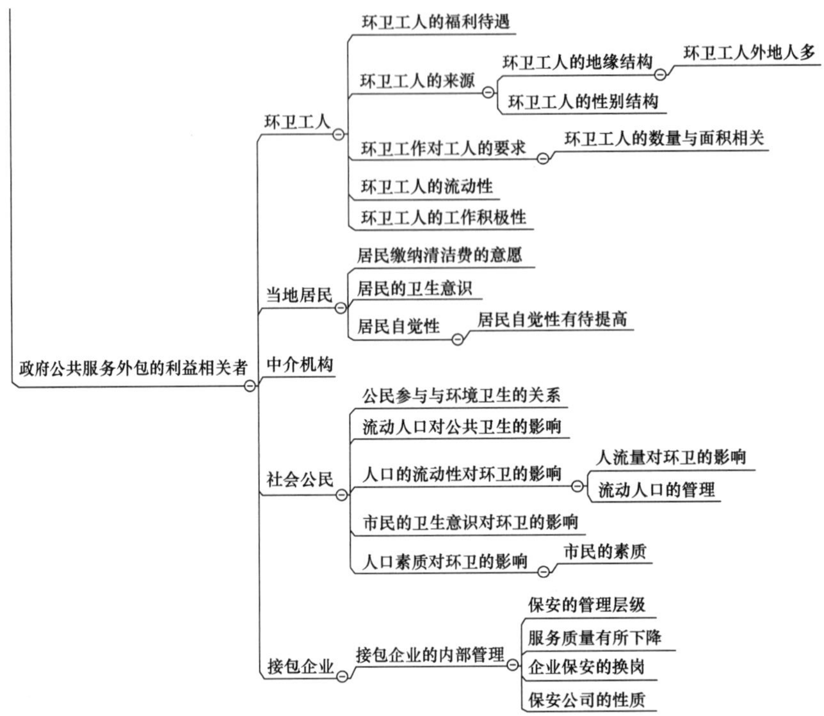

图5-1 提出“政府公共服务外包的利益相关者”概念的开放性编码截图

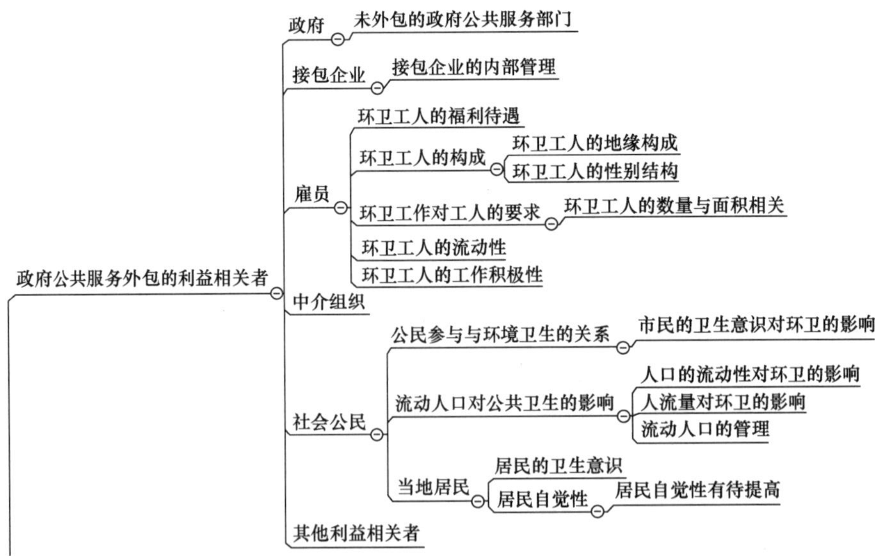

图5-2 对“政府公共服务外包的利益相关者”概念进行的选择性编码截图

第一，政府。既包括城市政府及其治下的基层政府，也包括承担了政府尚未外包的公共服务职能的单位，即下文所述的“职能单位”，如广州F区的环美中心、深圳H区的机扫所、机运队等。

第二，接包企业。指接受基层政府外包的公共服务任务的企业。

第三，雇员。如对环卫服务外包而言，雇员既包括在接包企业内工作的环卫工人，也包括由职能单位聘用的、不享受事业单位待遇的环卫工人。

第四，社会公民。既包括长期生活在基层政府辖区的居民，也包括暂时生活在该辖区的流动人口。按照《中华人民共和国宪法》的界定，“凡具有中华人民共和国国籍的人都是中华人民共和国公民”，而政治学意义上的“公民”是指具有一个国家的国籍、根据该国的法律规范承担义务和享有相应政治经济社会权利的自然人。本书的“社会公民”与“公民”的意义相同，但之所以采用“社会公民”一词是为了更加强调和凸显在政府公共服务外包中作为利益相关者的公民的社会性，以及凸显在服务型政府建设和公民社会形成中的公民意识①。

第五，中介组织。包括各种形式的行业中介组织，如产业协会之类。

第六，其他利益相关者。包括在基层政府辖区经营的企业、各种社会组织等。

根据本书研究中获得的数据和编码，在这六类利益相关者中，政府、企业、雇员和社会公民这四类在目前的城市基层政府公共服务外包活动中扮演着更为重要的角色，因而本章将它们之间的关系作为本书研究的重点。

第一节　城市基层政府与接包企业间的关系

城市基层政府与接包企业是在公共服务外包中最重要的两个利益相关者，它们之间的关系与互动对公共服务外包过程及绩效都有非常重要的影响。

一　城市基层政府的角色转换及对接包企业的监管

在广州市F区和深圳市H区，城市基层政府自环卫体制改革后将原

① 本书所研究的社会公民暂不包括长期或短期生活在该辖区的非本国公民。

来由自己负责的环卫服务外包给民营企业，从而退出了大部分环卫市场，开始逐渐扮演监管者的角色。接包的环卫企业以竞标的方式，通过市场竞争获得了原由政府负责的环卫工作任务并由此获得政府拨付的资金。

因此，在公共服务外包过程中，政府逐渐开始扮演服务的需求者、购买者以及服务质量的监督者角色，而对接包企业而言，虽然它们仍和其他企业一样以获取利润为首要目标，但客观上却开始逐步扮演公共服务提供者的角色。

从下面的数据中我们可以看到两者之间的这种角色转换及这种转换带给它们关系的变化，如表5-1。

表5-1　　数据25

数　　据	编　　码
Z：……政府已经退下来了，退出来了，就由企业负责清扫保洁，那企业要做什么事呢？招工、培训、管理，企业化的运作，工资、管理都由企业负责，只要把卫生搞好就行了……	接包企业全面负责清扫保洁工作

表5-1的数据清晰地表明了政府与接包企业关系的变化，政府把公共服务提供者的角色让环卫企业来扮演，而政府则逐渐找到了自己新的角色——考评者、监管者，如表5-2。

表5-2　　数据26

数　　据	编　　码
笔者：它们（政府）一旦发现问题随时就和你们沟通了？随时就解决？ E：对，很快的。	政府发现问题随时沟通解决；
笔者：那它们是不是把这个问题就累积下来，一个月算一次账还是一年算一次账？ E：一个月。算多少分，一分扣多少钱。	绩效考核的频率； 按分扣钱；
笔者：你们的经费是一次下发还是每个月给一次？ E：每个月给一次，和发工资一样。它算年承包费多少钱，按月给你。	经费下达的频率；
笔者：就和我们拿工资一样，一个月得多少分给多少钱？ E：是。	（企业）根据绩效考评成绩获得收入

从表5－2的数据中我们可以清楚地看到，政府扮演了一个绩效考评者的角色，即根据接包企业完成公共服务工作任务的数量和质量对其进行绩效评价并以评价的结果为依据下拨承包经费。在政府对接包企业的考评指标中，数量指标显然不占主导地位，因为一旦签订外包协议，则环卫面积即企业提供公共服务的数量就已经确定，因此，政府对企业的日常绩效考评主要是以质量为依据，以月为单位进行，企业根据其考评分值获得收入。

另外，政府已经开始初步实施市场准入管理和过程管理，从下面的数据中可以得到较为详尽的说明，如表5－3。

表5－3　　数据27

数　　据	编　　码
C：……政府既然购买服务推向市场，我们一直强调，专业公司一定要好好把好关，现在市城管局就从这方面着手了，一定要行政许可，你清扫保洁垃圾清运这个项目，你一定要首先配置、人员，你全部搞小学生来管理这个企业（怎么行）？是吧。第二个，设备，我们更注重的是设备，你没有设备你谈何容易啊，光皮包公司？如果是皮包公司，你从管理肯定是不到位的，没有这个专业水平，设备，你随便搞个破车？我们作为监管单位越来越发现要采取措施，包括以前他们招标，这个标段根据清扫面积需要多少车辆，需要他配置、提供，但是，他投标的时候可以把复印件提供你两份三份，但是现在有些公司，这个区招标也拿来做样本，那个区招标也拿来做样子，现在我们不是了，现在我们这样，你来招标，如果你真的要中标了，这两台车我要备案，而且我还要GPS跟踪，要追踪你。你中标了我报到区政府、报到财政局，如果落实了以后，我要机扫的，一级路，路面洒水一个星期两次，那我就看你有没有洒，我要装GPS，我要监管你。那我不可能你3点钟作业我3点钟（去看），那我要求你机扫车，你有没有去作业，我查你的GPS追踪仪啊，我要求你加入我这个平台来，我有这个平台，所以这方面就要求清扫单位一定要实打实的，一定要保证质量，既然投入这个钱，我要达到这个质量水平，老百姓就可以享受到这个成果了……	企业资质行政许可要审查的内容：人员、设备； 皮包公司不符合要求； 监管单位； 招标中有造假现象； 中标后设备要备案； 利用GPS对环卫企业清扫车进行动态管理； 政府要监管企业； 政府要求企业一定要保证质量； 让老百姓享受（改革的）成果

从这段对深圳H区政府官员的访谈数据中可以看到，中国城市基层政府已经清晰地认识到了自己的监管者角色并对公共服务质量给予了高度重视，

开始尝试多种措施来进行公共服务质量的监控。一方面，政府采取准入资格审查的手段，确保符合资质要求的企业参加投标，以保证无论哪个企业中标，其基本资质和软硬件条件都能达到基本要求；另一方面，更为重要的是，政府已经开始注意到了过程管理的重要性，并尝试运用高科技手段进行过程管理，如运用全球定位系统（GPS）对接包企业的环卫机械作业进行动态监控。

更为难能可贵的是，这段数据中表现了某些政府官员思想中已经开始出现的民本意识，他们已经开始认识到，政府公共服务外包的最终目的是“让老百姓享受成果”，这与其他数据中大量出现的只对上级负责的意识形成了鲜明的对照。虽然这样的数据并不丰富，因为它只是偶尔出现，但这种偶尔的涌现毕竟是令人喜悦的，我们期望在未来的研究中，这样的数据会继续并且越来越多地涌现，从中我们将可以看到中国政府逐步向建设服务型政府的改革目标迈进的步伐。

关于政府运用高科技手段进行质量监管的数据又一次涌现，详见表5－4。

表5－4　数据28

数　据	编　码
C：……包括我们垃圾清运，垃圾量的监管，我们也通过GPS追踪仪啊，每台车，你这个车每天走的路径去哪里我监督得到，我宁可派机运队一个人一台车盯住，你没这个手段，我这个车可以去到兰州，把垃圾运来也算机运量，那政府要多掏钱嘛。用这套系统，总共要十几万，另外垃圾填埋场啊，有电子过磅，我就把这个系统并到我这里来，我们机运队就可以知道，这个系统总共11万，我去财政厅要，我要得有理由，这个高科技的力量、手段我们为什么不用呢？	运用高科技手段提高监管水平； 成本节约的意识；高科技手段的投入； 高科技监管设施的建设需要财政支持

在这段数据中可以看到，运用高科技手段进行公共服务的质量监管需要财政支持。由于这种高科技手段的运用需要相应的软硬件条件，因而目前也只能在深圳、广州这样的经济发达地区才有可能出现。因此，这一措施和手段的运用在目前的中国城市基层政府中还不具备普遍意义，即便在本书的研究中也只是深圳H区采取了这种手段，而广州F区都没有用。但不论怎样，这毕竟是一个非常可喜的现象，无论采取什么样的手段，只要政府认识到了过程管理的重要性，那么相应的手段和方法则大可因地制宜。

再如表5－5的数据：

表 5－5　　　　　　　　　　　　　数据 29

数　　据	编　　码
C：我们政府尽量要避免既做运动员又做裁判员，这个不公平。那么推向市场以后，监管这方面我觉得是非常重要。监管，不能从嘴巴上说，要有机制，要有书面上的东西。现在我们就逐步逐渐这样完善，以前我们合同也比较笼统，人为的因素（太多），这个对他非常不公平，我们对他的考核对他的监督要让他心服口服。你是哪个区域有暴露垃圾，现在我们就是市政道路清扫保洁，原来市环卫处搞了一个标准，叫环境卫生质量标准，现在我们把它提升到以市政府质量监督部门，以它的名义来发布，它这个更有权威性，叫市政府公共区域环境卫生质量与管理要求，专门制定你怎么作业的，特级路怎么作业的、一级路怎么作业的，冲洗，还有机械化作业，人工保洁，怎么样保洁的，工人怎么样保洁，怎么样规范，都有，这个标准还有什么，还制定了什么市政保洁清扫的规范啊，比如你不洗，我就可以告诉他，你违反了那一条，扣分，一分多少钱。	避免既做运动员又做裁判员；要维护公平；要建立完善监管机制；人为因素多不公平；对企业的考核要公平 环境卫生质量标准；卫生质量标准要有权威性； 制定具体的作业规范； 按标准考核
笔者：现在这个是有一个书面的考核标准的，是吧？我们就按这个考核抽查你？	按照权威的标准进行公共服务质量的监督；
C：我们现在不抽查了，H 所、K 所以前直接扫地的，现在他不扫地，这帮人怎么用啊？要有工作给他做是吧？现在他们这帮人除了退休的，一个所现在 34 个人，一个所 31 个人，两个所是 65 个人。那么我们就从 2005 年开始，一个所，我们 H 区总共有 10 个街道办事处，区政府派驻的，两个所，一个所成立五个卫生监督队，负责派驻到五个街道办辖区，负责检查市政道路的卫生，小区的卫生，不单单清扫保洁，还有垃圾清运、公厕，他们天天去检查，之前呢，他们就是检查而已，现在我们给他压力，现在我们要给他实行三级环卫考核，区、街道、包括两个所，要求他，以前叫环卫中心，现在叫环卫办，我们这个科室，每个月组织一次检查。	将“抽检”改为“常检” 三级环卫考核； 一级部门每月抽检
笔者：你们等于是抽检了？	
C：对，我们是抽检了，他们是天天检，他们原来检查没有什么扣分，现在要求他，你按照这个标准来扣，但是他们扣分的比例我给他 20 分，你扣了 100 分，我用它 20 分，我们这里还有一个标准，街道有（权重），现在落实了三级环卫考核体制以后呢，对他们的监管越来越严格了。	基层部门日常检查； 日常检查和抽检相结合 不同级别考核的权重不同
笔者：就是街道、两个环卫所和咱们这儿三个考核的结果加到一起才是他们考核的结果？	
C：对。	

从表 5 - 5 中可以看到，政府对自身角色定位的认识已经越来越清晰，已经意识到自己要“避免既做运动员又做裁判员”，无疑，这种清晰的角色定位是在中国，由政府主导的公共服务体制改革能够取得成功的关键要素之一。

同时，政府也越来越多地具备了公平意识，它们开始认识到，只有建立完善的公共服务机制才有可能保证公平，而公平机制的建立既是对企业负责，使其在公平的环境中竞争，实际上也降低了政府的监管难度和成本，使政府能够更好地扮演自己的角色。

政府也已经意识到，要建立公平的机制，就需要减少人为因素的干扰，只有建立起不以某个人或某些人的意志为转移的、可持续运转的制度，才能够保证公平。这体现出中国基层政府难能可贵的法治思想。

从这段数据中也可以看到，正是在研究过程中不断出现的有关公共服务外包机制的数据和编码引导着本书的研究不断走向深入，使笔者将后文的研究对象聚焦于公共服务外包机制，这使得本书的扎根理论研究这一“探索之旅”越来越引人入胜。

总之，综合对各种数据的分析可以得到，为提高公共服务质量，中国城市基层政府在公共服务外包中不断采取了各种措施来健全和完善对接包企业服务质量的监管，主要采取的措施有：

- 制定权威的质量标准和规范，使企业操作和质量监管均有法可依；
- 建立“常检”、“抽检”、“巡检”等多种检查形式相结合的质量检查制度；
- 建立逐级考核的绩效考评制度①。

二 政府与“职能单位”的“行政性承包”关系

在公共服务外包过程中，需要特别关注的一个关系，是政府与“自己人”之间的关系，所谓“自己人”即承接了政府未外包的公共服务任务并被政府按事业单位对待的单位。我们不能称之为“企业”，因为它并没有独立成为企业，但是，它也已经不是一个政府的职能部门或处室。而且，通过本书对这种单位的深入研究发现，该单位仅仅部分享受事业待遇。它通过承包政府不愿外包的公共服务获得收入，其业务的获取不通过市场竞争，但政府也并不将其纳入编制。其高管享受事业单位待遇，但其

---

① 从附录 5 - 1.3 的文本数据中可以看到其质量考评标准，囿于篇幅，此处略去。

收入却不从政府财政列支，而其他员工则完全通过市场化手段来聘用和解聘。因此，为区别于“企业”与政府的“职能部门”，笔者将这样的单位编码为“职能单位”，这是一个以前的文献中从未出现过的特别的组织。

职能单位以什么方式承接政府未外包的公共服务业务呢？从以下在广州F区环美中心的访谈数据中可以得到答案（见表5－6）：

表5－6　　数据30

数　　据	编　　码
笔者：那我们做的这些事儿也是管委会以招投标的方式来做的吗？ B、G：不是，它是直接委托给我们的，任务直接下达给我们，有一个合同，叫责任状、责任书。	承接政府任务的方式 政府直接委托；下达责任书

可见，政府是通过下达责任书的方式将不打算市场化的公共服务任务直接交给职能单位去执行，即，该职能单位无须参加招投标，或者说，它不需要经过市场竞争就可以稳定地获得业务，因为其性质是事业单位，至少其领导和管理人员都是这样认为的，请看下面的数据（见表5－7）：

从以上数据可以看出，职能单位的领导仍把自己单位的性质界定为“事业单位”，但我们从后面的数据中可以发现，这个“事业单位”与我们一般理解的事业单位有很大的不同，因为其职工的工资收入并不是从政府财政列支的，即便有事业编制的11个高层管理人员的工资收入也只能从其营业收入中获得。基层政府不给他们发工资，却要制定其工资发放标准并进行监控，即“钱还是自己挣的，挣了你就发，但你挣得多不能多发，要按它的标准来发”。基层政府这样做的目的为何？也许可以理解为，这既没有财政负担又控制了职能单位职工的待遇标准与其他政府部门公务员的平衡。当然，职能单位其实并不用担心发不出工资，因为其业务是稳定的，业务收入也是稳定的，所以“到现在也还没有（没钱发的）这种情况”出现。

从以上分析可以看出，如果从财政意义上来看，职能单位所负责的公共服务可以理解为已经市场化了，因为政府已经不再为这些单位的人员列

表 5 - 7　　数据 31

数　据	编　码
B：……而且我们事业单位人员都是配足的，就是（国家规定）每 1 公里配多少工人我们都是按照这个（标准）来配人的，就这么多人。其他的（民营企业）就没有这么多人。	事业单位；人员配备充分；民营企业人员配备不充分
笔者：政府给我们下了任务之后，咱们的工资是不是按照任务量来发的？还是打到你们的账上？ B：对，它有标准，一平方米多少钱，核任务量。重点的多少，（非重点的多少）核工作量。 笔者：那有事业编制的 11 个人是不是就按照事业单位的标准发工资？	工资的发放方式； 按任务数量和工作内容发工资
B、G：我们没有参照公务员的标准，我们是按管委会劳资部门核定我们的（工资标准）来发的。严格按照标准来发，但钱还是自己挣的，挣了你就发，但你挣得多不能多发，要按它的标准来发。你没钱它也好像（不会补贴你），但到现在也还没有（没钱发的）这种情况。	非公务员工资标准；管委会核定工资标准；按标准自收自支；没有财政支持；总是有钱发
笔者：你要没钱发反正它财政不给你拨钱？ B：没钱发我们就可能会这样（想办法降成本），你看我们几个区中不了标我们就裁人，一下子裁了二三十个工人，那不少啊，要钱它们也没有给我们。那不是我们管理不善造成的，而是那个体制，你要走向市场化，我们这一块没办法。所以我们把这个老底的话已经用得差不多了。	降成本的办法：裁员； 体制的问题；市场化中的尴尬；已有的积累即将耗尽

支工资，这一段数据也支持了前面“财政支持弱化”的核心范畴。但真实情况是，职能单位又不能算是真正的市场化：首先，其业务的获得并非通过市场竞争而是由政府划拨；其次，其管理人员的工资虽然不由财政列支，但其业务的稳定性却完全能够保证他们的收入。即便来自政府的业务收入不足，也不会影响这些享受事业待遇人员的收入，因为他们可以通过裁减聘用制工人的数量来保证自己的收入不受损失。而且，职能单位的工人数量是按照国家规定的标准来配备的，而民营企业往往因为要降低人力成本以增大利润空间而无法或不愿达到这一标准。这就意味着，完成同样的工作量，职能单位需要耗用更多的人力。因而当事业身份的管理人员利

益有可能受到损害时，它完全有足够的空间来裁减人员以保证其收入水平不受影响。

因此，职能单位处于一种特殊的地位，它和基层政府之间也存在着一种特殊的关系。既不是政府与其内部职能部门间的关系。又不是政府与市场上的企业间的关系，从下面的数据中我们可以看到其领导和高管对此问题的认识，详见表5－8。

表5－8　　数据32

数　据	编　码
B、G：只有我们正规单位啊，包括广州市各区能有这样的（能力），因为我们是双重身份的，我们的机构只有乌纱帽（但没有拿政府的钱），市场化的你可以按合同扣他钱，但是（对我们）只有这个，没有其他的（约束）了。	正规单位；双重身份；只有“乌纱帽”的机构；政府财政不负担；政府对环美中心的制约：“乌纱帽”

从以上数据可以看到，职能单位的领导和高管已经认识到了自己身份的特殊性，他们称之为“双重身份”——既不是企业又不是政府部门。同时，和其他企业相比，他们又认为自己是“正规单位”，似乎潜意识里觉得其他企业都是“不正规单位”或“非正规单位”。而对政府与该单位的关系，他们的认知非常清晰，政府给了他们“乌纱帽”，却不能从经济上对其进行制裁，因为他们没有拿政府的工资，他们能够理直气壮地对政府按照合同扣钱的行为说“不”，因为那种行为只能发生在政府与市场化的企业之间，所以“市场化的你可以按合同扣他钱，但是（对我们）只有这个，没有其他的（约束）了”。

难道政府就真的无法约束职能单位了吗？不，数据告诉我们，这种约束不但存在，而且还很强大，见表5－9、表5－10、表5－11、表5－12。

表5－9　　数据33

数　据	编　码
D：……很多重任都放到我们单位。我们经常加班加点，干到11点多，1点多，无条件地干。（F区对）我们有个行政的管理，我们也要扣钱的，我当主任的也要扣钱的，一个钱的扣个人，一个还有行政的处罚……	“经常加班加点”；“无条件地干”；上级主管部门的经济考核；上级主管部门的行政处罚

表 5－10 数据 34

数　　据	编　　码
B、D：……它也是有一个规范的，按照（F 区）管委会的要求，比如多少块地不允许倒垃圾，它们都是检查的。有个专门的机构进行考核，叫环卫监督所，就是我们区的，（这个部门）各个区都有。还有一个是广州市环卫局也来检查，各区之间还有互相检查，还有个临时机构叫督导组，它也是（做检查），明检暗检相结合的。所以我们压力很大啊。	环卫质量的考核机构：环卫监督所；各区之间的互检；检查的临时机构（督导组）；明检；暗检

表 5－11 数据 35

数　　据	编　　码
笔者：那是不是检查了之后要拍照的？拍了照马上打电话你就要来解决。 B：是啊，那次我们酒博会，我们工作都放下全部都去拣烟头，压力比较大。	发现问题留存证据的方式：拍照；因应急而拣烟头；工作压力大

表 5－12 数据 36

数　　据	编　　码
D：……个人也是有责任制的，按百分之几的扣，比如管理不到位，出现的问题比较严重，没尽到这个责任，就一层层扣，从部门领导到分管领导。一个是省级以上的检查、市级、区级检查都要扣的， 笔者：如果确认是你们没搞好是不是就要处罚了？ B、G：有有有，一层层罚，当事人、班长、队长、（部长）领导，一个个来。我们是分级管理，每个月都兑现的，奖罚分明。我们是部长以上带队去检查，自查，和他们暗访是一样的。	个人的责任制；逐级考核；应对各级检查不力的考核 确认工作不力的处罚 逐级处罚；分级管理；自查；暗访

从上面的数据中可以看出，政府给职能单位下达的多是一些紧急而重要的工作任务，这些任务需要职能单位加班加点，不计成本，“无条件地干”。政府对职能单位的服务质量要求不仅有明确的规范，还有专门的机构对其质量进行监管和考核，上级主管职能部门也会检查，同级政府之间还会互检，采用了上级检查、同级互检相结合，明检、暗检相结合的检查

手段。如果职能单位的服务质量出了问题，例如在某个重要场所出现了不该出现的烟头，检查者就会拍照为证，并要求职能单位立即解决，而职能单位的负责人直至直接责任人都要承担经济和行政的层层处罚。可见，基层政府对职能单位的指挥非常灵敏和顺畅，对职能单位工作质量问题的处罚也很严厉，因而使职能单位感到“压力比较大”、“压力很大”。

那么，主管的基层政府为什么对职能单位要求如此之高、使其压力如此之大呢？从下一段对广州F区环卫主管领导的访谈数据中可以找到答案，如表5－13。

表5－13　　数据37

数　据	编　码
A：领导着急啊，领导去暗访的。上次我们扣分就是烟头扣分。 笔者：这是市委对我们的考核吗？ A：我现在急了……（接了一个电话，领导暗访或检查发现了烟头之类的东西，A急着要去处理，坐不住了） …… A：实在没办法，今天大检查，要走了。 （结束访谈而离开）	领导暗访后进行考核 领导暗访发现了问题 为应付检查而离开

从这段数据中可以看到，作为基层政府部门，F区环卫部门主管领导的压力也很大，因为上级领导会通过暗访的方式去发现问题，哪怕在重要区域发现了烟头，也会立即打电话通知基层政府解决，同时政府基层部门也会被扣分并考核。

因此，“职能单位”的压力是从上级政府层层传递下来的，而显然，这种压力就是前面分析过的“政治压力”，这些数据都使得“政治压力强化”这一核心范畴不断得到饱和①。

同时，上级政府给职能单位下达的业务都是政府认为重要的或者说质量不允许出问题的，即图4－10所示的那些不外包的公共服务。

而且，按照现在的制度安排，职能单位完全能够从财政下拨的公共服务经费中自给自足，不需要新的财政投入，对上级政府没有任何财政负

① 参见图4－8。

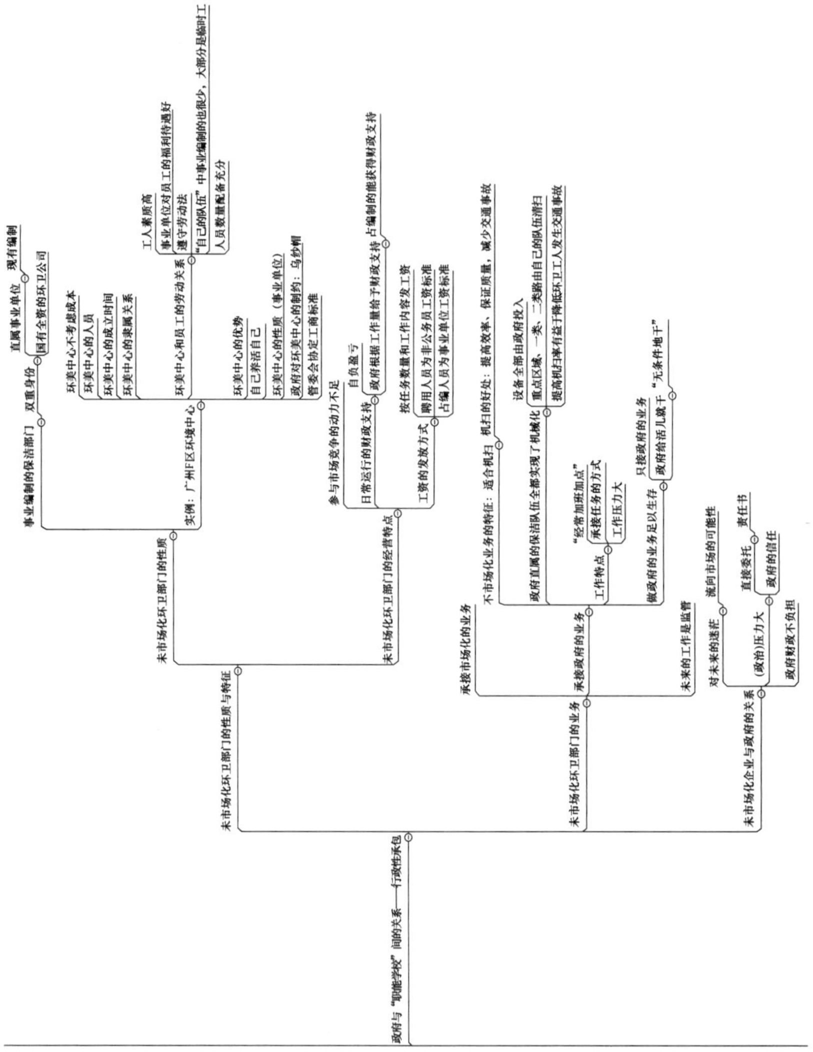

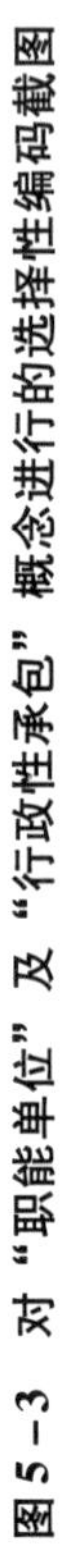

图5-3 对“职能单位”及“行政性承包”概念进行的选择性编码截图

担，即“钱还是自己挣的，挣了你就发”（见表5－7），因而上级政府就更没有将其推向市场的动力了。

综合以上分析，政府与职能单位间的关系非常特别，既不是政府与其内部职能部门间的关系，又不是政府与市场上的企业间的关系。因此，本书将政府与职能单位的这种特别的关系定义为“行政性承包”关系，即政府既对职能单位负责人及主要管理人员以行政手段进行管理，又通过业务承包的方式使其获得收入，同时不限制其进行市场化的经营。

“行政性承包”关系介乎政府与内部职能部门间的行政指挥关系及政府与企业的市场关系之间，这种关系的存在是转型期的中国城市基层政府公共服务外包活动中一种独特的现象，值得深入研究。应当说，这一关系的发现和界定是本书的贡献之一。

图5－3为笔者使用思维导图软件Mindjet Mindmanager Pro 7.0进行选择性编码获得“职能单位”及“行政性承包”概念的截图。

第二节　城市基层政府、接包企业与雇员的关系

在公共服务外包过程中，接包企业及职能单位的雇员是为社会提供公共服务的最终承担者，无论是接包企业的任务还是职能单位的任务，最后都要靠环卫工人这样的普通劳动者来提供。因此，政府、职能单位及接包企业与雇员间的关系及其对公共服务外包绩效的影响非常值得深入研究。

一　城市基层政府与雇员的关系

雇员要么在企业工作，靠企业发放的工资养家糊口，要么被职能单位聘用，和在企业一样靠劳动收入维生。本书在研究中发现，虽然雇员不直接归属于城市基层政府管理，但城市基层政府却对他们表现出了相当的关心。下面的两段数据都是从对广州F区政府相关部门官员的访谈中获得的，如表5－14、表5－15所示。

从以上两段数据中我们可以看到，该政府官员两次提到“留人就要留心”。尽管政府并不直接管理环卫工人，但政府却对接包企业给环卫工人提供的福利保障，如保险等提出了明确的要求，如至少要给工人买三种

表 5－14　　数据 38

数　　据	编　　码
A：工人比较难招，很多都是文化不高，各方面（素质都不高）。我们这里在广州待遇是最好的，但整体来说工人的流动性比较高，要留人就要留心、留情。	环卫工人难招；环卫工人的文化素质；对环卫工人的待遇；环卫工人的流动性；留人要留心、留情

表 5－15　　数据 39

数　　据	编　　码
笔者：环卫工人总体还是外来的吧？打工的？ A：我们这里本地的多，外来的多是外省的，文化素质不高，做这个也没有什么技术，反正就是眼里有活儿，把卫生搞干净就可以了，标准不是很高。但我们的待遇（很高），我们现在 5 个保险全部都买，然后他们就比较安心一点，我们还建立了工会，相应的配套（措施）都比较健全，要留人就要留心嘛。我们的福利待遇（都不错），还有小孩就读的费用广州是全免的。我们这里不能掺假进去，然后福利待遇都解决，但如果不是政府打包找企业来做的话，这方面对工人的待遇可能就不是太好，可能做得就不是那么足，因为各方面的监督检查就少了很多。	环卫工人的来源 环卫工作的技术含量；环卫工作对工人的要求；环卫工人的福利待遇好；给环卫工人买保险；留人就要留心； 对环卫企业的监管
笔者：那工人是属于企业的吧？政府是否要求企业必须给工人提供福利保障？ A：对，合同书里就要写清楚，买 5 金，提供保险，有些不一定买全，但至少 3 个险要买，社保、意外、医疗这三个最主要的要买，人的最基本的社会保障要有的，你一样都不买，那要是出了大事后遗症就很多，不是几百块钱的问题，所以我们区政府要求很高。	政府对环卫企业给工人福利的要求；政府要求环卫企业为员工买保险；为环卫工人提供基本的社会保障

保险，像免除小孩就读的费用这样的待遇就更是那些外来的打工者们所热切期盼的。

从广州市政府发布的某招标文件中①可以清晰地看到政府对企业在这方面的要求：

●工作人员要求

1. 必须身体健康，符合广州市政府用工标准要求。

① 资料来源：附录 5－1.3。

2. 同等条件下中标人应优先聘用现有的环卫工人。

3. 工作人员的薪金按广州市环卫劳动用工相关标准执行，工资不得低于广州市的最低标准，且必须按规定发放环卫津贴，中标人必须按规定为全部工作人员购买各种劳动及社会保险和保证其他福利，如劳工意外保险、工伤、医疗、失业、养老保险、特殊人员体检费。

从下面一段来自深圳 H 区的访谈数据中也能看到政府对环卫工人的这种关心，见表 5－16。

表 5－16　　数据 40

数　据	编　码
C：我的这些工人从 2008 年 7 月份开始实行特区内最低工资标准，1000 块钱，清洁企业对工人还是比较苛刻的。工人非常辛苦，一个月拿 1200，现在实行最低工资标准以后，一个月除了社会保险，一个月可以拿到 1500，再捡一点破烂纸皮这些，一个月还可以再拿 200 多。所以那些工人非常辛苦，确实我 2007 年来了以后我一直把自己当一个环卫工人，为那些工人争取些权益啊。我们区政府啊，局领导夏天啊，高温啊都买点凉茶，安慰安慰，逢年过节，像今年春节，我们区政府非常重视，按 5600 平方米一个人，按保洁面积啊，一个人给他们 600 块钱，他们很高兴。	政府关心环卫工人；民营企业对工人比较苛刻 环卫工人工作辛苦，收入低 基层政府对环卫工人很关心

从这段数据中还可以看到一个更加难能可贵的现象，即基层政府官员能够“一直把自己当一个环卫工人，为那些工人争取些权益”，这使我们看到了中国政府建设服务型政府的未来和希望。

另外，政府还会要求接包企业成立工会，依法保障环卫工人的利益，见表 5－17。

表 5－17　　数据 41

数　据	编　码
A：它自己招，它招来我们要求它们把这个手续要办到，监督靠工会，工会在它的职责范围内，工会自然有工人代表，可以把它们最基层的事情反映出来。总体不错的，（工会）总体运作还可以，这些阿姨们都比较（满意），有一点好处的话，都会比较（努力工作），很有积极性。	企业招工的方式 工会对企业招工的监督； 环卫工人的工作积极性高

政府也正在准备通过制度化的途径防止接包企业欠薪，下面的数据表达了政府的打算，见表5－18。

表5－18　数据42

数　据	编　码
C：现在为了防止企业欠薪，我也研究这个问题，看怎么操作，你中了这个标，你有多少工人你报案了没有？我想呢，工资你核定，你报给我，我们正在这样，防止企业欠薪，保证不会出现罢工事件，你的工人的工资你造表给我，现在正准备把比方100万的承包费，比如工人工资80万，你把工人的名单造册，你放到我这里，我们签协议，这样对工人的保障。 笔者：那是不是工人的工资我从政府的一个固定账户开支？ C：我们正在做，首先要保证工人的工资要到位。	防止接包企业欠薪的办法和制度；不能出现罢工事件；政府要求企业备案工人名单 政府要保证工人能够拿到工资

从上面的数据中，我们有一个重要的发现，即政府防止企业欠薪的一个重要考虑是“保证不会出现罢工事件”，这表达出基层政府对社会稳定的高度重视和潜在担忧，因而成为政府关心环卫工人的重要动因。这种考虑对政府而言并不偶然，而是一个普遍现象，因而我们多次发现同样的数据，见表5－19。

表5－19　数据43

数　据	编　码
E：是，夏天还有高温补贴，每月150元。街道领导还发凉茶，比我们还好，哈哈，现在待遇很好了。今年、去年都发调查表，调查环卫工人的待遇，给领导看。 笔者：怕他们不满意，社会不稳定，总体广州这方面做得比较规范。 E：是，怕他们闹事搞得比较脏啊，影响环卫的形象。	政府关心环卫工人； 给领导看； 政府怕环卫工人闹事影响社会稳定和形象

这段数据表明，政府对工人的确很关心，也怕工人闹事影响社会稳定和政府的形象。为什么政府对这件事如此顾虑呢？因为曾经出过乱子，下面的数据说明了这个问题，详见表5－20。

表 5－20　　数据 44

数　　据	编　　码
B：环卫改革这一块，一开始各区的改革出了一些乱子啊。很多包工头中标以后，原来的工人，规定 3 年不能炒的，但是现在从零开始了，我请你过来以前是给政府打工的，以前的工龄不可能算，但是你工龄等于零的话……工人就没有买断工龄的收入了，工人静坐、罢工，搞得很严重。后来政府还是退了，有的 2000 多万，有 3000 多万，比不改的成本还要高，实际上比原来还要差很多……	环卫改革中出现过的问题；工人因工龄问题静坐、罢工； 政府付出的改革成本

从这段数据可以看到环卫改革曾经的艰难、波折和政府为之付出的成本，也可以看到，政府如果对接包企业的社保投入不做硬性要求的话，可能给自己带来怎样的麻烦。

改革必然牵涉到人们利益的调整，当改革触犯到各个群体的利益时，他们都会用自己的方式表达自己的利益诉求。对于雇员这个群体来说，在社会上显然还处于弱势地位，当他们的利益因改革受到侵害时，他们要么忍受，要么采取静坐、罢工甚至更加激烈的方式表达出来，而这些都是基层政府最不愿意看到的，因为这威胁到了社会的稳定，更是对地方政府形象的重大损害。

因此，政府从以往的改革中总结出了教训，那就是未雨绸缪，把矛盾化解在萌芽状态，通过强制性的制度来要求接包企业保障雇员的权益，以免酿成极端事件影响社会稳定，更避免类似事件影响自己的形象乃至政府官员个人的前途。

二　职能单位与雇员的关系

职能单位是一个特殊的部门，这种特殊尤其体现在那些具有事业编制、享有“准事业待遇”的领导层和高管的身上。但职能单位和普通雇员之间的关系却几乎和接包企业一样，是一种劳动合同关系。与接包企业略有不同的是，职能单位会严格执行劳动法，严格按照政府的规定为雇员提供各种社会保障。表 5－21、表 5－22 两段来自广州 F 区环美中心的访谈数据都说明了这一点。

表 5－21　数据 45

数　　据	编　　码
笔者：你们（干部）肯定是事业单位编制，但是环卫工人没有编制吧？是我们聘用他们是吧？	环卫工人的身份
B：对，我们都是按照劳动法签合同（聘用他们），我们都是按照法，可以这样说，在广州市这么多事业单位，这是按劳动法正规的手续我们是做得比较好的。	聘用制；遵守劳动法 规范执行劳动法
笔者：广州做得很规范，A① 说连投标的民营公司都要买 5 金。	为工人买保险；事业编制人员的数量；事业编制减员原因：退休自然减员；环卫工人的数量
B：我们更早就有了，我们是做得更早的，我们是 100% 地买，缺一个都不行。事业编制的人只有 11 个，原来几十个人，后来慢慢退休了，就不再增加了，我们后来的管理人员就聘用了。机构还是很健全的，总数 400 多人，但有编制的只有 11 个。环卫工人 300 多，因为我们还有清运垃圾、城市管理、水上保洁（的部门）。	

表 5－22　数据 46

数　　据	编　　码
笔者：管委会不是要求给员工 5 金都要买吗？	
B：没办法控制，政府怎么控制？不光我们这里，整个广州市政府都是这样的。（民营企业）可以随便找些老太婆，给你点钱，你把这个活儿给我搞定，搞完事他就走了，很低的。像我们就要安排他们骨干人员住宿，要给他们买所有的社保、医保、5 金，什么都要搞定，还有休假、工作服，每年还要去体检，福利要好。	政府对环卫企业员工待遇的控制弱；民营企业的短期行为 事业单位对员工的福利待遇好
环卫工人 90% 都是外地来的，但政府有个规定要保证用当地的人多少，他们也乐意干，没有文化，年龄大，只能干这个，如果干到一定的年限就可以退休，就有社保，这对他们是最大的吸引力。	环卫工人中外来人口的比例高；社保对外来环卫工人有吸引力
笔者：咱们和员工的这种劳动合同关系也比较稳定，不会随便炒人什么的吧？	环美中心和员工的劳动关系稳定
B、G：对。	

尤其从表 5－22 中可以看到，政府虽然在合同中规定接包企业必须为环卫工人提供“5 金”等社会保障，但对其约束却是软化的，而且目前的政府还无法对接包企业的短期行为和不规范行为进行有效的监管。而职能

① 前述广州 F 区主管领导。

单位却不同，它们被置于政府巨大的政治压力之下，政府对它们的监管显然比民营企业严格得多。

而且，职能单位自身严重缺乏民营企业那样的市场竞争动力，其原因首先来自于政府业务的稳定性；更为重要也更为关键的是，其高管的收入已经被置于政府管制之下，标准是基本恒定的，企业利润再高都与己无关，因此，其领导和高管都缺乏追求更高利润的动力。所以，职能单位虽然在力所能及的情况下也可能进行多种经营，但其动力与民营企业却不具有可比性，在对员工的待遇上，只要不影响享受事业待遇的那些高管的收入，他们尽可以让雇员获得好一点的待遇，这样更易于调动雇员的积极性，而他们在接受政府下达的重要而紧急任务时也就更加容易调动和指挥雇员加班加点、不计成本地工作，而这一点对职能单位的领导和高管显然非常重要。当然，如果职能单位的业务收入下降到有可能影响其领导和高管的收入时，他们同样会采取类似民营企业的市场行为——裁员，从表5－7中已经可以看到。

三　接包企业与雇员的关系

一般而言，接包企业与雇员之间存在着正常的劳动合同关系，但这种关系显然也被置于城市基层政府的监管之下。

从下面的数据中我们可以看到，像广州、深圳这样经济发达地区或中心城市的环卫工人一般都来源于外地，而接包企业除了按照政府的要求为工人提供基本的保障以外（这还是规范经营的企业才能做到），就不再负责其他方面的福利待遇了，详见表5－23。

表5－23　　数据47

数　据	编　码
笔者：咱们的环卫工人基本上都是外地人吧？ E：对，本地很少人的，一般本地人、城里人都不干这个事儿。 笔者：哪儿的人多？ E：湖南、四川、广西的。所以让他买社保都不买的…… 笔者：企业把五金买上，工资一发，食宿不管的吧？自己解决。 E：不管的。（一般员工都是）200—300块钱租房子，在本区租旧平房，合租，在附近。 D：自己解决灵活一点。	环卫工人的来源；本地人少 环卫工人外地人多；环卫工人不愿买社保； 企业不负责环卫工人的食宿

从上面的数据中可以看到来自外地的环卫工人在大城市中的生活状态，这可以从两个方面体现出来。首先，当企业按照政府的要求为其购买社保时，环卫工人却不愿买，因为这将从他们的工资中扣除一部分从而减少其收入，而在社保不能全国流转的情况下，环卫工人自然不愿为这种自己将来不太可能享受得到的保障付出辛苦钱了——还是把钱拿到自己手里踏实。因此，社保全国流转的实现可以说是为这些生活在社会底层的劳动者们解决了一个重大问题。

其次，企业不负责环卫工人的住宿，因而他们只能自己想办法以尽可能便宜的价格租房居住，这也使得政府最头疼、卫生最难治理的“城中村”获得了存在的价值。与我们从网络上看到的两则最新新闻相对比，我们更加相信新闻中这种“环卫工人住公厕”的现象并不偶然，也绝不少见[①]。

这些环卫工人甘愿忍受厕所这样的居住环境，只能说是他们在有限的收入和城市越来越高的生活成本的比较下做出的理性而又无奈的选择，如何提高这些普通劳动者的生活水平，让他们在为城市的整洁做出努力的时候能够获得体面的生活条件是一个笔者在研究中感到非常沉重的话题。希望本书的研究能对提高我国城市政府的公共服务能力和水平并改善这些普通劳动者的境遇有所帮助！

那么如果环卫工人感到利益受到了侵犯，他们会以何种方式表达诉求呢？下面一段数据告诉了我们答案（见表5－24）：

从这段数据中我们再次看到了从表5－18、表5－19和表5－20中看到的同样的编码，即雇员在认为个人利益受到侵害后所采取的极端的诉求方式就是“上街闹事”，而这是基层政府最无法接受的。因此，如果出现这样的事件，基层政府就要通过扣分的方式对接包企业进行惩罚，这种惩罚就成为接包企业为雇员提供基本社会保障的动因之一。

综合以上分析可以看到，接包企业对处理好与雇员间的劳资关系显得消极且被动，至少缺乏充分的动力，这既带来了社会稳定的隐患，也为公共服务质量的提高埋下了阴影。因此，如何通过制度建设调动接包企业的

① 中华网：杭州10余名绿化养护工人在公厕内安家，http：//news.china.com/zh_cn/domestic/945/20100201/15801042.html；中国网：环卫工人住公厕，于心何忍，http：//www.china.com.cn/news/comment/2009－08/10/content_18307766.htm。

表 5－24　　数据 48

数　据	编　码
……	
E：对，我们刚开始承包这个的时候一个月给他扣了 6000 块钱。刚开始那些工人都不习惯，他们以为他们的福利降低了，都上街闹事。搞得街道领导又扣我们的分。	降低福利可能导致工人闹事；工人闹事公司将被扣分
笔者：那你们的公司是民营企业吗？	
E：对。	企业性质；民营企业
笔者：等于环卫局把原来他们的那些工人在你们承包以后就给你们接管了吗？等于整体上把关系转到你们这儿了，这些环卫工人现在是你们公司的员工了？等于他们和政府没什么关系了？	原政府的环卫工人变成企业员工
E：对。社保要给他们买的，刚开始没有买啊，不买他们就闹事，以前买过的也不想断。	企业要给员工买社保
笔者：现在要买五金，是吗？	有的工人对买社保不接受；
E：是……不过现在有些工人你叫他买他都不买啊，要扣他 100 多块钱，觉得好像亏了一样。	社保的全国流转
笔者：关键是社保不能流转，回家去就没用了。	
E：是，以后全国能流转就好了……每个城市平均工资不同。	

积极性和主动性，从而改善雇员的弱势地位和生存状态应当是我们研究公共服务外包机制设计的一个重要出发点。

第三节　社会公民与基层政府和接包企业间的关系

本书所研究的，在公共服务外包活动中作为利益相关者的社会公民主要包括两大类：一类是具有城市户籍的城市常住居民，一类是长期或短期地居住在某城市的本国流动人口。

在公共服务外包活动中，社会公民与基层政府和接包企业间的关系既简单又复杂。其简单在于，它们的关系其实和所有公共物品买卖中的主体一样，是公共服务的买卖关系。其复杂在于，在转型期的中国，各公共服务利益相关者对此关系的认知并不相同。

一　基层政府和接包企业对公共服务责任的认知

从本书调研的环卫服务案例中可以看出，政府、企业和社会公民对他们在环卫服务中的角色、责任及相互关系并不持相同的观点。

1. 基层政府对公共服务责任的认知

从下面的数据中，我们可以看到基层政府与城市居民在公共服务责任上的认知差异，见表5－25。

这段数据表明，基层政府认为城市垃圾“是你（居民）产生出来的”，因此，“政府能补贴一半已经是不错了”，所以向居民收取清洁费是天经地义的，再正常不过了。而且，政府希望通过收取清洁费使居民产生“自己出了一份力”的感觉从而自觉地爱护环境，提升环境卫生意识。但是，城市居民并不完全认同政府的想法，他们认为这些公共服务理所当然地应该由政府提供，不应该再收费。

表5－25　　数据49

数　据	编　码
（讨论政府与企业在公共卫生设施出资上的分工问题） A：……我们这里分了好几种，第一种是物业公司，我们的主干线，就是公共部分，肯定是政府包的。第二种是物业公司、楼盘小区，那个红线范围内是你的，但是周边的门厅、踢包砖（？录音听不清）肯定要你负责。第三就是居住的村宅区，村民的，又没有物业小区的，这种情况就是你自己，看看以村委会的名义还是以街道的名义代为管理，他们（居民）自己来出钱，但整个收费很糟糕，没有人愿意出清洁费。但是现在也在收，收得比较艰难，老百姓的这种卫生意识（不到位），都总觉得这是政府的事情，全部应该由政府来负责，其实那是你产生出来的垃圾，政府能补贴一半已经是不错了。可能和我们国情有关系，吃饭的问题，这地方推进起来比较困难……	政府与企业在公共卫生设施出资上的分工； 清洁费的收取很难；居民缴费意愿很低；居民与政府在公共卫生责任上的认知差异
…… 其实这个看起来非常难的问题，但是一推开以后对我们整个辖区环境卫生的提升很有帮助，因为自己出了一份力，相应地自己就会爱护这个环境，从而从身心健康各个方面都带动起来，其实从小事能体现很多问题。	公民参与与环境卫生的关系；环境卫生对公民健康的意义

同时，政府认为环卫工作难做的主要原因之一和城市人流量大、流动人口多有关，更和我国人口素质不高有关，见表 5－26。

表 5－26　数据 50

数　据	编　码
A：……当然我们这里跟国外的性质不一样，它毕竟人少，我们人多，我们这里外来工、闲杂人员比较多，不像国外，你难去到那个地方，又荒，当然它那里的卫生质量要求高很多。按理说按现在这样推行，那个文明程度到了那个程度了，果皮箱都是应该去掉的，我们现在还搞不到这个程度，像我们这个果皮箱，换的成本也比较高，像这都是消耗性的，2—3 个月……	人口数量；流动人口对公共卫生的影响；人口素质；社会文明程度对公共设施的影响；公共卫生设施；公共卫生设施的更换成本和频率
……人流量、流动性比较大，随意性很强，有的人素质高就扔果皮箱，素质不高就随地扔……	人流量对环卫的影响；人口的流动性对环卫的影响；人口素质对环卫的影响

但是，有的居民也不认同这种观点，他们仍然认为这是政府管理的问题。如表 5－27 中，在深圳 H 区的社区居民讨论会上居民 F 与居民 G 的对话。这一点在对深圳 H 区居民进行的问卷调查中也得到了印证，详见后文分析。

表 5－27　数据 51

数　据	编　码
F：我觉得还是流动人口太多，外来工太多，流动性太大，很难对这些人进行管制，你抓不住人。	流动人口多增加了管理难度
G：香港的流动性也很大，但人家就有一套管理的办法……	要通过管理解决人流量大的问题

2. 接包企业对公共服务责任的认知

那么，既然居民认为搞好公共服务更多的是政府的责任，那么当他们发现公共服务质量不够满意的时候，会采取怎样的做法呢？接包企业认为，居民可以投诉，而且这种投诉很有效，能够解决问题，详见表 5－28 中对深圳 H 区某接包企业负责人 Z 的访谈数据。

表 5－28　　数据 52

数　据	编　码
笔者：那在这个过程中间，比方说咱们的老百姓、市民，比方说，他觉得这个小区不干净，或者觉得…… Z：投诉啊，公共服务就投诉你政府，小区就投诉你的管理单位，比如说管理处了，不行就媒体了。 笔者：那比方说老百姓投诉了，政府会怎么处理？ Z：打电话来…… 笔者：找到环卫中心，比方你这儿主管。 Z：到环卫中心就外包服务单位一起解决，这些机制现在都有，而且都能解决（问题）……	市民对环卫不满的投诉渠道：政府、管理单位、媒体 政府处理市民投诉的方式 投诉机制都有，能够解决问题

从上面的数据可以看到，居民如对环卫质量不满，可以对政府、小区管理单位进行投诉，必要时也可能向媒体反映。政府接到市民投诉会联系相关的企业或部门去解决，接包企业认为这种投诉机制已经建立而且能够解决问题。从表 5－29、表 5－30 的数据中，我们可以进一步看到政府对市民投诉的处理方式。

表 5－29　　数据 53

数　据	编　码
笔者：……要是投诉了一直没解决，老百姓一直不满意的话，是不是也得扣企业的分？ E：一般都是要检查确实后才（采取措施），不是居民说了就算的。 笔者：比如居民投诉，经过调查确实有投诉的情况怎么办？ E：有时候有出入的，这个人说没收他垃圾，去了又说没有，很难说是哪个对哪个错。 笔者：那就是，如果说落实不了就算了，如果落实了以后呢？政府是不是要扣（企业的钱）？ E：现在一般不扣…… 笔者：那就是你妥善解决？ E：是，不然我们去给我们脸色也很难看……	居民的投诉需要确认 居民投诉有时与事实有出入 居民投诉后对企业基本没有处罚； 遭到市民投诉，政府会给企业脸色

表 5－30　数据 54

数　据	编　码
笔者：老百姓投诉是不是也要扣？ G：我们要到现场去查，是谁的责任，是我的责任或者是不是他乱投诉？还是怎么样，其他方面的责任？ B：比方说有个单位超载，1000 多台车，撒得很脏，这就不是我们的责任，我们也控制不了。搞了就行了。	市民投诉后的责任；分清责任；不是自己的责任就不考核

在市民投诉后，首先，政府要落实市民的投诉是否真实，在事实的确认上，“不是居民说了就算的”，而且企业反复强调市民的投诉有时候与事实不符，所以要先确认“是不是他乱投诉”。但假如市民的投诉属实呢？比较前面的数据，我们可以得出判断，政府在接到居民投诉后会联系接包企业去核实并解决问题，只要问题解决，居民不再投诉，事情也就过去了，但对接包企业却并没有硬性的考核和处罚，居然只是通过“给我们脸色也很难看”这样的手段表示对接包企业的不满或惩罚。这与前面数据中（表 4－12、表 4－13、表 4－14）反映的，当上级领导在视察或检查中发现问题后，基层政府对接包企业的处罚力度之大、反应之快形成了鲜明的对比，而且，更加对比鲜明的是，在接到上级领导的“投诉”（上级领导也是社会公民，我们也可以将其视察中发现问题并向基层政府提出视为一种“投诉”）后，基层政府却不会去核实其是否与事实相符，这时候他们想的只是尽快解决问题，平息领导的怒气。为何面对地位不同的社会公民，基层政府和接包企业的态度如此不同呢？其原因就是“政治压力强化”，这些数据又支持了这一核心范畴。

由此可以看出，基层政府和接包企业的公民意识和服务意识亟待加强，在他们的心目中仍缺乏一种强烈的为社会公民服务并为其负责的意识，他们在强化的政治压力之下，出于自身的利益考虑，更多关注的是来自上级政府及其领导的意见，却有意无意地忽视了其真正的服务对象——社会公民的呼声。在本书的研究中，大量数据都支持这一判断，从笔者对社会公民的访谈和问卷调查中获得的数据尤其能够说明这一问题。

二　社会公民对公共服务责任的认知

为了解社会公民对公共服务的认知及对当地基层政府公共服务的满意

度，本书采取了两种不同的研究方法，一方面通过对社区居民个体进行深度访谈和召开居民座谈会的方式获取数据，另一方面通过对社区居民发放调查问卷的方式获取数据。应该说，通过两种方式获取的数据都支持了上文的分析，反映了我国城市基层政府目前的公共服务质量和管理水平与满足社会公民的需求还相距甚远这一事实。

1. 深度访谈数据分析

在对深圳市 H 区居民进行的深度访谈中，笔者从多个居民的话语中获得了大量数据，它们不约而同地说明了一个事实——社会公民对政府公共服务外包状况所知极少，对公共服务质量的监督渠道和方式极少，对公共服务过程的参与度极低，但同时也表明，社会公民的公共服务参与意识还比较淡薄，见表 5－31、表 5－32。

表 5－31　　数据 55

数　据	编　码
居民 A：对 H 区业务外包这个，我对此是一无所知，根本就不知道。这方面给老百姓宣传这一块他们可能还是不到位，我觉得我是比较注意信息的，经常会浏览的，但是我不知道。而且我没有投诉过。	居民对环卫外包一无所知；对居民的宣传不到位

表 5－32　　数据 56

数　据	编　码
居民 B：我说一下吧，我非常同意她说的那个，就是异味，因为 H 区有个特点就是人口特别多，人口特别集中，然后呢，我几乎可以说在一个街道里，老城区，＊＊＊路那一带活动的，就是从街头走到街尾总是会有这样的一些味道，好像最近我也没有看到什么大型的垃圾处理站，也没有看到，我也不知道怎么去投诉，跟哪个部门去投诉啊？	街头常有异味； 居民不知道投诉的渠道和方式

而在对基层政府的调研中，基层政府官员表示，政府每年都会对接包公司的服务状况进行民意调查，但居民却表示根本不知道，见表 5－33。

表 5－33　　数据 57

数　据	编　码
笔者：他们说他们有每年对中了标的清扫公司评测的民意的调查，你们有没有（接收到）？ 居民 C：没有。从来没有。我们也不知道他们建立了什么样的监督机制，我们怎么样参与到这个监督里头来，我们也不知道。	对中标企业的民意调查 居民不知道政府建立的监督机制；居民不知道如何参与对环卫服务的监督

在访谈中，不论是否知道政府已将公共服务外包，居民们都对政府信息不公开、不透明的做法颇多意见。见表 5－34、表 5－35。

表 5－34　　数据 58

数　据	编　码
居民 E：……政府外包这一块呢，公布的透明度，我们都没听说过，公布的这一块，也应该通过街道办事处，张贴一些民意调查的东西，让大家知道这么个事情，作为我们这些基层的老百姓呢，不知道这些东西。	政府外包居民没听说过；政府的信息透明度不高；百姓对政府的工作不了解

表 5－35　　数据 59

数　据	编　码
居民 C：……他这个外包我早就听说了，可能有几年这样子，操作这些我们就不清楚了，不了解了，你做得好与不好没有一个具体的比较，里面是否公平啊都没有什么清晰的东西。	公共服务外包信息没有公开；好坏与公平都没有标准

2. 调查问卷数据分析

为更加广泛地了解深圳 H 区居民对以环卫为代表的政府公共服务及公共服务外包的意见和看法，本研究运用问卷调查方法，面向深圳 H 区居民发出调查问卷 35 份，收回 28 份，有效问卷比例达 80%，满足信度要求。本书的问卷设计采用了李克特 5 级量表，共提出了 5 个封闭性问题和 2 个开放性问题。

在接受问卷调查的居民中有男性 18 人，占 64.3%；女性 10 人，占

35.7%。年龄在20岁及以下者1人，占3.6%；21—30岁之间4人，占14.3%；31—40岁之间18人，占64.3%；41—50岁之间3人，占10.7%；51—60岁之间1人，占3.6%；60岁以上1人，占3.6%。在受访者中，在深圳H区生活或工作了2年以下2人，占7.1%；2—5年8人，占28.6%；6—10年10人，35.7%；10年以上5人，占17.9%；20年以上3人，占10.7%。从受访者结构来看，总体符合城市居民的分布特征。

当被问及“您对目前H区室外公共环境的卫生状况是否满意?”时，无人表示“非常满意”；表示“基本满意”的为14人，占50%；表示“说不清”的为2人，占7.1%；表示“不太满意”的为8人，占28.6%；表示“很不满意”的为4人，占14.3%。因此，对H区公共环境卫生状况不满意的受访者比例合计高达42.9%，而表示基本满意的仅为50%，可见辖区居民对目前的环卫公共服务状况满意度不高。

当被问及“如果公共场所的环境卫生状况不佳，您认为应由谁负主要责任?”时，共19人次选择了“所属辖区的基层政府”，占42.2%；认为“负责清扫保洁的公司”的为10人次，占22.2%；认为是“生活在这里的居民”的仅为6人次，占13.3%；认为是“外来人员或流动人口”的为7人次，占15.6%；表示“说不清”的为3人次，占6.7%。这一数据符合前文的数据分析，即城市居民更多地将公共环境卫生是否整洁的责任归于政府及负责清扫保洁的企业，而对自身的责任认知不足。

当被问及“您是否了解H区政府所进行的环卫工作市场化改革状况?”时，无人表示“非常了解”；仅有6人表示“了解一些”，占21.4%；表示“说不清”的1人，占3.6%；而多达15人表示“不太了解”，占53.6%；还有6人表示“一无所知”，占21.4%。由此可见，高达75%的辖区居民对城市基层政府进行的公共服务改革不了解，而有所了解的比例仅为21.4%，反差相当强烈，说明城市基层政府在公共服务改革上的信息公开化工作还相当不足，因而其工作难以得到辖区居民的支持和认同就不足为奇了。

当受访者被问及对H区政府所进行的环卫工作市场化改革及其日常工作的态度时，表示“非常关心”的有5人，占17.9%；表示“偶有关心”的为10人，占35.7%；表示“说不清”的为4人，占14.3%；表示“不太关心”的为7人，占25%；表示“毫不关心”的为2人，占

7.1%。总体而言，居民对基层政府的改革与日常工作表示关心的比例占53.6%，明显高于态度消极的比例——32.1%。和上一问题的答案相比较可以发现，过半市民对政府工作表示关心，但仅有不到1/4的人可以得到相关信息而有所了解，这再一次突出地反映出基层政府在信息公开化方面的差距。

当被问及“您认为老百姓的意见在H区政府所进行的环卫改革及日常环卫工作中是否得到了充分的尊重?”时，无人认为“得到了充分的尊重”；仅有2人认为“基本得到了尊重”，占7.1%；而多达14人，即50%的受访者表示“说不清”；认为“基本没有得到尊重”的为7人，占25%；认为“完全没有得到尊重”的为5人，占17.9%。持否定态度的比例高达42.9%，反映出基层政府对民意的尊重和居民的期望之间巨大的差距。同时，高达50%的受访者表示“说不清”，更凸显了社会公民在政府公共服务改革中因无从参与而无所适从的心态。

问卷中设置了两个开放性问题，一个问题是：“您认为目前H区公共环境卫生工作存在的主要问题有哪些?”，另一个问题是“您对城市基层政府应如何做好城市环卫工作有何意见和建议?”受访者对这两个开放性问题表现出了极高的热情，在28位受访者中，仅有2人没有回答开放性问题，其他受访者均认真作答，共提出H区环卫工作中存在的问题36条，分析原因19条，提出解决办法59条。居民极高的参与热情更加凸显了基层政府在调动公民积极性方面的不足和缺陷。

在受访者提出的H区环卫工作存在的问题中，“老住宅区卫生差”、“城中村卫生差”、“卫生死角多”、“街边小摊卫生差”等问题均在意料之中，与访谈数据高度吻合，也的确是目前城市环卫的难点问题，仅靠基层政府的环卫部门难以完全解决，需要各方面综合治理才能取得成效。但值得注意的是，受访者提出了很多基层政府在工作方式方法上存在的问题，如“对卫生管理突击性强”、“搞面子工程”、“环卫改革的投入与改革成果不成正比”，等等。这些意见印证了前文中对访谈数据的分析，进一步说明，基层政府在政治压力强化的情况下，眼睛向上做工作，对上级政府是否满意给予高度关注，通过“嫡系部队”完成了很多突击性的工作，成功应付了各种各样的检查和评比，但同时却忽视了自己真正的服务对象——社会公民的感受，忽视了日常的公共服务工作。

受访者认为目前H区环卫工作存在问题的原因主要在于政府的有15

条，而将原因归于居民的仅为4条，明显低于前者。

15条政府方面存在的问题可以归结为以下4类：第一，政府监管问题，具体表现为“无人监督、标准不明确、查处力度不够”等3条；第二，政府宣传教育问题，具体表现为“对公众卫生教育不到位、没有便捷渠道可获取相关信息”等2条；第三，政府的规划问题，具体表现为“规划不合理、无长远规划”等2条；第四，政府的工作态度和方式方法问题，主要表现在“工作存在一窝蜂和假大空，不能持之以恒”、“不同区域对公共卫生工作重视有差异，政府关注地区较好”、“公共环境卫生工作仅仅停留在表面”等8条。

受访者认为属于居民自身的问题主要是居民的意识问题，主要表现在“居民的环卫意识有待进一步提高、居民普遍不关心基层政府作为、少部分人的公共意识不强、公共卫生意识差”等4条。

受访者提出的解决以上问题的办法共59条，全部是政府应该做的工作。具体可以分为6个方面：加强监管，如“加大监管力度、严格执法”等共9条；健全机制，如“建立公开、透明的监督机制、公平招标、杜绝暗箱操作和腐败行为”等13条；依靠群众，加强宣教，如“加大环境卫生宣传、动员全员参与公共环境卫生工作、积极听取民众意见”等13条；提高环卫质量，如“频繁消杀四害、注意施工工地周围的环境卫生”等5条；增加资源投入，如“增设卫生设施、增加环卫工作和监督管理人员”等6条；综合治理，如“城管部门积极查处乱摆卖、加强对路边小摊的管理、加强公共绿化建设”等11条；学习提高，如“多向香港学习、不断学习先进经验改善工作”等2条。

从以上数据可以看到，居民对基层政府的公共服务意见颇多，而意见尤其多地体现在对政府的工作态度和方法不满，其中最为突出的不满就体现在对基层政府不求真务实，仅对上负责，工作停留在表面的行为。由此可见，“政治压力强化”使基层政府产生了做好公共服务的巨大动力，这是其积极的一面，但其同时也带来了消极的结果——导致基层政府眼睛向上，只想着让领导满意、让上级满意，甚至不惜采取各种临时性、表面性的措施来应付上级，却严重忽视了自己真正的服务对象——社会公民的感受①，也不利于自身服务水平的提高。因此，基层政府进行的公共服务改

① 这就是“公共服务外包目标迷失”现象的表现，详见第七章第一节的讨论。

革难以得到居民的支持、理解和参与就不足为奇了，而居民也就自然将公共服务的责任主要归于政府而忽视了自身的责任。

同时，居民提出的59条建议的构成也反映了政府在改进公共服务水平上应该重点做好的工作，建议最多的方面显然是最重要的，可以归结为两个方面，即建立健全公共服务机制（13条建议）及依靠和发动群众（13条建议）。而在笔者看来，这两方面的建议实际上可以通过一个办法来解决，就是建立完善的公共服务机制，同时在这种机制建设中对民意给予高度关注，为社会公民参与公共服务提供机制保证。因此，在对公共服务外包相关利益者的研究中获得的发现使我们自然地把研究的方向转向了公共服务外包机制，这为本书提出了新的但又是密切相关的研究问题。

第六章　虚拟政府及其组织运营研究
——基于文献比较的理论构建

通过以上研究，在数据的不断比较中，越来越具体化的研究问题不断涌现，如何构建中国城市基层政府的公共服务外包机制成为下文要研究的重点。而前面研究中获得的核心范畴的逐步饱和也使得本书的扎根研究越来越走向深入，开始进入理论性编码阶段。

在理论性编码阶段，笔者通过对数据及核心范畴间的不断比较，发现了“企业职能虚拟化”与“政府职能虚拟化”两个概念，从对这两个概念的不断比较和更加抽象化的编码中，我们又获得了“虚拟政府”和“虚拟企业”这两个概念。进一步，笔者通过将本书研究中获得的“虚拟政府”与“虚拟企业”概念与现有文献进行比较后发现，“虚拟企业”与“虚拟政府”同属“虚拟组织”，在组织的共性层面上，“虚拟企业”与“虚拟政府”具有可比性。

组织是人类社会的一种重要的现象，而企业与政府是人类社会的两种重要组织形态，二者都具有组织的共性特征：都具有明确的组织目标（尽管企业以盈利为主要目标，而政府以公共利益为主要目标）；都需要拥有或运用一定数量的人、财、物等资源去实现其目标；都具有某些特定的职能以保证组织的正常运行并完成其目标。

如果运用经典扎根理论不断比较的方法将“虚拟企业”与“虚拟政府”两个概念进行比较就可以发现其理论上的共性——它们都是一种职能虚拟的组织形态。因此，虚拟企业和虚拟政府同属虚拟组织，即借用自身所不拥有的资源和能力来实现自身功能的组织。虚拟企业与虚拟政府的研究实际上有一个共同的视角，即组织职能的虚拟化。

如果将这一视角延伸到公共服务外包问题的研究，引入虚拟企业、虚拟政府等虚拟组织的研究思想和理论成果，从职能虚拟的角度来看待和分析政府的公共服务外包行为，将得出以下结论：公共服务外包是政府职能虚拟化的形式之一，是构建虚拟政府的重要手段，是政府通过将某些公共服务职能虚拟化，交给企业、非营利组织等其他社会组织去完成，以调动和运用社会资源、弥补自身资源与能力的不足，从而以更低的成本、更高的效率为社会提供公共服务。

一些学者已经意识到了虚拟企业或虚拟组织理论对行政管理模式变革的重要意义，认为可以参考虚拟企业模式进行政府机构改革并对此进行了初步的探讨，如陆璐（2005）、韦伟光（2007）等的研究，孙晶（2006）、陈红捷等也持同样的观点（2005）。但现有的研究由于没有找到共同的理论视角，同时缺乏较深入的实证研究支持，故仍然未能确定虚拟政府与公共管理其他领域尤其是公共服务外包的关系。

因此，我们可以借鉴现有的虚拟企业理论来发展和完善虚拟政府理论，并基于虚拟政府的视角来研究公共服务外包问题，从虚拟政府构建及其运行机制设计的相关成果中得到政府公共服务外包机制设计的有益启示，那么就有可能在此问题的研究上获得新的进展甚至突破，为设计中国情境下的公共服务外包机制提供依据和参考，也将为该领域的研究提供一个新的视角。

第一节　重新发现“虚拟政府”

通过对本研究中获得的有关基层政府在公共服务外包业务划分方面的数据分析和理论性编码，以及与同在本研究中获得的“企业职能虚拟化”这一概念相比较可以发现，政府公共服务外包的实质就是政府职能的虚拟化，即政府通过外包等方式将本应由政府提供的公共服务交给企业或其他社会组织去完成。通过将“政府职能虚拟化”和“企业职能虚拟化”两个概念进行理论性的比较和更加抽象化、概念化的理论性编码，我们获得了“虚拟政府”这一概念。通过与现有“虚拟政府”文献的比较，本书对虚拟政府概念进行了重新界定并使其获得了实证的支持。

一　“企业职能虚拟化”概念的涌现

在笔者对广州 F 区某接受政府公共服务的企业高管 L 进行的访谈中获得了以下数据，见表 6 - 1。

表 6－1 数据 60

数　　据	编　　码
笔者：企业在这个上面基本上是不用操什么心了。企业内部的卫生自己打扫还是找物业公司？包括你办公室，生产线这些地方的卫生也是找他们？ L：是啊，一般公共区域都是找他们（打扫卫生），工人就专门负责做产品…… 笔者：是，这样就是高度的、细化的分工啊。 L：对，我们的餐饮也是外包的，员工食堂也是外包的，现在这些后勤的东西都是外包的。 笔者：是啊，现在这个已经是一个通用的管理模式了，企业尽量把一些服务性工作外包。 L：对，我们的车子啊，交通、通勤车也是外包的，特别是 F 区的企业喜欢，包给专业公司，因为比较规范，你自己做的话也要请员工，要买保险，一定的福利，一算下来和外包没有太大的区别。但是包出去我可以给他们提要求，给压力，他们也更专业，基本上都是这样的…… 笔者：咱们公司内部是不是要有专门的部门或者人员负责跟外包的企业联系？ L：对，目前是由我的一个下属来做。还要监督，比如清洁工表现不好，我们就要监督。 笔者：这个工作在咱们企业是由什么部门负责的？ L：我们是人力资源部，兼后勤行政，合在一块儿，大部分 F 区的企业都是这种模式，各部分分工各司其职……大部分都差不多，公司大点就分工细一点，小一点就粗一点。	企业省心；企业内部的保洁问题； 公共区域找物业公司 高度细化的分工； 企业的后勤服务都外包 服务性工作外包； 服务外包成本低； 服务外包体现了专业分工 内部与外包企业的联系； 企业对服务提供者的监督； 企业内部负责联系外包的部门

从以上数据可以看出，为降低成本、提高效率、集中精力于主业，企业的办公室、生产线等内部公共区域的卫生都外包给了负责环卫保洁的物业公司，不仅如此，企业的员工食堂、交通物流等以前由企业自己完成的服务性职能都统统外包，使企业能够专注于自己的生产经营业务。这样的外包模式已经是广州 F 区落户企业的一个通用模式，而这种模式也正是现代企业常用的经营模式。

笔者在分析对 L 的访谈数据时所作的研究笔记中写下了“企业职能

虚拟化”这一概念。但由于L主要谈到的是其企业接受政府外包的安保服务的情况，因而在前文的研究过程中并没有对其给予过高的关注。但随着研究的逐步深入，当进入理论性编码阶段，重新审视已有的数据和研究笔记时发现，该概念能够得到许多编码的支持并饱和。通过对已有数据的重新编码，“企业职能虚拟化”这一概念获得了6级共38个编码或范畴的支持而被判定饱和。本书将“企业职能虚拟化”概念界定为：企业为降低经营成本、提高运营效率、抓住市场机会、细化专业分工，将某些职能通过外包等契约合作方式交由其他企业或组织完成的经营方式。

图6-1为笔者使用思维导图软件 Mindjet Mindmanager Pro 7.0 对这一概念进行理论性编码时的截图。

图6-1 对“企业职能虚拟化”概念进行的理论性编码截图

二 “政府职能虚拟化”概念的产生

通过对本书中城市基层政府在公共服务外包中的职能或业务分工的相关数据及笔者的研究笔记进行理论性编码，以及和上文中的“企业职能虚拟化”概念相比较，我们又获得了“政府职能虚拟化”这一概念，而且在研究中越来越发现，本研究中的大量数据都支持这一概念并使其获得饱和。

表 6－2　　数据 61

数　据	编　码
C：……那么我们 H 区总共有 620 多万平方米，其中有 149 万平方米呢，就由我们那个机扫所啊（来做），是我们的城管局的下属的事业单位，它也是从事机械化的路面保洁作业，城市要提高机扫率啊，因为毕竟人工清扫效率比较低，从成本来说呢，人工（成本）也不一定低，当然也不一定高。但是清扫质量更能够保证，所以基于这种原因呢，当初那些领导呢，确实有远见，就把这个机扫所成立起来。当时有些领导说，当然这个有不同意见，有些领导说，我们全部市场化，购买服务。但是从实际工作中我们也有这个感受，深圳是改革开放的试验田，全国各地从不同层面、不同行业、不同部门都要来深圳考察，所以环境卫生就是这个城市的脸，所以这方面呢，我们要放到很重要的位置，所以每一次，包括国家卫生城市的复检复查，全国文明城市的复检复查，种种的检查，如果这方面我们全部推向市场。万一，外面的企业，虽然也是公开竞争上来的，万一……现在有好多社会问题，比如说现在我们清扫单价，你跟新加坡比哦，新加坡这个单价，它是根据市场的价格来定位，但是我们不是，所以这样说呢，你全部推向市场呢，万一那个企业管理不善，会有这种情况。我们有什么紧急业务，太依赖它，这个任务完成不了。	外包与不外包的业务划分；机械化保洁效率较高 成立直属事业单位的原因；全部市场化与部分市场化的争论；“购买服务” 环境卫生就是城市的脸；应付全国各地各方面的考察；全部推向市场不放心；清扫单价没有市场化导致市场化有顾虑； 紧急业务依赖企业不可靠

表 6－2 中的数据是在对深圳 H 区政府环卫部门的领导进行访谈中获得的，其中既支持前文已经分析过的基层政府公共服务职能的不完全外包现象及其动因，以及“政治压力强化”这一核心范畴，更可以看到，在政府某公共服务的业务总量中，一大部分通过外包实现了市场化，由政府外包给企业完成，而政府将一小部分留给了尚未市场化的职能单位。表 6－3 中的数据是对广州 F 区环美中心高管进行的访谈数据，也说明了同样的政府公共服务业务划分方式。

表 6－3　　数据 62

数　据	编　码
B：……一开始就有一个区，＊＊区①，是政府通过招投标外包给其他单位来保洁，逐步有几个区，相对不是很重点的地区（保洁工作都外包了），我们（做的）属于重点地区，区政府所在地、主干道，比较信任我们吧，从业务水平、工人素质啊，相对比市场化的其他单位要好一点。但现在为止，重要路段都交给我们，西区、区政府这块，还有 X 城那边和重要路段……	非重点地区保洁服务外包；重点地区未外包；重点地区的划分；政府的信任；重要业务交给“职能单位”

① F 区下属某区。

经过对类似数据的反复比较和理论性编码，同时与“企业职能虚拟化”这一概念及相关数据进行比较，我们不难发现，政府公共服务外包的实质与企业外包非常相似，就是政府将本应由自己承担的公共服务职能通过向企业购买的方式外包出去以达到提高效率、降低成本等目的，但从公共服务的对象——社会公众的角度来看，无论谁为其提供服务产品，政府都是提供公共服务的最终责任人，这从第五章中对居民的访谈和问卷调查中都可以看出。因此，这与企业将其某些职能外包，但仍以企业的名义（常常表现为采用企业拥有的品牌作为产品或服务的标识）为客户提供产品或服务具有相似的性质，其实质就是其组织职能的虚拟化。由此，我们获得了“政府职能虚拟化”这一重要而关键的概念。这一概念获得了5级共31个编码或范畴的支持而被判定饱和。本书将“政府职能虚拟化”概念界定为：政府为降低运营成本、提高公共服务效率，将某些职能通过外包等契约合作方式交由企业或其他组织完成的政府运营方式。

图6-2为笔者使用思维导图软件 Mindjet Mindmanager Pro 7.0 对这一概念进行理论性编码时的截图。

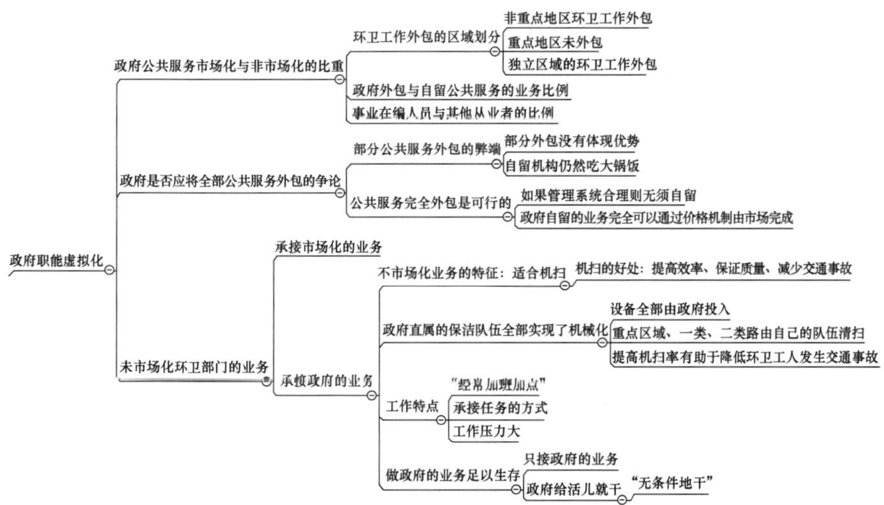

图6-2　对“政府职能虚拟化”概念进行的理论性编码截图

将“企业职能虚拟化”这一概念与研究数据做进一步比较并进行理论性编码，我们很容易得到“虚拟企业”这一概念。需要说明的是，这不是一个新的概念或新的提法，但在笔者尚无法找到一个更为贴切的概念来表达对“企业职能虚拟化”的进一步理论概括和提升时，采用已有的概念至少是一个次优的选择。而且，毫无新意地创造所谓新概念无异于“新瓶装旧酒”，对学术研究有害无益，因此，笔者仍选择了“虚拟企业”这一已经存在的概念。当然，这里的“虚拟企业”来源于本书的扎根研究，笔者将其简单地界定为：企业职能虚拟化后形成的新型企业组织模式。

与此相似，将“政府职能虚拟化”这一概念与研究数据做进一步比较并进行理论性编码后，我们得到了“虚拟政府”这一概念，笔者暂时将其界定为：政府职能虚拟化后形成的新型政府组织模式。“虚拟政府”这一概念已有大量文献进行研究，因此，我们必须将扎根研究中获得的概念与文献进行进一步的比较，以补充和完善该概念并使之饱和。

三 虚拟政府文献比较研究

在现有的文献中，虚拟政府（Virtual Government）已经成为公共管理研究领域一个新兴的课题，从目前的文献来看，学界对虚拟政府的认识并不统一，总体上对虚拟政府的概念有以下两种理解：

一种是将虚拟政府与电子政府（Electronic Government）相联系甚至将二者等同，认为虚拟政府即传统政府通过运用信息网络技术，建立政府网站，通过网络来向社会公众提供公共服务，或认为虚拟政府是电子政府的一种形式或服务界面。国外此类观点的代表是美国哈佛大学肯尼迪政府学院公共政策专业教授简·芳汀（Jane E. Fountain），她在其著作《构建虚拟政府：信息技术与制度创新》一书中系统阐述了其观点（简·芳汀，2004），而在此之前，简·芳汀甚至还提出了“虚拟国家”（Virtual State）的概念（Jane E. Fountain，2001）。G. David Garson（2006）、Richard Heeks（2006）也持类似观点。

国内许多文献也认同这种观点，如齐明山认为：“虚拟政府是在网络中运行的政府，是一个数字平台”（齐明山，2002）；牛华认为：“‘虚拟政府’就是指政府利用现代信息和通信技术，通过不同的信息服务设施（如电话、政府网站等），对政府机关、企业、社会组织和公民，在其更方便的时间、地点及方式下，提供自动化的信息及其他服务，也可以称为电子化政府”（牛华，2007）。再如，张成福认为虚拟政府是电子政府最重要的内涵及精髓，即跨越时间、地点、部门的全天候的政府服务（张成福，2000）。刘春海认为电子政府与“虚拟政府”的区别在于“虚拟政府”是对实体政府的一种模拟，是在网络空间中存在的电子政府（刘春海，2004）。

第二种观点认为，虚拟政府具有虚拟企业或虚拟组织的某些特征，即运用社会的资源和能力来实现政府的功能。国外持此观点的代表性学者是Allan，他运用澳大利亚地方政府改革的案例，提出了“虚拟地方政府”（Virtual Local Government）的概念，并给出了一个虚拟地方政府的理论模型（Allan，2001），Brian Dollery也有相同观点并在Allan的基础上对其模型进行了探讨和完善（Brian Dollery，2003）。

国内也有不少学者持此观点甚至已经将公共服务外包与虚拟政府联系起来，如田华文认为：“政府理论上也可以将自己不擅长的业务外包，交给其他的组织——这些组织主要是非营利组织，当然也可以是私人企业——承担，形成一个以政府为核心，以非营利组织或私人企业为外围的动态同盟，也就是虚拟的政府。当然，并不是所有的职能都要外包的，仅限于那些不适合由政府提供，或者说由其他组织来提供更加有效率的职能（田华文，2008）”。

第二种观点并不否认信息网络技术的重要性，但认为政府网络建设只是虚拟政府的实现手段，并非虚拟政府的充要条件。如田华文认为：“正如虚拟企业的运转要依靠高度发达、畅通的信息渠道一样，虚拟政府也需要同样的技术支持。虚拟政府实现的前提之一是政府上网，实现网上办公，因此，可以说电子政府是虚拟政府在技术方面的要求。然而，电子化只是虚拟政府的特征之一，虚拟政府的本质还在于组织结构的创新和政府管理理念变革（田华文，2008）”。

陈红捷等对虚拟政府的理解与田华文相近，但大概是为了避免与第一种虚拟政府概念的混淆，他们采用了“政府虚拟组织”的概念，认为“政府虚拟组织是虚拟组织在政府管理中的具体应用”，并且，他们认为第一种观点中等同于电子政府的虚拟政府是“象征性的虚拟组织”，而第二种观点中职能虚拟化的虚拟政府是“更高形式”的虚拟政府，这体现了“政府虚拟组织”外延的“两重性”（陈红捷、刘西林，2005）。

从目前已经取得的研究成果来看，虚拟政府的研究尚处于起步阶段，由于对其概念还未形成广泛共识，因而现有研究也只能停留在基本理论和概念的探讨上，尚难以深入。从研究方法上来看，虽有一些针对虚拟政府的案例研究但数量仍非常匮乏，更缺乏采用扎根理论这样规范的研究方法进行实证研究的相关成果，使虚拟政府这一概念仍缺乏有力的实证支持。

四 基于实证支持的虚拟政府概念

通过对虚拟政府相关文献的回顾和研究可以发现，“电子政府”是一个与“虚拟政府”具有极高相关性的概念，因此，要准确界定虚拟政府的概念，我们还有必要对电子政府概念进行文献研究。

从文献研究中可以看到，电子政府概念的提出最早源于1993年美国前总统克林顿和副总统戈尔提出的电子政府（E－Governmnet）计划，随后，英国、日本等发达国家也纷纷以各种形式开展自己的电子政府建设。虽然电子政府的概念在我国有很多不同的提法，如“电子化政府”、“电子政务”、“网络政府”、“数字政府”或将“虚拟政府”等同于电子政府，但从文献中可以看到，对“电子政府”这一概念的内涵几乎没有争议，“电子政府”的概念已经被大多数学者认同，争论较大的问题是，电子政府与虚拟政府是否等同？

基于本书的研究，笔者认为，“电子政府”这一概念已经准确表达了虚拟政府文献中第一类观点对“虚拟政府”的理解，因而不宜将虚拟政府与电子政府的概念等同或混淆。同时，本书的实证数据也明显支持现有文献中的第二种观点，即政府通过公共服务外包等方式将政府某些职能虚拟化，由此形成了一种新型的政府组织模式，这就是“虚拟政府”。

根据以上研究，本书将“虚拟政府”的概念最终界定为：政府通过契约合作方式，将自身的某些职能交由企业或其他社会组织完成，由此而形成的新型政府组织模式。

第二节 文献比较研究——虚拟企业理论的借鉴

通过以上研究，我们初步提出了基于本书实证研究的虚拟政府概念，为基于职能虚拟来界定虚拟政府的学术观点增加了实证支持。但仍有许多问题需要深入讨论，如：虚拟政府具有怎样的内涵？与传统科层制的政府组织有何不同？虚拟政府具有怎样的组织模式？等等。

鉴于国内外已经进行了近20年的虚拟企业研究，获得了大量成果，而本书的研究中也获得了虚拟企业的概念，因此，我们可以借鉴虚拟企业的相关成果，与虚拟政府进行比较研究，以初步探讨虚拟政府的基本理论问题。这样的思路也符合新公共管理运动的宗旨，即借用工商管理的理论和方法来推动公共管理的研究和实践。

一　虚拟企业研究回顾与综述

20 世纪 90 年代以来，全球经济格局随着信息技术的迅猛发展发生了急剧的变化，经营环境的巨变迫使企业寻求更为有效的竞争方式和组织形式。虚拟企业就出现在这样的背景之下，并开始在企业组织演进中扮演着越来越重要的角色。

（一）虚拟企业产生的背景

任何组织与管理模式都是适应当时社会、经济发展和科技进步的产物，产生虚拟企业的根本原因在于社会、经济和技术的迅速发展使企业外部环境和内部组织与管理观念发生的巨大变化。

21 世纪以来，人类进入知识经济时代，知识化、网络化和全球化成为经济发展的基本趋势。信息技术的迅速发展实现了消费者、生产者等经济主体之间的互联互动；资金、技术和商品的流通趋向全球化，世界经济越来越融为一体，这种趋势使企业经营的宏观环境发生了极大的变化。消费者对企业的产品和服务越来越挑剔，个性化要求越来越强烈，对产品或服务提供的时间要求越来越高，而对单一企业产品或服务的依赖性和忠诚度却在不断降低；市场竞争日趋激烈，市场波动加速，企业生命周期和产品生命周期逐渐缩短，企业进入了速度竞争的时代。

20 世纪 80 年代以前，市场及技术的变化相对缓慢，竞争对手易于辨认，企业普遍奉行“对手皆敌人”的竞争观念，进行以追求单赢为唯一目标、零和博弈式的完全竞争。80 年代以后，技术进步使行业进入门槛大大降低，竞争对象越来越具有不确定性，越来越多的企业意识到仅靠自己的资源与能力难以适应快速变化的市场机遇，完全竞争的观念逐渐被协同竞争的观念所取代，企业更加强调相互信任、合作与协同，实现“双赢”甚至“多赢”的共同目标。企业也开始反思已有的组织结构，试图建立有足够弹性的、更加灵活的组织和管理模式，虚拟企业由此产生。

一般来讲，企业参加或建立虚拟企业的主要目的有以下几种：提高企业应变能力，把握快速变化的市场机会；扩展市场占有、增加地域势力；扩展企业边界，保持对重要供应商的控制（如质量控制、供应链式的联盟）；学习、完善和强化企业的核心能力；利用外部资源，降低成本；降低、分散风险等。虚拟企业从其诞生之日起便显示出强大的生命力，耐克、可口可乐、爱默生、戴尔等世界著名企业，都是成功进行虚拟经营的典范。

（二）虚拟企业概念的提出及国内外的研究

1991 年，美国国防部委托里海（Lehigh）大学的艾柯卡研究所组成了以 13 家大公司为核心、100 多家公司参加的联合研究团队，对美国在改变世界工业格局中的作用和角色进行研究。最终由肯尼斯·普瑞斯与史蒂文·L. 戈德曼、罗杰·N. 内格尔合作完成了一份名为《21 世纪制造企业研究：一个工业主导的观点》的研究报告。该报告首次提出了虚拟企业（Virtual Enterprises，VE）的概念。自此，虚拟企业及其管理问题的研究成为近 20 年来企业管理领域的研究热点之一。

1992 年，威廉·戴维陶（William H. Davidow）、迈克尔·马隆（Michael S. Malone）发表了理论专著《虚拟企业：21 世纪企业的构建和新生》，指出虚拟企业是新的商业革命必将产生一种全新的企业形式。1993 年，约翰·拜恩（John A. Byrne）在美国《商业周刊》发表封面文章《虚拟企业》，总结出了虚拟企业组织形式应具有的 5 大特点，为虚拟企业的理论研究奠定了基础。

1994 年，史蒂文·戈德曼、罗杰·内格尔和肯尼斯·普瑞斯出版专著《灵捷竞争者与虚拟组织》，进一步扩展了虚拟企业内涵，标志着虚拟企业概念的形成。自此，虚拟企业研究进入一个新的理论研究阶段并得到了实业界人士的广泛重视。

我国国内于 1993 年开始介入虚拟企业研究，早期有战德臣等（1997）对虚拟企业的建立及其集成环境的研究；赵春明（1999）、解树江（2002）、陈菊红等（2002）、孙东川等（2002）对虚拟企业运营和管理的研究也有不少成果。

清华大学现代管理研究中心在国家杰出青年科学基金（79825102）、国家 863 高技术发展计划项目（863 - 511 - 930 - 014）、国家自然科学基金项目（70071015）、中国博士后科学基金（中博基［1999］94 号）支持下，对虚拟企业构建与管理的若干问题进行了研究，其研究集中在虚拟企业构建、伙伴选择和优化、组织与运行、利益/风险分配、协调机制、风险管理等方面（赵纯均，2002；陈剑、冯蔚东，2002）。

近年来，一些学者开始尝试运用系统科学、生物学等理论对虚拟企业进行综合性、多角度研究，如蒋山花等从系统论的视角研究虚拟企业，指出虚拟企业是一个具有系统特性和自组织特性的复杂巨系统（蒋山花等，2006）；达庆利等从生物学角度对虚拟企业进行了研究，提出了虚拟企业的类生物化结构模型（达庆利等，2004）。

二 虚拟企业概念的界定

自 2004 年以来，兰州大学管理学院将虚拟企业及其管理问题的研究作为重要的特色学科建设方向，在兰州大学 985 工程建设基金及相关课题的支持下展开研究并取得了一系列原创性成果，笔者作为主要成员参与了相关研究。综合已有的研究，我们认为，界定虚拟企业概念必须认识和理解其本质。

首先，既然将“虚拟企业”称之为“企业”，那么它就应当具备企业的基本功能和特点，“企业”从本质上区别于事业单位、政府、民间组织等其他组织形态的根本特征就是它通过向社会提供产品和服务以获取利润来谋求自身的生存和发展。因此，虚拟企业首先必须是一个向市场提供某种产品或服务的经济组织，虽然它不具有一个独立而又完整的企业形态，但从产品、市场或顾客的角度来看，它具有一个独立企业的所有功能，这是它能够被称为“企业”的原因。

其次，虚拟企业又与传统的企业不完全相同，因为它是“虚拟”的企业。所以，深刻理解虚拟企业概念的关键在于正确理解其中“虚拟”（virtual）的含义。“虚拟”一词原本来自计算机科学，本意是指在一定条件下没有实体，但又具备实体功能的技术，如虚拟内存、虚拟光驱等。

所以，虚拟企业的本质在于突破企业形式的界限和企业有限资源的限制，借用、整合外部资源和能力来拓展或延伸自身的功能，以完成仅靠自身资源或能力无法实现的任务——满足多变的市场需求。与虚拟企业对应的概念是实体企业，即用自身拥有或控制的资源和能力实现其功能的企业，也就是传统意义上的企业。

因此，从企业职能来看，虚拟企业仍然具备生产、研发、营销、财务等实体企业的完整职能，因为只有这样才能满足市场需求，也才能体现出虚拟企业作为“企业”的特点。但同时它又没有执行这些功能的完整的组织机构或者说执行这些功能的机构或人员存在于不同的实体企业之中，从而并不构成一个独立和完整的、传统意义上的企业，这是它不同于实体企业的根本之处。至于虚拟企业内合作伙伴间的沟通与协调是通过计算机网络，还是传统的信息沟通手段，企业间的联系长久还是短暂，都不是虚拟企业的关键和实质。

从本书的研究数据来看，上文研究中获得的“企业职能虚拟化”与“虚拟企业”概念符合并支持上面的理解。因此，本书接受了包国宪、贾旭东提出的虚拟企业概念：虚拟企业是由具有价值链不同环节核心能力的独立厂商，为适应环境变化、把握市场机遇、实现成本分担及资源和能力的共享，以知识、项目、产品或服务为中心，通过各种契约合作方式所构建的不具有独立企业形态却实现了特定企业功能的动态企业联合体（包国宪、贾旭东，2004）。

三　虚拟企业组织的相关研究

在与虚拟企业相关文献的比较研究中，有关虚拟企业组织的研究对本书具有重要启发，也是下文在比较基础上构建虚拟政府组织结构一般模型及在此基础上研究公共服务外包机制的重要数据。

（一）虚拟企业组织运营的特点

根据贾旭东的研究（贾旭东，2005），虚拟企业在组织运营方面具有以下特点：

1. 企业构成的动态性

虚拟企业打破了实体企业组织机构的层次和界限，成员企业出于自身利益或某种战略考虑，本着自愿互利的原则组成松散型的网络合作关系，成员间是一种富有弹性的伙伴关系而没有隶属关系。因此，虚拟企业不是法律意义上完整的经济实体，它没有固定的组织机构和众多的组织层次，企业界限明显趋于淡化和模糊。在虚拟企业运作过程中，一些非战略性合作的伙伴企业可以根据整个商业进程、其他市场因素动态地加入或离开虚拟企业，当共同的利益基础消失时，虚拟企业也就不复存在。因此，虚拟企业的组织构成具有动态性特征。

2. 对环境的敏感性和反应的敏捷性

虚拟企业动态和弹性的组织模式使其具有对环境的高度敏感性，能够快速地聚集实现市场机遇所需的资源，从而尽快地占领市场。一旦发现某种市场机遇，具有响应该机遇所需互补性核心能力的企业就迅速组合，各成员都只从事自身具有竞争优势的工作，相互分工协作，并行作业，实现共赢。虽然入盟企业各自独立，但每个企业都极其灵敏，能随核心企业的市场状态及时进行策略目标或组合方式的调整，从而以高弹性适应市场的快速变化。

3. 企业形式的虚拟性与生产经营的实体性

虚拟企业不是法律意义上的经济实体，成员企业加入后，原来的法人地位、债权债务关系等都不发生变化。因此，企业组织机构和形式上的虚拟是虚拟企业“虚”的一面。但同时，虚拟企业总是由一些有形的实体企业联合而成，其生产经营活动都在有形的实体场所中进行，因而也有“实”的一面，即生产经营的实体性环境。虚拟企业的虚拟性和实体性一体两面，密不可分。虚拟性集中体现了虚拟企业的竞争优势，但这种优势是各实体企业互补性核心能力的集成，因而实体性的核心能力是其虚拟性得以发挥的基础和根本。

4. 组织结构的扁平化

虚拟企业是一个企业网络，每个网络成员都要贡献一定的资源供伙伴共享，成员企业的活动在空间上分布，在时间上并行，形成并行分布式工作方式。虚拟企业运用并行工程来分解和安排各参与企业的工作，把传统企业从上到下纵向静态分割、层级负责的职能管理转变为诸多以过程为主线的横向的项目管理，使企业在成本、质量、服务、速度等关键的业绩指标上获得显著提高。

5. 成员企业资源和能力的互补性

虚拟企业是企业资源与能力的强强联合，成员企业只需做好自己最擅长的工作，为虚拟企业贡献出各自的优势资源，就能够聚集实现市场机遇所需的所有资源和能力，产生强大的竞争优势。因此，具有互补性的资源和能力是合作伙伴加入虚拟企业的必备条件。

6. 竞争方式的合作化与多赢性

加入虚拟企业的合作伙伴既有可能是供应商、客户，也有可能是从前的竞争者，而且加入虚拟企业之后，在为某一项目、产品或机遇而共同合作时，仍有可能在其他某些领域存在竞争。同时，虚拟企业要求各成员企业协同作业，虽然它们追求不同的经营目标，但这种追求要建立在有利于共同生存和发展的忠诚、信任和诚实的基础上，加入虚拟企业也会促进每个伙伴企业战略目标的实现。因此，虚拟企业成员间的竞争方式摆脱了过去企业间零和博弈式的单赢方式，而建立了合作竞争的共赢关系。

（二）虚拟企业组织与运行的基础平台

虚拟企业的组织运行必须在一定的基础平台支持下才能实现，同时，虚拟企业运行的基础平台也在很大程度上影响着虚拟企业的运作和管理。虚拟企业运行的基础平台包括知识/技能网络平台、信息网络平台、物流网络平台和法律契约平台和文化信任平台（贾旭东，2005）。

1. 知识/技能网络平台

虚拟企业运行以企业间知识和技能的合作互补为基础，除了利用企业内存在的知识/技能网络之外，还必须将内部知识/技能网与其他企业的知识/技能网连接，形成一个企业间的知识/技能网络。知识/技能网络包括各个伙伴核心能力中或由核心能力产生的可以共享的知识，同时也包括虚拟企业各伙伴核心能力中不可能实现共享的核心技能。

2. 信息网络平台

信息技术的迅速发展，尤其是网络技术的日益成熟和广泛应用极大地缩短了虚拟企业成员间的距离，加速了技术交流，提高了工作效率，为虚拟企业提供了一个实现对市场需求及时响应的运行平台。充分利用信息网络，虚拟企业可以将各具核心能力的企业连接起来，以较低成本、快速地实现不同地理分布上企业伙伴间的合作和协调，从而极大地拓宽了虚拟企业的应用范围。

3. 物流网络平台

虚拟企业的运行，一方面需要大量的信息沟通和协调工作，另一方面会产生大量的物流。在实体企业阶段，企业间的物流功能由市场承担，而虚拟企业是准市场企业，它将公共的要素市场内化成可以控制的部分，企业间通过契约关系，用制度安排和协调物流的流向及流量。因此，成员企业间存在一个由物流及实现机构、制度安排等共同构成的物流网络。物流网络除了承担要素市场的功能外，还承担产品市场的功能，由它把产品快速、有针对性地送到客户手中。

4. 法律契约网络平台

虚拟企业不存在实体企业的形态，成员调整比较频繁，就必须以法律契约的形式来保证虚拟企业的整体性，明确各成员的权利义务关系和工作内容，失去了法律基础的虚拟企业将不能有效运作。在实际工作中，这种契约关系往往涉及一定数量的企业，并且由于伙伴企业在虚拟企业中的地位和作用不同呈现出层次化的趋势，并由此形成一个“契约网络”。知识/

技能网络、信息网络和物流网络平台的形成和运行都离不开契约网络的支持。

5. 文化信任平台

在传统企业里，企业文化作为员工的共同准则和规范，是企业凝聚力和向心力的根本来源。虚拟企业把众多企业通过合作联合在一起，每个企业在与其他企业的合作中都不可避免地遇到外来企业文化的输入问题，可能在企业内部产生一种对外来文化的消极抵触感从而影响相互的合作。所以虚拟企业必须培养和建立有共同基础的企业文化，增强伙伴企业间的凝聚力，以提高相互信任、加强和促进成员间的协作。相互信任是最重要的虚拟企业文化要素，它决定了虚拟企业的成败，共同建立和培养以相互信任和合作为核心的企业文化平台，是虚拟企业取得成功的关键。

以上五种网络平台互为条件，相互支撑，共同构成了统一的支持虚拟企业运行的基础平台，如图 6 – 3 所示。其中：知识/技能网络平台是支持虚拟企业运行的核心，是建立信息、物流和法律契约等平台的前提。当然，从目前来看，信息网络只是虚拟企业实现其效能的工具而并非必备条件，但随着虚拟企业和信息技术的不断发展，它在虚拟企业运营中的作用会

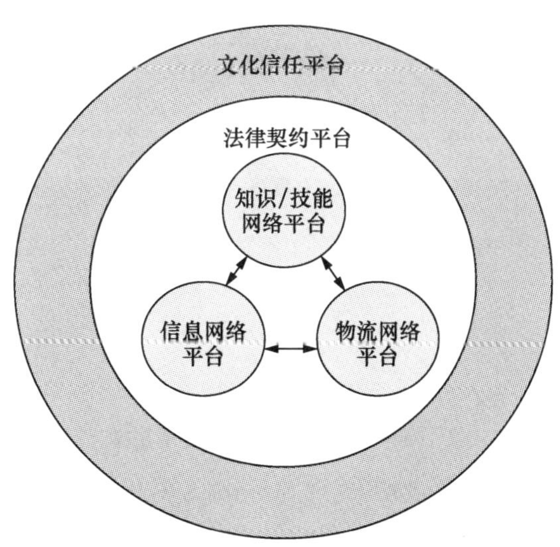

图 6 – 3　虚拟企业运营基础平台及其关系

资料来源：贾旭东：《虚拟企业组织运行的基础环境与模式研究》，《兰州大学学报》（社科版）2005 年第 2 期。

越来越大，必将成为现代虚拟企业的必备技术基础；法律契约平台是其他平台有效运转的制度保证，也是整个虚拟企业运营的制度支撑；文化信任平台构成了其他平台运行的基础环境，离开这个环境，其他平台的运行都无法有效实现。

（三）虚拟企业的组织结构

虚拟企业是一种新型的组织模式，其组织构成是虚拟企业研究的一个关键理论问题。包国宪、贾旭东于2005年提出了一个虚拟企业组织结构的一般模型，为本书研究虚拟政府的组织结构提供了重要数据（包国宪、贾旭东，2005），如图6－4所示。

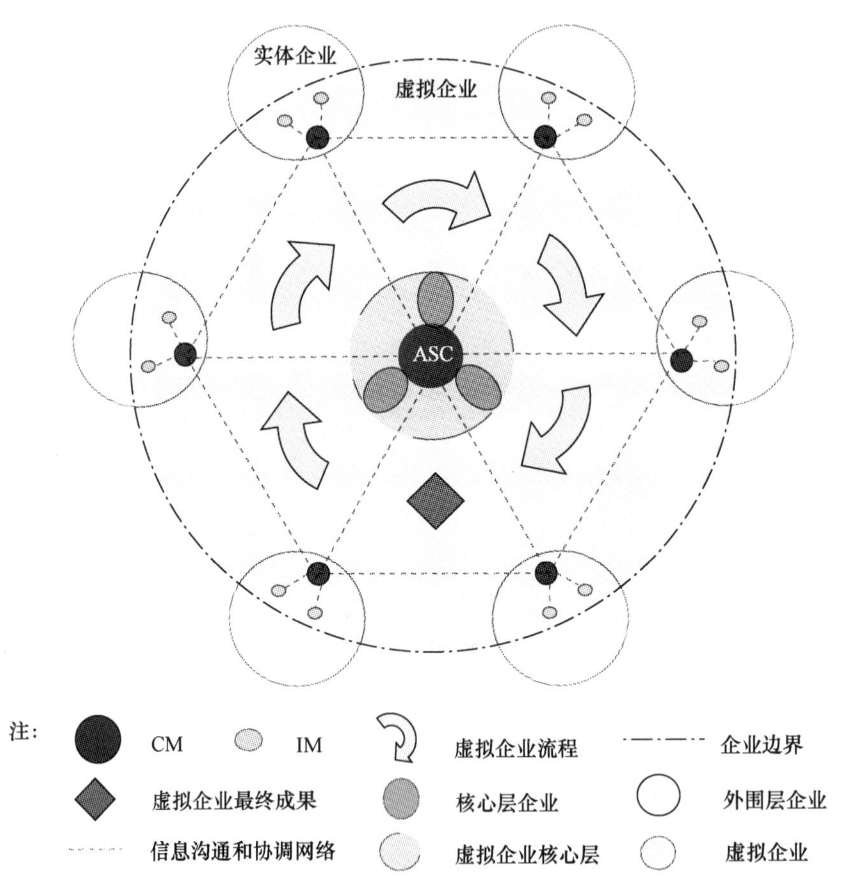

图6－4 虚拟企业组织结构的一般模型

资料来源：包国宪、贾旭东：《虚拟企业的组织结构研究》，《中国工业经济》2005年第10期。

模型中外围的六个实线圆表示虚拟企业的外围层实体成员企业，图中心的点划线圆代表虚拟企业的核心层，椭圆形实线圆代表核心层企业，其中央是虚拟企业的最高决策机构——ASC（协调指挥委员会）；ASC 与外围层企业纳入虚拟企业的那一部分中的一个深色小实线圆以虚线相连，这个深色小实线圆就是伙伴企业中的协调模块，即 CM（the Cooperation Module，CM）；对外，CM 与其他伙伴企业的 CM 相连，对内，CM 与自身企业内部的两个浅色小实线圆以虚线相连，这两个浅色小实线圆就是伙伴企业的内部模块，即 IM（the Internal Module，IM）。协调模块 CM 是虚拟企业有效协调的实现机构，包括该企业与整个虚拟企业信息网络间的所有连接功能；其他内部模块 IM 则描述了成员企业完成其工作任务所必需的机构、资源和能力，一般是以工作团队或流程的形式出现，也可能有多种组织形式。ASC、CM、IM 间都以虚线相连，这个虚线构成的网络就是虚拟企业赖以生存和发展的信息沟通与协调网络，虚拟企业的运行就是建立在这个网络平台基础之上的（贾旭东，2005）。

图中的环形箭头代表虚拟企业的运行流程，它们处于核心层与外围层之间，表示核心层和外围层企业都将加入某个能发挥自己核心能力的流程；流程箭头沿着一个方向首尾相续，表示虚拟企业流程运转的连续性；图中下方的菱形块代表虚拟企业流程运作的成果，可以将其理解为虚拟企业的产品，也可以理解为虚拟企业的战略目标或组建虚拟企业的其他动因。

在虚拟企业的日常运行中，核心层企业通过 ASC、外围层企业通过 CM 进行伙伴企业间的沟通与协调，ASC 与 CM 相联系，共享虚拟企业的信息和知识，实现并行同步式工作，协调解决运行中的问题；CM 通过信息的沟通和知识的共享对 IM 进行协调，完成相应的工作任务。

这个模型同时表达出了虚拟企业组织及运行“虚”与“实”的两面。“实”的部分是由核心层和外围层实体企业构成的两层次结构，即大小两个同心圆，这是虚拟企业运行的实体承载单位；而“虚”的部分就是协调、整合伙伴企业的资源和能力、驱动虚拟企业运行的信息沟通和协调网络，即由虚线构成的网络结构，虚拟企业就是在这样两个紧密联系、互为条件和基础的平台上运作的。同时，该图也使我们可以清楚地看到虚拟企业资源和能力的范围，就是浅色大虚线圆所包括的范围；该圆与代表实体企业的实线圆的交集代表伙伴企业对虚拟企业资源和能力的贡献，体现了虚拟企业与虚拟经营间的关系。

第三节　虚拟政府组织结构模型的构建

虚拟企业与虚拟政府最突出的差异在于，政府与企业的根本目标不同，政府以实现公共利益为目标，而企业以实现经济利益为目标。但经过对虚拟企业相关文献的梳理和比较，我们可以发现，虚拟企业与虚拟政府也具有相似之处，这种相似来源于企业与政府在组织层面上的共性：企业与政府都是人类社会组织形态的一种，作为组织，它们具有一些共同特征，如具有组织目标、需要资源支持、具有内在结构，等等。

因此，由于二者在组织层面上的共性，虚拟企业与虚拟政府也具有某些相似性，主要表现在：两者都是通过借用组织内部不具有的资源和能力来实现组织目标的一种组织模式。这样的比较使我们可以通过与虚拟企业组织运营方面的相关理论的比较来建构虚拟政府组织运营方面的基础性理论。

一　虚拟政府的两层结构

虚拟政府是基于科层制的传统政府组织将其某些职能虚拟化后形成的，与虚拟企业相似，其组织模式是一种两层结构，即整个虚拟政府由核心层（还可称之为战略层）与外围层（还可称之为执行层）构成，如图6-5所示。核心层即为政府，负责虚拟政府的构建、协调、资源整合、战略决策等工作。政府根据政府职能虚拟化的需求和目的，根据一定条件选择合作伙伴①，形成外围层。

在虚拟政府中的最高决策和协调机构是那些尚未虚拟化的政府部门，其中又可分为三类：第一类部门一般是未虚拟化前传统政府的最高决策机关，也是虚拟政府的最高决策机关，由其决定政府职能虚拟化的相关政策和制度设计，负责虚拟政府的重大决策。该部门是虚拟政府运行的指挥中心，同时还扮演着行政支持中心、技术支持中心、法律支持中心、风险监控中心的角色，其作用类似于虚拟企业中的ASC（协调指挥委员会，Alliance Steering Committee）（包国宪、贾旭东，2005），如本书研究中的广州

① 这是虚拟政府中企业及其他社会组织角色的重大转变，详见后文论述。

市F区管委会和深圳H区委，本书将这类部门命名为虚拟政府的“中心部门”。

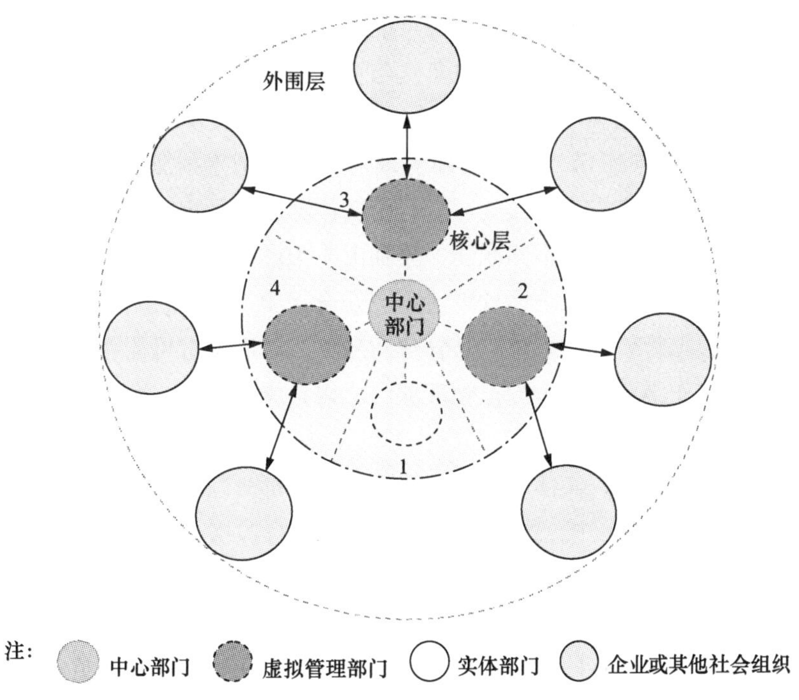

图6－5　虚拟政府组织的两层结构

资料来源：作者绘制。

第二类部门与传统政府组织部门无异，在政府将一部分职能虚拟化后，它继续承担着政府未虚拟化的工作职能，类似于虚拟企业的盟主中未虚拟化的实体部分。因此，本书将这类部门命名为虚拟政府的“实体部门”，这样命名也有利于提醒研究者，在研究虚拟政府的同时不要忘记，虚拟政府与虚拟企业一样，都有“虚”与“实”的两面，我们不能因研究其“虚”而忘记了其“实”。

第三类部门与政府职能的虚拟化密切相关，是虚拟政府中的关键部门。这类部门在政府职能未虚拟化之前承担着一定的政府职能，当政府将此职能虚拟化后，该部门的编制减少、人员精简，其职能从直接提供公共服务或实现某种政府职能转变为管理虚拟化后的政府职能，与参与虚拟政府的合作伙伴——企业或其他社会组织协调、沟通并对其进行监管。因此，本书将其命名为“虚拟管理部门”。在本书的样本中，虚拟管理部门就是广州市 F 区的环卫处和深圳 H 区委的环卫处。

在虚拟政府中，虚拟管理部门可能有多个，它们分别负责对政府虚拟化后的不同职能的监管工作，也负责与承担了政府职能的不同类型的社会组织的沟通和协调。

如图 6 -5 中所示，核心层即为政府，其中被虚线划分为 4 个区域，其中区域 1 为政府未虚拟化的职能，由实体部门来承担，区域 2、3、4 为三种政府已经虚拟化的不同职能，分别由 3 个虚拟管理部门来承担。在现实中，如政府将环卫保洁、垃圾清运、安全保卫三个职能外包，可能由 3 个不同的虚拟管理部门来负责其管理。当然，政府也有可能将多个虚拟管理部门的工作集成到一个虚拟管理部门之内，本图只是一个理论描述，因而只考虑了一般情况。

在虚拟政府中，实体部门和虚拟管理部门都必须服从中心部门的指挥和领导。在图 6 -5 中，中心部门位于虚拟政府的核心位置，指挥着其他两类部门完成政府已经虚拟化和未虚拟化的职能工作。

外围层的企业或其他社会组织分属不同领域，如保洁服务企业和安全保卫企业就完全是不同的两个行业。因而它们只和虚拟政府中负责该领域的虚拟管理部门联系，接受其业务委托并向其负责而与其他虚拟管理部门及虚拟政府的其他参与组织没有业务联系。

二 虚拟政府中的业务分工

从业务分工上来看，虚拟企业的组织模式可划分为联邦模式（Federation mode）、星形模式（Star - like mode）和平行模式（Parallel mode）三种（陈剑等，2002）。联邦模式是一般意义上的虚拟企业组织模式，如图 6 -6 所示。若干骨干企业构成核心层，建立 ASC，以知识、项目、产品或市场机遇为中心，选择合作企业形成外围层。ASC 以并行工程方式分解工作任务，将合作伙伴中实现某种职能所具有的所有资源和能力集成在一起，形成以职能为中心的集成任务模块，如研发模块、筹供模块、生产模块、营销模块等，各模块间平等合作，完成整个任务流程。集成任务模块可以由包括核心企业和外围企业在内的所有合作伙伴共同构成，也可以由某个企业独立承担。星形模式又称有盟主的虚拟企业，它只有盟主一个核心企业。盟主企业的管理当局同时扮演着 ASC 的角色，由其他合作伙伴组成外围层。平行模式是一种较为理论化和理想化的虚拟企业组织模式，即不存在盟主，所有成员完全平等。

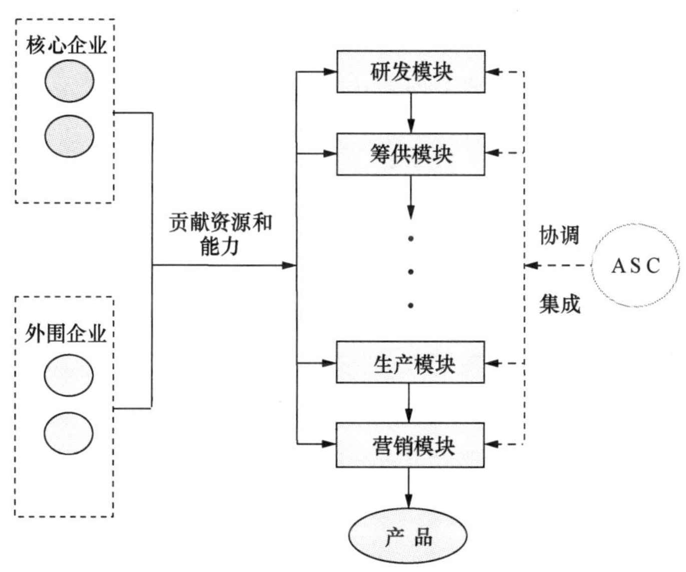

图6－6 基于联邦模式的虚拟企业业务分工

从业务分工的角度来看，虚拟政府的组织模式与图6－6既有相似之处，又有许多不同，表现在以下三个方面：

第一，虚拟政府也有核心层与外围层，这一点与虚拟企业相似。但不同的是，虚拟政府的组织模式更像是星形模式的虚拟企业，即有盟主的组织结构，这个盟主就是政府。与虚拟企业类似，我们将外围层的参与者称为虚拟政府的盟员。而联邦模式和平行模式对虚拟政府而言并不存在，因为原有的政府机构在虚拟政府中的核心地位是其他任何社会组织都无法与其平行或并列的，而且在虚拟政府中也不可能产生几个核心组织①。

第二，虚拟政府的职能也是通过核心层的政府部门和外围层的社会组

① 为研究方便起见，这里的政府是作为与企业及其他社会组织相对应的公共组织，因而这一表述及以下研究都建立在对单一城市或地区政府机构的抽象和概括，没有考虑现实中更加复杂的情况，如几个城市或地区的政府联合提供某公共服务或处理某方面的公共问题，等等。我们需要先构建起高度抽象和概括的、一般化的虚拟政府组织模型，再运用该模型或变化其形式，对现实问题进行深入、具体的研究。

织来共同合作完成的，这与虚拟企业相似。但不同的是，虚拟企业合作伙伴间的这种职能分工是按照价值链进行的，指向同一个最终产品或服务。而虚拟政府却必须同时向社会提供多种不同类型的公共产品，因此，在外围层的企业或社会组织之间，只有同属一个公共服务领域的合作者才有可能产生相互合作协调的关系，而与其他公共服务领域的合作者几乎没有也没有必要进行合作和协调。

第三，在虚拟政府中，政府与外围层组织共同完成公共产品生产的任务，这一点与虚拟企业相似。但不同的是，在虚拟政府中，作为盟主的政府为虚拟化后的公共服务职能提供的资源和能力远远少于其合作伙伴，因为正是由于自身缺乏提供优质公共服务的资源和能力，政府才将公共服务职能虚拟化，因而在其存量的资源和能力中，协调、沟通和监管将是其主要职能，而具体的工作任务则大多交由合作伙伴去完成。

因此，虚拟政府中的业务分工如图 6－7 所示。

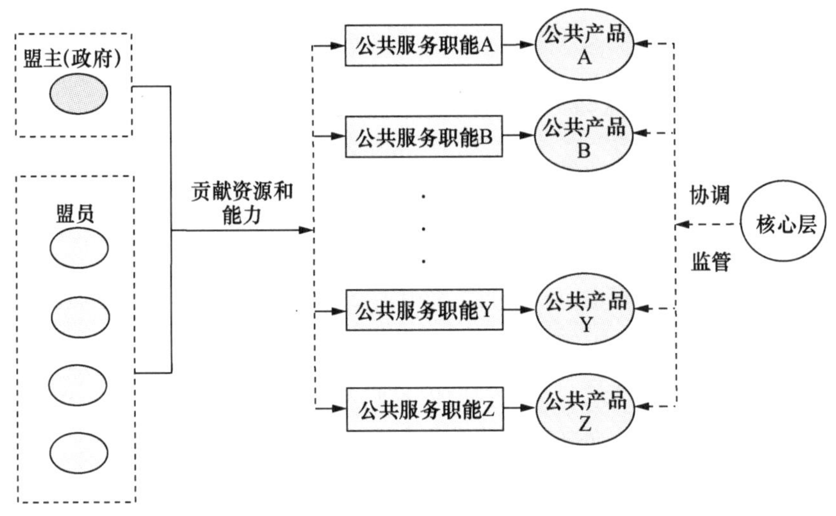

图 6－7 虚拟政府的业务分工示意图

三 虚拟政府中盟主与盟员的关系

在《虚拟企业研究基础——实践背景与概念辨析》一文中，包国宪、贾旭东对虚拟企业与相关概念进行了辨析，明确了虚拟企业中盟主与盟员企业间的关系（包国宪、贾旭东，2004），如图 6－8 所示。

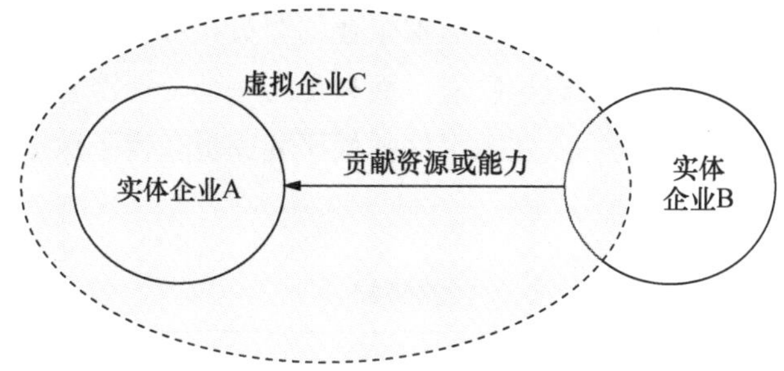

图 6－8　虚拟企业中盟主与盟员的关系示意图

资料来源：包国宪、贾旭东：《虚拟企业的组织结构研究》，《中国工业经济》2005 年第 10 期。

在图 6－8 中，实体企业 A 就是虚拟企业的盟主，而实体企业 B 则是虚拟企业的盟员。虚拟企业 C 是由 A 虚拟经营形成的，A 未虚拟的剩余职能构成了 C 的一部分职能，A 被全部纳入了 C；而 B 不一定也不需要贡献出自己的全部资源和能力，所以只将这部分资源或能力纳入 C。

在虚拟政府中，作为盟主的政府和盟员之间的关系与图 6－8 类似，如图 6－9 所示。

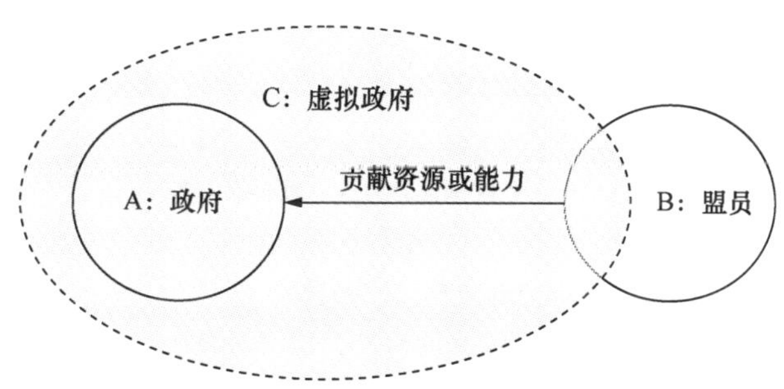

图 6－9　虚拟政府中盟主与盟员的关系示意图

资料来源．作者绘制。

当政府将其一部分职能虚拟化后，从理论上讲，政府已经开始逐渐成为一个虚拟政府①。原有的科层制政府机构的全部资源和能力肯定被纳入了这个新的、转变了组织模式而功能却没有变化的虚拟政府，但作为虚拟

① 当然，政府虚拟职能的多少即其虚拟程度的高低与其能否被称为虚拟政府有必然的关系，但目前对这一问题还没有任何理论上的解释和研究，因而本书暂不考虑其虚拟化的程度，把存在职能虚拟化的政府都称为虚拟政府。

政府盟员的企业或社会组织却与虚拟企业的盟员相似，不需要也不可能将其所有的资源和能力纳入虚拟政府，而只是用一部分资源和能力来承担政府虚拟化后的职能。这一点在本书的扎根研究中也获得了数据支持，如表6－4、表6－5所示。

表6－4　　　　数据63

数　　据	编　　码
Z：……我们这个环卫公司从1994年开始，就把它定位为不单是（清扫）城市道路的，其实我们城市道路卫生也搞了13年了，道路也是我搞的，而且呢，我还创新了城市的“蜘蛛人”培训，洗外墙的，外墙也是我们洗的，我深圳市700多个洗外墙人员的培训也是我2002年开始创新的，也是我培训。包括消杀除四害，做得比较综合性，包括环卫的简单工具都是我们做的。 笔者：那您还有个汽车修配厂？	接包企业的多种经营；接包企业开发了多种新业务
Z：是啊，环卫设备的机修了，真正目的就是降低能耗、降低成本。	接包公司设法降低成本

表6－5　　　　数据64

数　　据	编　　码
笔者：那您现在整个业务范围大概就是政府的这一块业务占多大比例？ Z：我这块大概原来比较低，现在比较多，因为我放弃了一些，因为市场上竞争更加激烈，应该比例目前来说3∶7吧，原来最大的话是5∶5吧，原来做的＊＊区①啊，大楼这些，现在呢，因为市场竞争，劳动力成本越来越高，那我成本降不下来，我放弃了一部分，增加了市场投标这一块。	接包企业自营业务与接包业务的比例；
笔者：嗯，政府这块还是占你主要的一块。 Z：政府这块呢，它是一个规模效应，一个小区搞卫生，你就1万来块一个月，一个月十来万。你政府一作呢？就一千几百万。在整个区域，有规模效益，它也节约成本，你的人可以灵活使用嘛，比如说，我们讲，做一个杯子和做一万个杯子，一万个杯子的成本低……	承接政府外包业务是接包企业的基础性业务，目的是分摊成本

① 深圳某区。

表6－4、表6－5的数据是笔者对深圳H区环卫开发公司主要领导的访谈数据。从中可以看出，作为一家完全独立的民营企业，作为以深圳H区委为盟主的虚拟政府的盟员，H区环卫开发公司并没有把自己所有的资源和能力全部用于承接政府外包的业务，而是将政府的业务作为企业的基础性业务，同时去开发多种服务产品，开拓多个经营渠道。这就符合图6－9中盟员只将部分资源和能力纳入虚拟政府的理论表述。当然，这并不意味着，盟员不可以将自己的全部资源和能力纳入虚拟政府，但那只是一种特殊情况，与图6－9表达的一般模型并不矛盾。

同时，从表6－4、表6－5中也可以看出，盟员是出于自己的目的或自身经营发展的需要而加入虚拟政府的。例如，深圳H区环卫开发公司加入虚拟政府的目的就是将政府的业务作为基础性业务来分摊成本①。

四　虚拟政府组织结构的一般模型

经过以上的讨论，我们理清了虚拟政府的总体组织架构，明确了虚拟政府中参与者的业务分工、盟主与盟员间的关系。这样一来，我们就对虚拟政府组织运行中“虚”与“实”的两个层面都有了较清晰的理解和认识。在这个基础上，本书构建了虚拟政府组织结构的一般模型，如图6－10所示。

这个模型同时表达出了虚拟政府组织及运行“虚”与“实”的两面。“实”的部分是由核心层和外围层构成的双层次结构，即大小两个同心圆，这是虚拟政府运行的实体承载单位；而“虚”的部分就是协调、整合伙伴企业的资源和能力、驱动虚拟政府运行的信息沟通和协调网络，即由虚线构成的网络结构。但虚拟政府的信息网络结构与虚拟企业不同，虚拟政府的信息网络是以政府为核心的星形网络，即盟员之间的信息沟通与交流大大少于盟员与盟主间的沟通。

同时，该图也使我们可以清楚地看到虚拟政府资源和能力的范围，就是浅色大虚线圆所包括的范围；该圆与代表实体组织的实线圆的交集代表盟员对虚拟政府资源和能力的贡献，体现了前文所述的盟主与盟员间的关系。

从模型中可以看到，外围的六个实线圆表示虚拟政府的外围层——企

---

① 当然，这也与政府缺乏有效的价格机制、当前的环卫外包价格较低从而无法调动企业的积极性有关，详见第七章中关于外包价格机制的介绍。

业或其他社会组织，图中心的虚线圆代表虚拟政府的核心层，其中包括三类部门：中心部门、实体部门和虚拟管理部门。

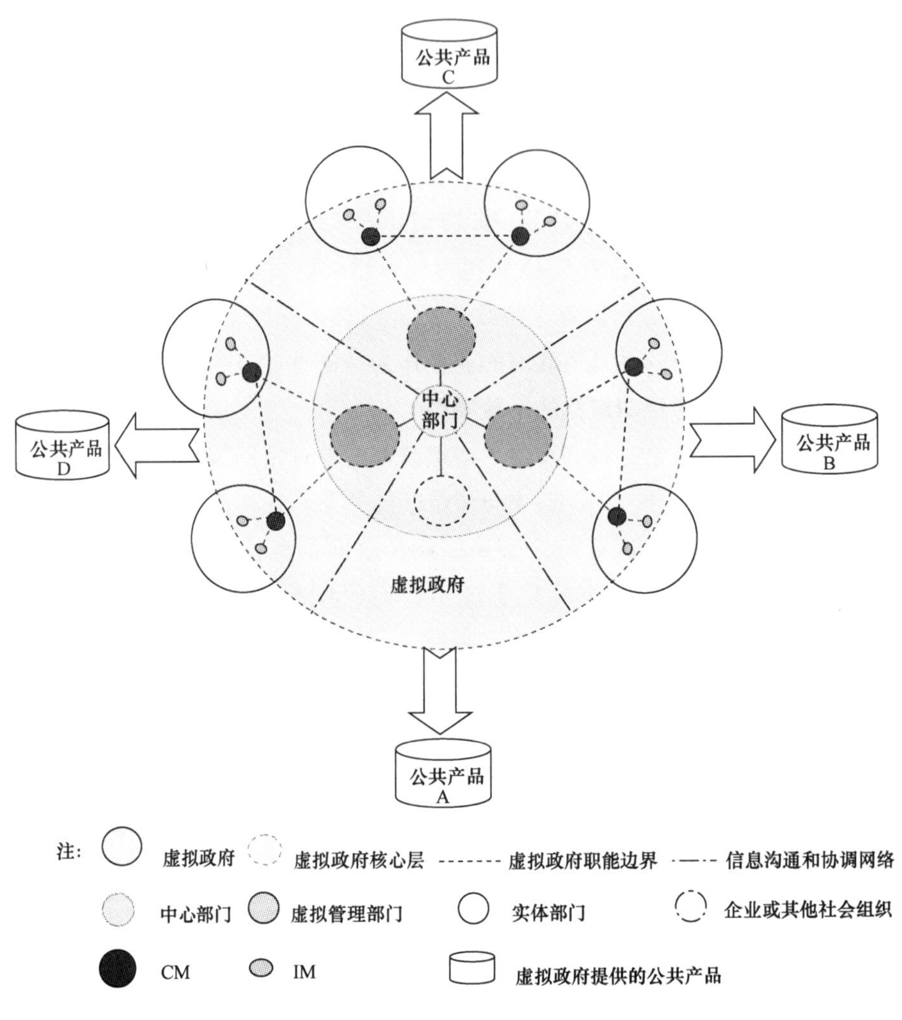

图 6－10 虚拟政府组织结构的一般模型

资料来源：作者绘制。

虚拟政府的公共产品和服务由其成员来分工生产，这是虚拟政府“实”的一面。盟员为了顺畅地接收核心层的指挥，与其相互协作，顺利完成预定目标，必须进行大量的信息交流和沟通，因此，高效的协调和沟通是虚拟政府成功运作的关键，这体现了虚拟政府“虚”的一面。因而在虚拟政府组织结构中也必须有支持这些活动的结构体系。这个结构体系中的核心构件是一个发送/接受信息的功能模块，扮演着信息沟通和协调中心的职能。在虚拟政府的核心层，虚拟管理部门实现了这个模块的职能，它在中心部门的指挥下，协调盟员完成中心部门下达的任务和目标。在外围层，不论盟员为虚拟政府提供哪种公共产品，都必须与核心层的虚拟管理部门或同属一个公共服务领域的盟员进行信息的交互和共享，所以，在其纳入虚拟政府中的那部分组织资源中必须有这样一个功能模块。站在该企业或组织的角度来看，对外，由这个功能模块和虚拟管理部门及其他盟员进行信息沟通和交流；对内，由它组织和协调自身的资源和能力，组建工作团队，完成其工作任务。实际上，这个功能模块就是将加入虚拟政府的外围层组织与核心层联系起来的节点。

所以，实现虚拟政府有效运作的结构体系中包括两部分，协调模块（the Cooperation Module，CM）和其他内部模块（the Internal Module，IM）。协调模块（CM）是虚拟政府有效协调的实现机构，包括该盟员与虚拟政府核心层及同属一个职能领域的盟员信息网络间的所有连接功能；其他内部模块（IM）则描述了盟员完成其工作任务所必需的机构、资源和能力，一般是以工作团队或流程的形式出现。

如图6－10所示，虚拟管理部门与外围层盟员纳入虚拟政府的那一部分中的一个深色小实线圆以虚线相连，这个深色小实线圆就是CM。对外，CM与核心层的CM——虚拟管理部门及同属一个公共服务领域的其他盟员的CM相连，对内，CM与自身企业内部的两个浅色小实线圆以虚线相连，这两个浅色小实线圆就是伙伴企业的内部模块，即IM。虚拟管理部门、CM、IM间都以虚线相连，而虚拟管理部门与中心部门之间以实线相连，因为二者之间仍存在科层制中的指挥命令关系，这样的一个虚实结合的星形网络就是虚拟政府的信息沟通与协调网络，虚拟政府的运行就建立在这个网络平台基础之上。

在虚拟政府的日常运行中，中心部门通过虚拟管理部门、盟员通过CM进行信息沟通与协调，虚拟管理部门与CM相联系，共享虚拟政府的信息和知识，实现并行同步式工作，协调解决运行中的问题；CM通过信息的沟通和知识的共享对IM进行协调，完成相应的工作任务。

图中的圆柱体表示虚拟政府的最终产品——各种不同类型的公共产品，它们分别由政府虚拟化后的不同职能来完成，如图中点划线分割的不同领域。有的公共产品仍由政府未虚拟化的实体部门完成，如图中的公共产品 A，有的公共产品则分别由政府虚拟化后的不同职能模块来完成。一般情况下，这些职能模块生产公共产品的方式都是在虚拟管理部门的协调和监管之下，由盟员来提供。

因此，这里构建的虚拟政府组织结构的一般性理论模型是将扎根理论研究中通过理论性编码获得的概念和核心范畴与虚拟企业、虚拟政府的相关理论反复比较，进一步抽象化、概念化后的理论成果。这既是对经过扎根理论研究获得的概念和范畴的进一步提升，也可以理解为更加深入的一种扎根理论研究——在经典扎根理论研究者的眼中，一切皆是数据（All is data），因而虚拟企业和虚拟政府研究的文献及所有的理论成果也是我们研究的数据。

这一理论模型的构建使我们不仅获得了研究中国城市基层政府公共服务外包问题的新的理论视角，更使我们获得了新的理论工具。如果从虚拟政府的视角、运用该理论模型进行中国城市基层政府公共服务外包机制的研究，必将取得新的研究发现和成果。

第七章　基于虚拟政府视角的中国城市基层政府公共服务外包机制研究

政府通过职能虚拟化向虚拟政府的转变反映了进入21世纪后人类社会与政府关系的新变化。在经济全球化的时代，以网络信息技术为代表的新技术的快速发展改变了人类的生活方式，人与人之间的沟通和交流越来越快捷和方便，人们的生活节奏和方式越来越个性化，也随之对政府提出了以更高效率、更低成本提供更高质量的公共服务的要求。正是在这样的背景下，政府发现自身拥有的资源和能力不足以适应这样的环境变化和用户需求，因而通过新公共管理运动这样从理论到实践的改革来借用工商企业的管理方式和工具以提高政府的效率和效能成为必然的选择。虚拟政府就是在这种大背景下产生的，也正是新公共管理运动的一种体现和实现新公共管理运动理念的一种有效组织模式。

虚拟政府的产生来源于社会公民对政府公共服务能力和质量要求的不断提高与政府自身资源与能力不足的矛盾。在这种矛盾之下，政府通过契约合作方式，以公共服务外包为主要手段，借用自身不拥有的社会资源和能力来实现自身功能，使政府在公共服务职能不断完善甚至扩大的同时获得了运营成本的降低和运营效率的提高，有效地满足了社会需求，这是传统的科层制实体政府向越来越扁平化的虚拟政府转化的必然过程。

基于虚拟政府的视角来考察公共服务外包时可以发现，公共服务外包是一种特殊的虚拟政府构建模式，非常类似于在虚拟企业的构建中，企业把生产和营销职能全部外包的模式，即虚拟生产和虚拟营销，如肯德基和麦当劳。因此，虚拟政府的盟员必须直接面向最终顾客即社会公民，为其提供产品和服务，这为虚拟政府的管理带来了很多困难。而虚拟政府理论为我们研究公共服务外包问题提供了更高的视角，使我们能够从政府运行和组织演进的高度研究公共服务外包并设计其运行机制，为实践提供有力的指导。

第一节　公共服务外包利益相关者的角色定位与相互关系

第五章的研究已经反映了目前公共服务外包各利益相关者对自身的角色定位及其相互关系，但如果仅仅站在公共服务外包本身来看，由于其视野的局限性，我们难以真正从公共服务外包的本质上找到其定位并对其关系进行准确界定，因此，虚拟政府为我们提供了更高更全面的研究视角。

一　政府在公共服务外包中的角色定位

从第五章的研究中可以看出，政府已经开始把自己由公共服务提供者的角色转给环卫企业来扮演，而自己则逐渐向考评者、监管者的新角色转变。同时，政府也开始把自己当成了公共服务的购买者，从以下数据中可以看出（如表 7－1 所示）：

表 7－1　　数据 65

数　据	编　码
A：……政府应该推广这个，像国外一样你来买服务，你自己政府公务员不要去插手，这样相互有监督，也有管理，不然是脱节的……	政府购买公共服务；政府不要干预公共服务

从这一段数据可以看出，政府俨然把自己看成了公共服务的购买者，这从政府公共服务外包本身及政府作为发包方和企业作为接包方的关系上来看毫无问题。但问题在于，政府是否是公共服务的最终购买者？政府购买公共服务的目的是什么？是自己享用吗？显然，政府忘记了自己的另一个角色——卖家，即政府从企业购买来的公共服务并不是自己享用，而是提供给最终用户——社会公民，他们才是最终的买家，他们通过纳税来购买公共服务，政府公共服务外包中政府与企业之间的购买关系并不能改变社会公民与政府之间的公共服务买卖性质，政府公共服务外包的实质是政府拿着纳税人购买其公共服务的钱，替纳税人选择更好的公共服务产品，这与纳税人直接向企业购买公共服务有本质的区别。

而从以下的数据中，我们可以明显看出，政府在公共服务外包中多少存在着一种“甩包袱”的心理，见表 7－2。

表 7－2　　数据 66

数　据	编　码
Z：……还有你重不重视，你要搞这个外包或者市场化，首先你政府要重视，你重视你就全方位，从过程去考虑；你不重视的话，给你三块五块那你干，甩出去，那出了问题也是你最后承担，政府承担，比如工人闹事啊，卫生上不去啊，什么创卫城市啊，什么文明城市啊，你就搞不上去喽，这很正常的。那你要重视搞上去，又想把这个外包服务搞好，那你就要有个机制，产生一个系统就是说，管理、定价，哪怕分配，工人分配给多少钱，定价怎么去分配。 笔者：理论上来说也应该优质优价嘛，你做得好，质量好应该优质优价。	政府是否重视公共服务外包；政府应全方位考虑公共服务管理；公共服务外包机制
Z：对啊，你应该有个基本机制在那里啊。如果你不重视甩掉它，那你这个目的就不纯，外包目的就不纯，那你肯定搞不好，我讲得很直接的，你哪一头重视？我说你市长重视啊，还是办公室主任重视？你办公室重视没用的，重视才会投入，才会去想，怎么合理化，去改善，是体制不行？还是我管理不行？还是我设备不行？还是人员配置不行？如果你没有重视的话，你叫管理者来重视的话，就不可能改革，不可能外包了。 笔者：一定要决策层重视，才会改变？ Z：你还要考虑到你城市的领导，你认为这个环卫工作重不重要？还是……把它搞得更好？你又要搞得更好，又不投入，怎么可能？	外包不能是“甩包袱”；越高层次的领导重视越有用；定价机制；决策者是否重视关系到改革的成效

以上数据来自对深圳 H 区某环卫企业领导的访谈，他对政府不重视环卫外包工作颇有微词，而我们也可以从中看出，目前政府在公共服务外包中对自己的角色定位显然存在明显的偏差。它以为，将公共服务外包出去就等于将提供公共服务的最终责任也外包给了企业，这显然是错误的。从以上数据可以看出，政府在公共服务外包过程中出现了“公共服务外包目标迷失”现象，即政府在公共服务外包过程中迷失了公共服务外包的最终目的，模糊了自身在公共服务外包后对社会公民应负的责任。

值得深思的是，政府的合作伙伴、虚拟政府的盟员——接包企业却非常清晰和准确地认识到了政府的角色定位，见表 7－3。

表7－3　　数据67

数　　据	编　　码
Z：……就是说，没有很好地定位好外包的价格，使企业承担这个公共服务，它是公共服务的企业，我们不像制造业，生产个零件，生产个车辆，或者去采购一样东西随着市场价格，（外包价格）牵扯到你的稳定，你的政府的质量，服务质量好不好，你政府拿纳税人的钱管理这个卫生，服务纳税人好不好，所以这方面的钱一定要给足，核算好，而且这个环卫行业不可能有暴利，用多少钱你给多少钱，要认真核算给足这个钱不要人家把卫生怎么地做好？如果你一旦这里失去平衡，你没给足这个钱，说难听的，那企业的生存，它不想倒闭，它就对你政府这个服务降低了标准。要么搞卫生我不那么长时间了，要么我人员不会这么多，要么我的机扫车水不洗这么多遍了……	外包价格核算不准确； 外包价格关系社会稳定和政府的公共服务质量； 政府通过外包服务纳税人； 外包价格低导致服务质量下降； 企业用各种手段降低成本使政府的服务质量降低

从这段对接包企业高管的访谈数据中可以看出，企业对政府的角色定位非常清晰，“政府拿纳税人的钱管理这个卫生，服务纳税人”。

同时，政府公共服务的最终用户——社会公民也对政府的角色和责任非常清晰，这从第五章中的调研数据分析中已经可以看出，他们始终把政府作为公共服务质量的第一责任人。

所以，政府必须站在虚拟政府核心的视角来定位自己。从虚拟政府的视角来看，政府从企业或其他社会组织手中购买公共服务只是政府为了更好地向自己的最终用户——社会公民提供服务而采取的一种手段，是政府职能虚拟化的一种方式。因此，政府在公共服务外包中仍然也必须继续扮演供应者的角色，而不能因外包将这一重要角色让给接包企业。这一点与虚拟企业中盟员和盟主的关系非常类似。在虚拟企业中，盟主与盟员间也存在商品或服务的买卖关系，盟主要向盟员购买那些向用户提供产品或服务必须而自身已经虚拟化掉的职能，如生产、营销等，盟员则通过向盟主出卖其基于自身核心能力的该职能而获利，但他们的这种买卖关系却丝毫不影响盟主在市场上扮演产品提供者的角色，用户并不关心盟主与盟员间的买卖，而仍然认为其购买的产品或服务是盟主企业提供的，盟主也要对该产品或服务的最终质量负责。

显然，从公共服务外包本身的视角来看，政府与接包企业间的公共服务买卖关系与其他供应商和用户的关系别无二致，但这却不是其关系的本质。只有从虚拟政府的视角，政府才能真正认识到自己的角色和相应的责任。

二　企业及其他社会组织在公共服务外包中的角色定位

从公共服务外包的视角来看，企业无疑是公共服务的卖家——它通过向政府出售公共服务业务来获利。因此，在这样的角色定位和关系中，在买方市场的条件下，接包企业总是处于弱势地位，它被迫接受政府给出的远低于市场水平的外包价格，为了盈利而通过“偷工减料”的方式来生产，以加班突击的手段来应付政府的质量检查和监督，导致公共服务质量难以得到根本的提高（见表7－4）。

表7－4　　数据68

数　　据	编　　码
Z：……这个外包经费，这么多年来，调整了两三次，1994年一块五，1996年变到三块五，1998年到2000年以后变到六块以下，到今天还是6块，工人工资从300多块钱翻到几千块钱，你想这个公司能有多少积蓄呢？你的利益的来源，企业要赚钱，无非就是增长劳动时间。说白了，增加工人劳动强度，还有一点，就是技术改造，无非就是人扫还是机扫，机扫就要投入设备，投资这才能有生存空间。现在的环卫企业呢？就要通过技术革新，使它的成本低于接到活儿的成本，才能有利润，本来这个价格接下来就不高，而你这个工作，它本来的工作就是劳动密集型的，机扫量不高，它又急需人手，工人工资从300多涨到1000，你的外包单价，你不涨上去，而且你的质量要求越来越高，市民要求越来越高，所以从这一块来说，外包是可以，但外包，哪怕你政府任何这种外包，我认为以后一定要建立一个综合分析定价的平台，现在环卫这个定价平台没有。 笔者：现在价格等于是政府定的？ Z：政府给你多少钱，就是多少钱，哪怕政府五年不提价，你也没办法，那企业呢既然做大了以后，它很难做，它想去扩张，它想做得更好，没有吸引力，没利润哪，你政府把这个价格，它不提给你，就等于说，他要你干这个活，干好了也这么多，干少了也这么多，这个就是我控制。比如我前年，前年赚了两三百万，去年没钱赚。	外包价格上调速度远低于工人工资的增长速度； 企业通过增长工人劳动时间和加大劳动强度抵消成本的上升；企业没有能力进行技术改造；环卫质量要求越来越高；市民对环卫质量的要求越来越高； 环卫综合分析定价平台； 政府定价；企业缺乏激励；企业在与政府的价格谈判中没有话语权； 企业利润逐年下降
笔者：去年全打到成本里了？ Z：去年工人工资全涨，那你干也得干，不干也得干，那你不干你牵扯到所有员工的赔偿、管理，后续一系列东西，你公司要破产，那你撑也要撑下去，那你企业哪有积极性给你干好？企业哪里有积极性啊？要保持一定的利润，这个利润用于哪里？用于再生产，或者……员工的福利、风险的储备，还想去发展，那么它也可以回馈社会，你没钱给它赚它怎么能去做好呢？	企业不得不做；企业缺乏积极性 企业发展受到限制

表 7 －4 的数据是笔者对深圳市 H 区环卫开发公司主要领导的访谈数据。从中可以看出，作为接包企业的环卫开发公司在与政府的价格谈判中毫无话语权，不得不接受政府给出的远低于市场水平的外包价格。而且，随着劳务成本的上涨，企业成本不断上升，外包价格却上涨缓慢，企业不堪重负但又无可奈何。同时，外包价格低使得企业也没有能力和意愿进行技术改造，以提高机扫率进而提高环卫质量。唯一降低成本的办法就是保持人工清扫，延长工人劳动时间，但这种做法是有限度的，如果一旦引起环卫工人不满、威胁社会稳定的话，企业又要遭受政府的考核了。

但是，如果无利可图，企业为什么还要接受政府的业务呢？从表 7 －5 中可以得到答案。

表 7 －5　　　　数据 69

数　　据	编　　码
笔者：那现在它这样，它投标，它政府发标，现在会不会说企业觉得政府这个价格太低了，我不愿意做？	
Z：太低了，为什么都要去投标呢？因为这种我刚才讲的，有稳定性，比如说，好的马路，大马路，它成本很低啊，＊＊（听不清）的街道它成本很高啊，它为什么要去做呢？一个劳动力，说不好听的，劳动力市场还是供大于求啊，末端的劳动力，一个月几百块钱工资的，1000 块钱的，人没有什么技术，它就干点体力活儿的话，它为什么要接这个活儿呢？你质量的监管不到位啊。比如说这一段我搞得很干净，这两天很干净，那比如说我接这个活儿下来了，我拨两个人去搞那边……	政府外包业务具有稳定性； 外包价格低企业也能通过各种手段获利，但质量降低； 政府的质量监管不到位
笔者：也能行，虽然说你这个价格低一点，但是干着也能行。	
Z：这样检查的人不可能检查了，你没有按照那个质量标准去检查，因为你真要按照质量标准去检查……因为现在你才给了一个人干活儿的钱那企业为了生存啊，它也要干哪。	质量标准难以得到贯彻执行

从以上数据可以看出，企业接包仍然有利可图，因为它可以通过降低质量的方法来降低成本，这样的结果就是公共服务质量的下降。企业这样做，损害的并不是企业自己的利益——企业获得了一块稳定的业务从而可以分摊其固定成本，虽利润微薄却不至于亏损经营，因而企业仍然有所收获。真正利益受到损害的是政府和社会公民。首先，公共服务质量的下降直接损害了政府的形象。如果把政府的公信力看做一块品牌的话，那么其品牌价值一定

受到了损失。其次，公共服务质量的下降使社会公民在付出同样价格的条件下[①]获得的公共服务水平大打折扣，直接损害了他们获得的福利。

而且，企业在这样的经营条件下，学会了另一种更加隐蔽、更加损害政府与社会公民利益的经营方式，见表7－6。

表7－6　　数据70

数　　据	编　　码
Z：是啊，你能不能达到长效管理啊？你检查的时候干净啊，不是不干净啊，但你，我们讲的，你的时间是什么时候？比如说，你是24小时的机制，还是检查一年360天，我们讲的长效管理，你要达到这个长效管理跟定点、定置管理，成本是相差很大的。那个比方，你要检查，今天检查，我明天派一大帮人全部加班给你搞干净，360天都按这样标准去做，你能做吗？1995年搞创建的时候，领导问我为什么这么快，3天时间，很简单啊。 笔者：我要应付你怎么都应付了。 Z：不是应付，成本翻倍，我工人全部加班啊，我翻倍啊，原来1个人干的活儿现在2个人干啊，能不干净啊？很简单了，成本翻倍啊，那我们以前检查的时候都是加班的，哪个城市创卫都是加班的。 笔者：你通知了说我明天检查，我今天肯定给你搞干净啊。 Z：对啊，你日常管理都要按照这样检查去，你要多少成本啊？	质量管理的长效机制； 企业通过临时性突击来应付检查； 企业向政府领导负责 环卫工人突击加班应付检查； 公共服务的日常质量管理没有检查时严格

从以上数据可以看出，企业要想在价格低于市场水平的情况下有利可图又保证拿到政府外包业务从而保持业务的稳定性，只有眼睛盯着政府，在政府重点检查的时间和地点“布下重兵”，不惜代价地应付政府的质量监管，而在大部分政府没有精力和能力监管的地区和时间则应付了事。因此，在目前的条件下，环卫质量的提高只能是一句空话，而政府和社会公民的利益也必将受到损害。

因此，改变以上问题的关键在于，政府必须转变自己对接包企业的认知和对双方关系的定位，从虚拟政府的高度来考虑公共服务外包的机制设计，才能转变目前的局面。

① 他们不会因公共服务质量的下降而少缴税款。

在政府公共服务外包过程中，政府与接包企业间不是简单的市场交易中买卖双方的关系，而是虚拟政府中的合作伙伴关系。这种合作伙伴关系固然建立在基于契约的商品交换之上，但他们的这种交易却是为着共同的目标，即让最终用户满意，政府必须把接包企业当做盟员，从虚拟政府盟主的角度设计激励约束机制，调动其为整个虚拟政府的成功做出贡献的积极性，约束其机会主义行为，才能使公共服务外包取得最佳的成果，使参与各方的利益均得到最大化。

三　社会公民在公共服务外包中的角色定位

作为虚拟政府最终服务对象的社会公民，在公共服务外包中的作用尤其重要，因为是他们决定着虚拟政府的成败。虽然他们不能像虚拟企业的用户那样，通过“用脚投票”使其产品或服务滞销从而使企业陷入困境甚至失败，但他们是否具有真正的用户意识却是推动政府不断提高其公共服务质量的巨大动力和压力。

虽然从第五章的统计问卷分析中已经可以看出，社会公民对政府作为公共服务提供者的角色认知比较清晰①，但对自己作为政府公共服务用户的角色认知却仍然模糊。虽有部分居民具有一定的用户意识，愿意参与政府公共服务机制的改革，但对政府是否具有尊重民意的诚意缺乏信任，对政府是否真正具备尊重民意的态度表示怀疑。因而在这种机制条件下，即便居民有较高的参与意识也会产生一种无力感，最后成为“过路客”，放弃自己对环境卫生的责任。见表7-7、表7-8。

表7-7　　数据71

数　　据	编　　码
居民G：最主要的不是你投诉还是什么？关键是政府给我们的信任度，你提出来，谁会管？可能是力量太小了，你就这么一两个人投诉会怎么样？如果大家可能人多的话它就会注意，宣传力度不够，你都没这个（积极性），大家都是过路客，谁也不会去管。	政府给居民的信任度；居民的疑问：投诉了谁会管？宣传力度不够；居民像是过路客，都不会管公共卫生问题

① 虽然受访者中42.2%的人次选择“所属辖区的基层政府”作为公共环卫服务的主要责任人，但也有22.2%的人次认为“负责清扫保洁的公司”为主要责任人，这个比例不容忽视，说明居民仍存在相当的模糊认知。

表 7－8　　数据 72

数　据	编　码
居民 G：政府，你像他们外包的这帮人，他们毕竟人员啊，精力财力都有限，他们应该把我们老百姓的力量都调动起来，我们就没法参与，也不知道怎么参与，他们都应该多做一些这方面的工作，我相信很多人都愿意自己的环境更美一些。你看看香港，那么拥挤，但是人家环境的确很不错，我觉得他们应该多向人家学习。我相信深圳很多人、包括我们在座的，都希望自己环境变好一些，但是很多时候无能为力。	应该调动居民的力量；居民想参与没有渠道；居民都希望环境好一些；居民因无法参与而产生无力感

因此，改变目前这种状况需要社会公民与政府双方的努力。作为社会的一员，社会公民应当树立纳税人意识，不断通过舆论监督等各种方式推动和帮助政府提高公共服务质量水平。同时，更需要政府转变观念，真正树立服务意识，摆正自己在公民社会中的位置，正确处理自己和社会公民的关系。

第二节　我国城市基层政府现行公共服务外包机制及运行中的问题

要改变公共服务外包中各利益相关者的角色认知乃至其思想和行为要靠建立科学、合理的机制来实现，这需要我们首先对现存公共服务外包机制进行分析，发现其中的问题，才能提出新的设计思路。

一　我国城市基层政府建立健全公共服务外包机制的动因

本书研究发现，中国城市基层政府对建立健全公共服务外包机制有着充分的动力和强烈的主观愿望，这为公共服务外包机制的建立健全创造了良好的条件（见表 7－9）。

表 7 –9　　数据 73

数　据	编　码
C：我觉得肯定要推向市场，推向市场以后政府就要抓监管。像以前那样发包，2005 年之前，像哪个领导你找到我，不要说找到局长，就是找到我这个科长，可能都说，哎，争取给一点你做，就做好，就随便应付一下。政府确实投入但质量（却没有保证），老百姓没有达到这个实惠。没有竞争机制，说实话，这个（市场化）肯定对质量就有保证。现在招标，全部推向市场来招标，大家公平竞争。当然你说以前招标有没有不平等的，就刚才我说的，甲方，你其中的一张票，五张票里的一张票，那多少还是有关系，是吧？所以从 2007 年我们局领导提出来退出招投标、评审，其实我们人为的因素越少，对干部的保护越好。我为什么要这样提出呢，就是（招标的时候）甲方，就是采购方一定要派人去的，假如我是专家，你抽到我去，这几家单位可能对我都挺好，那我可能对某一家好，我就会给他打高一点分，这对（其他的公司）是不是不公平啊？如果没做的，实力也很强，管理水平高的，但是我对它没印象，我是不是把它拒之门外啊？要不给它打分打低啊？所以我们主动提出来，我们局里面纪委啊，把这个建议提给监察局，哎，就落实了，我觉得这个是最好的。	机制不健全时人情对发包影响很大； 只有建立竞争机制才能保证服务质量； 机制不健全影响公平； 人为因素越少对干部保护越好； 人情影响评标专家的打分

表 7 –9 的数据是对深圳 H 区委主管环卫的领导进行访谈得到的，从中可以看到，基层政府官员已经深深意识到了中国的“人情”对公共服务外包公正性的重大影响。在机制不健全的情况下，基层官员作为一个生活在中国文化环境中的自然人，不可能不受这种“人情文化”的影响，因而在公共服务外包中对有关系或关系好的人予以照顾成为普遍现象。但这样导致的公共服务质量下降既损害了公众的利益，又败坏了政府的形象，更容易滋生腐败。因而地方政府已经意识到，必须从机制的完善上下功夫，通过完全的市场竞争机制来进行招投标，以保护干部，预防腐败。在以前的招投标机制中，5 人的评标专家组中，作为需求方的深圳 H 区委有 1 个专家的席位，因此，他们主动提出放弃这一席位，把选择中标者的权力完全交给政府采购中心，从制度上防止腐败的发生。

保护干部、防止腐败是城市基层政府健全公共服务外包机制的重要动因，这一点在本书的研究中得到了多方数据的支持，见表 7 –10、表 7 –11。

表 7－10　　数据 74

数　　据	编　　码
A：……后来为了防止腐败，就开始招投标，以前面积没有这么大，后来面积大了，而且也比较敏感，外国首脑来的也比较多，要求工作的质量标准相应提高。以前是人性化、人情化的，后来政府为保护干部，达到最好的效果，就搞了招投标，政府打包招标……	招投标的动机：防止腐败；环卫工作的敏感性；外国首脑来访对环卫工作的影响； 外包的动机：保护干部

表 7－11　　数据 75

数　　据	编　　码
C：……这个高科技的力量、手段我们为什么不用呢？如果你不用，靠人为，人为的因素越多，漏洞就越大，那么就可能意识性、纪律性不强的就出问题，出错，本身他们那些在机运队的（干部）在基层的好不容易做这个工作，一般的一个月也上＊＊①块钱。少则也＊＊②块钱，这么好的职业，如果纪律性不强的，分分钟都有可能出问题是吧？那我说，我也不希望我的同事出了问题去看守所，是吧？	运用高科技手段能够提高监管水平； 人为因素越多漏洞越大； 人为因素越多越容易导致腐败

这两段数据是在对广州 F 区委官员和深圳 H 区委官员的访谈中分别获得的，但从中可以看出，两地政府官员对因人为因素造成公共服务外包中的漏洞有着清醒的认识，对通过完善公共服务机制来杜绝公共服务外包中的人为因素、防止腐败、保护干部有着高度的共识。同时，深圳 H 区还充分意识到了高科技手段在健全公共服务外包机制中的作用，例如，他们已经把 GPS 定位系统用到了对环卫企业工作质量的过程管理中。

同时，城市基层政府建立健全公共服务外包机制也有出于规避和分散风险的考虑，见表 7－12。

① 基层政府官员收入，为保护受访者隐私，文中隐去。

② 同上。

表 7－12　　数据 76

数　　据	编　　码
C：后来，因为考虑到……基于环卫所不断地退休，而且城市的发展，清扫面积不断地增加，增加到600多万，当初我们接过来才……，那怎么办呢？不可能全部给这两家公司。因为作为管理者来说，我们也很怕，只是依赖一两个清洁公司，万一它们经营上出现什么问题，那我整个区就瘫痪了，所以我们想增加清洁公司，这样大家有一个竞争的局面，我好分散风险。	政府不愿依赖一两个企业进行环卫服务； 通过竞争分散风险

表7－12是对深圳H区委官员的访谈中获得的，从中可以看出，基层政府不愿把所有的公共服务任务都交给一两家企业甚至形成对其的依赖，以规避企业经营中潜在的风险。一旦盟员企业经营出现风险，必将损害虚拟政府乃至盟主的利益，因此，通过招投标的竞争机制将公共服务业务分别外包给多家企业就成为政府规避风险的重要手段。

二　我国城市基层政府现行公共服务外包机制及运行现状

从本书的调研中可以看到，在以深圳、广州为代表的我国沿海发达省区已经广泛开展了公共服务体制的改革，外包的公共服务已经包括了清扫保洁、垃圾清运、安全保卫等许多内容，而且已经初步和部分地建立了公共服务外包机制。本书选择的广州F区和深圳H区两个案例均处于中国改革开放的前沿，其政府改革走在全国的前列，因而其公共服务外包的实践也走在全国前沿。由于资源和能力所限，我们无法对全国范围内的城市基层政府公共服务外包状况进行全面的调查，但从这两个案例的实践中，我们可以窥一斑而知全豹，对我国城市基层政府公共服务外包实践的现实状况有所了解。

从广州F区和深圳H区的实践来看，它们都基本建立了公共服务外包的两大机制。招投标机制和质量考评机制。下面我们以广州市F区为例来加以说明。

（一）现行的公共服务外包招投标流程

根据广州市政府相关文件①，目前广州市政府的招投标基本流程如图7－1所示：

① 资料来源：附件5－1.3。

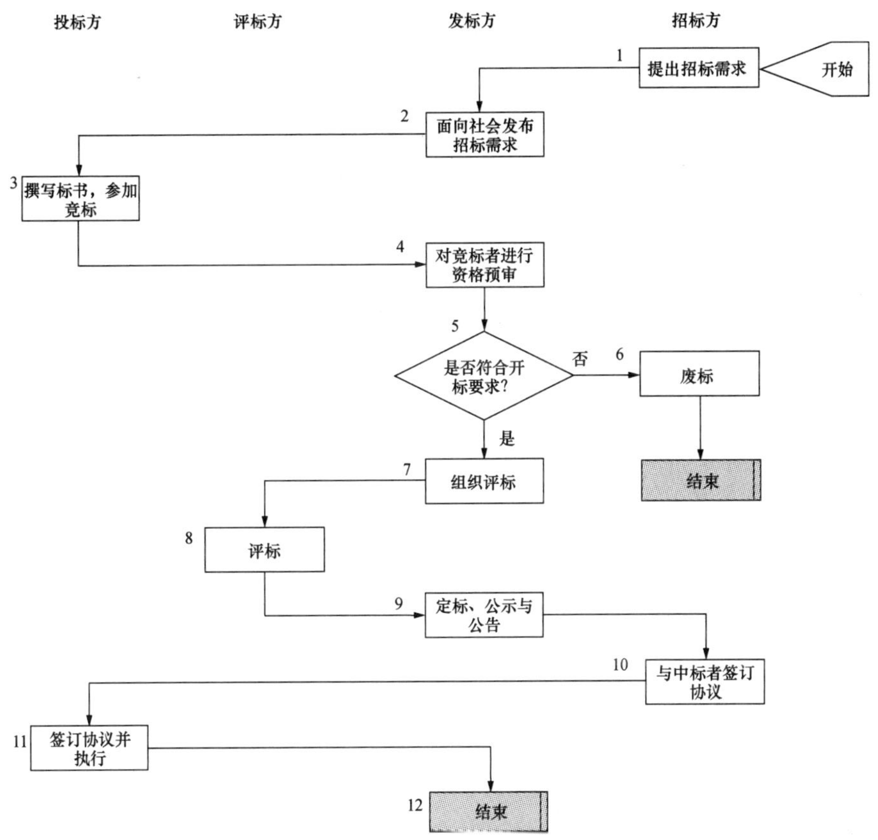

图 7－1　广州市政府公共服务外包招投标流程图

如图 7－1，在现行的公共服务外包招投标机制中包括四个方面的关键角色：

●招标方：需要招标的城市基层政府；

●发标方：市级采购服务中心；

●投标方：企业或其他社会组织；

●评标方：一般由发标方组织的评标专家组担任。

现行的招投标流程一般包括以下 12 个步骤：

1. 招标方提出招标需求

招标方作为招标业务的委托人，向发标方提出委托请求，委托发标方进行招标。

2. 发标方面向社会发布招标需求

广州市政府采购中心作为发标方，将招标方的招标需求面向社会公开发布，其中也对投标方的资格提出了明确要求，如明确规定：

参加本项目投标的投标人除应具备《政府采购法》第二十二条供应商资格条件外，还必须符合下列要求：

（一）中华人民共和国境内注册的提供本国服务的供应商；

（二）具有环卫经营性服务企业A级资质证书，异地企业必须在广州市环卫协会备案。

购买招标文件时请提交经年检合格的营业执照副本、环卫经营性服务企业资质证书复印件。

3. 投标方撰写标书，参加竞标

符合发标方要求的投标企业购买招标文件，根据标的内容撰写标书并在规定的时间内提交给发标方，参加竞标。为保证投标企业投标的真实性、有效性并使其负责任地参加投标过程，发标方会收取一定的投标保证金，广州市目前收取人民币14万元，并规定了保证金退回及没收的条件：

●在确定中标人后五个工作日内，无息退回未中标人的投标保证金；在签订合同后五个工作日内，无息退回中标人的投标保证金；在投标有效期内不能确定中标人的，在投标有效期满后五个工作日内，无息退回所有投标人的投标保证金。

●下列任何一种情况发生时，投标保证金将不予退回：

（1）投标人在招标文件中规定的投标截止日起的投标有效期内撤回其投标；

（2）中标人无正当理由未能在规定期限内签订合同。

4. 对竞标者进行资格预审

在收到投标人的标书后，发标方要根据招标文件的规定对标书进行审核，确认其标书形式的完整、正确，同时通过资格审验、现场勘查等方式对竞标者的各种资质和各方面条件进行审核，

5. 判断竞标者数量资质等条件是否符合开标要求

在所有投标人的标书均已送达后，发标方要根据国家有关法律作出判断，能否开标，如不能满足开标的基本条件则做废标处理。

6. 如不符合开标要求则此次招标作废，程序终止

根据《政府采购法》第三十六条规定，下列情况出现将作废标处理：

（一）符合专业资格条件的投标人或者对招标文件作实质响应的有效投标人不足三家的；

（二）因有效投标人不足三家，使得投标明显缺乏竞争的，评标委员会可以否决全部投标，并按规定书面说明原因；

（三）出现影响采购公正的违法、违规行为的；

（四）投标人的报价均超过了采购预算，采购人不能支付的；

（五）因重大变故，采购任务取消的。

7. 如符合开标要求，则开标并组织评标

如可以开标，则发标方组织开标并评标。相关规定如下：

●采购中心按招标公告规定的时间和地点公开开标，开标由采购中心主持，采购人、投标人和有关方面代表参加。评标委员会专家成员不参加开标大会。

●开标时，由前2名报名并递交标书的投标人作为投标人代表检查投标文件的密封情况，也可以由采购人委托的公证机构检查并公证。经确认无误后，由采购中心工作人员当众拆封，宣读投标人名称和《开标一览表》内容。未宣读的投标价格、价格折扣和招标文件允许提供的备选投标方案等实质内容，评标时不予承认。

●如开标记录表上内容与投标文件不一致时，投标人法定代表人或其委托代理人须当场提出。开标记录表由记录人、唱标人、投标人法定代表人或其委托代理人和有关人员签字确认。

8. 评标方评标

按照广州市政府的规定，评标工作由评标专家组成的评标委员会完

成。相关规定如下：

> 评标委员会由采购人的代表和从政府采购专家库随机抽取的专家组成，其中专家人数不少于评委会成员总数的三分之二。评委会将本着公平、公正、科学、择优的原则，严格按照法律法规和招标文件的要求推荐评审结果。

评标专家是由电脑从专家库中随机抽取的，从程序上已经越来越严格和随机。在本书的访谈数据中，一位曾经担任过评标专家的受访者 M 描述了评标专家的产生和评标过程，见表 7－13。

表 7－13　　数据 77

数　　据	编　　码
M：（评标专家）电脑抽的，放到专家库里，电脑自己搜索，符合条件的直接通过电脑发短信给专家，还给个电脑录音电话给你了。 笔者：等于这个过程完全没有人参与，电脑自动做的？ M：对，人只要输入搜索专家的条件就行了，要求业主（甲方代表）有一定比例，2/5 啊比方，有时候代理就会在评标的时候有一些意见出来了，影响专家的评标。	电脑在专家库里检索并确定评标专家； 人不参与评标专家的选择
笔者：专家可以不理他吗？ M：可以不理他。	机制合理的情况下专家可能具有独立性；
笔者：在你去评标现场之前没有人知道你是评标专家，只有你自己知道，而且你也不知道你评谁的标。 M：对。你一进去（评标现场）手机就关了，不能带进去了。你按手指模显示你进哪个室，电脑上就显示你要进哪个房间，一般都是半天，就是早上 9 点钟进去，下一二点就结束了。给一个专家评标结论给他，专家要签名。他整个过程都会录音、摄像。	双盲评标； 评标过程严格监控

评标委员会一般由 5 位评标专家组成，其中招标方有一个席位，从笔者对深圳 H 区的调研中了解到，他们已经放弃了这一席位（见表 7－14）。

表 7－14　数据 78

数　据	编　码
C：……原来招标这样的，五个评委，我们甲方啊，招标中心的专家也要派一个，四个评委由招标中心在专家库来抽，随机抽。后来，（为）更体现公平原则，也避免甲方采购方给人家嫌疑。我们就提出，甲方不参与，完全由专家（评），我们可以在评标之前专家有什么疑问的我们给专家回答，评标的时候就避开了。	为保证公平，避免嫌疑，甲方退出评标委员会
笔者：就是把我的需求说清楚？	
C：对，我的要求，标书还有招标文件一个月前就提交给采购中心，由采购中心来公布、发布。那么我们讲，在公布期间，有些清洁公司有什么疑问，我们来答疑，招标前半小时，专家有什么疑问，我们来答疑，答了以后就全部交给专家来评标。这样呢，就真正体现了公平公正，那么以前我们还有一票。说实在的，这个从法律方面没有依据，要避免嫌疑，就完全退出来，这个从我 2007 年去到以后，我们正式做。真正体现公正公平，我们就完全交给专家来评。	招标文件提交给采购中心发布；招标前答疑；全部交给专家评标 要避免嫌疑；真正体现公正公平

从这段数据可以看到，基层政府作为招标方甘愿放弃评标委员会的席位既为了避免招投标过程中的嫌疑，体现公平公正，也是为了保护干部，防止腐败行为的产生，表 7－9、表 7－10、表 7－11 中的数据也与此相应。

在评标过程中，不适合参与评标的专家要实行回避，相关文件规定了回避的条件：

●评审专家有下列情形之一的，受到邀请应主动提出回避，采购当事人也可以要求该评审专家回避：

1. 三年内曾在参加该采购项目的供应商中任职或担任顾问的；

2. 配偶或直系亲属在参加该采购项目的供应商中任职或担任顾问的；

3. 与参加该采购项目供应商发生过法律纠纷的；

4. 评审委员会中，同一任职单位评审专家超过二名的；

5. 任职单位与采购人或参加该采购项目的供应商存在行政隶属关系的（不含采购人代表）；

6. 参与采购文件论证的（不含采购人代表）；

7. 法律、法规、规章规定应当回避以及其他可能影响公正评审的。

评标的标准采用综合评分法，以招标文件规定的条件为依据，从服务、商务和价格三个方面进行打分，综合得分最高者中标，见表7-15。

表7-15　评标综合评分标准

评分项目	服务评分	商务评分	价格评分
权重	40%	40%	20%

综合评分=服务评分×40%+商务评分×40%+价格评分×20%

9. 评标后定标、公示与公告

评标结束，确定中标者后，由发标方将中标者相关文件提交招标方确认无误后在政府网上公布3个工作日，公示期满如无异议则转为公告，同时向中标方发出中标通知，通知其办理相关手续。

10. 定标后，招标方与中标者签约

确定中标方后，招标方与中标者签订协议。

11. 中标者与招标方签订协议并开始执行

中标者要在《中标通知书》发出之日起30日内，按照招标文件和中标人投标文件的约定，与中标人签订书面合同。所签订的合同不得对招标文件和中标人投标文件作实质性修改。

12. 流程结束

招投标完成，整个招投标流程结束。

（二）公共服务外包的质量考评机制

招标方对中标方的质量考评采取评分制，委托区市容环卫监督管理所对中标方的工作质量进行考评，详见以下考评办法：

●采购人委托区市容环卫监督管理所对中标人的保洁作业及相关工作进行监督、考评。并根据考评情况确定是否扣减服务费，具体办法如下：

1. 保洁质量每天进行不定时巡视检查一次，以百分制评分，以当月各次检评分数平均计算，检评分数≥90分的采购人按100%支付当月服务费，检评分数少于90分的，每扣1分即扣减当月服务费的1%，以此类推。具体按照《广州市“羊城市容环卫杯”竞赛标准实行》。

2. 保洁质量的扣分标准为：路面及排水口有沙土、污迹的，每处扣0.5分，超过10米长度的，每10米计1处；防撞栏及侧石边不洁的，每处扣0.5分，每30米长度计1处；路面废弃物以1000m^2为单位，累计扣分，废弃物数量超过控制指标的，每种废弃物扣1分，总数超过控制指标50%，另扣1分。

3. 中标人必须保证每天至少120人上路作业，每少10人，扣减当月服务费的10%，以后每少1人加扣1%，以此类推。

●市容环卫监督管理单位对中标人的保洁进行检查评分后，发现存在质量问题需要扣分时，即通知中标人到现场确认。中标人无正当理由超过半小时不到现场的，市容环卫监督管理单位可以自行扣分。

●中标人在服务期内被吊销营业执照或6个月内考评有3次未达80分以上时，采购人有权取消其中标资格并终止合同，乙方必须无条件服从。

●中标人在省、市、区检评中成绩优异的，采购人将根据当年市、区政府的有关奖励标准和要求给予相应的奖励。在省、市、区的检查评比中受到严厉批评，经确认责任完全属于中标方的，每批评一次扣当月总评分10分。

三　我国城市基层政府公共服务外包机制中存在的问题

从以上我国城市基层政府公共服务外包案例的介绍中可以看到，以广州、深圳为代表的我国沿海发达城市已经基本建立了较完善的公共服务外包招投标机制和质量考评机制。但在本书的研究中也发现，已有的机制仍存在一些问题和漏洞，主要反映在以下几个方面：

（一）招投标舞弊现象仍然存在

从政府相关文件中可以看到①，政府对招投标纪律及保密事项作出了详细的规定，如以下要求：

---

① 资料来源：附录5-1.3。

纪律与保密事项

1. 投标人不得相互串通投标报价，不得妨碍其他投标人的公平竞争，不得损害采购人或其他投标人的合法权益，投标人不得以向采购人、评标委员会成员行贿或者采取其他不正当手段谋取中标。

2. 在确定中标人之前，投标人不得与采购人就投标价格、投标方案等实质性内容进行谈判，也不得私下接触评标委员会成员。

3. 在确定中标人之前，投标人试图在投标文件审查、澄清、比较和评价时对评标委员会、采购人和采购中心施加任何影响都可能导致其投标无效。

4. 获得本招标文件者，不得将招标文件用作本次投标以外的任何用途，若有要求，开标后，投标人应归还招标文件中的保密文件和资料。

5. 由采购人向投标人提供的图纸、详细资料、样品、模型、模件和所有其他资料，被视为保密资料，仅被用于它所规定的用途。除非得到采购人的同意，不能向任何第三方透露。开标结束后，应采购人要求，投标人应归还所有从采购人处获得的保密资料。

但从以下数据中可以看出，在规范招投标程序、杜绝暗箱操作和腐败行为方面，我们还任重道远，详见表7－16：

表7－16　　数据79

数　据	编　码
M：但是总是有漏洞，比如东莞评标，10家20家叫来，摇号，摇8家，电脑摇，从8家中去掉最高最低，再加权平均，再现场摇一个下浮率，乘以一个下浮率，1点、2点、0，然后最接近这个标价的就中标。 笔者：但是前提是资质都没有问题才行，（这个做法）等于是增加了投标的随机性，马上定。马上摇，马上定。 M：这样怎么造假？就是买别人的标书，给你5万，把标书给我，你中了你给我做嘛，你转身走了，你中了也是我做，谁中了都是我做，我用你的公司的名义去做。好多外地企业都来注册，就买卖标书，一年赚1000来万。或者黑社会在那里，你一定要卖给我。	制度中总是有漏洞； 电脑摇号； 下浮率；资质合格前提下提高中标的随机性； 假投标；买卖标书 黑社会对招投标机制的破坏

从表 7 – 16 的数据中可以看出，政府为杜绝投标方与其他各方合谋改变评标结果的情况发生，通过电脑摇号、随机产生下浮率等方式增加最终中标者的不确定性，使评标的最终结果完全由评标现场的随机因素产生。应当说，这样煞费苦心的设计已经最大限度地杜绝了事前合谋的发生，但如果参与投标的企业根本就是一家或者是同一家公司穿着不同的“马甲”而出现的话，那么“谁中了都是我做”，这样的机制设计又将归于失败。如果还有黑社会参与其中，那这就不仅仅是个经济问题了。对于这样的舞弊行为，政府是否有能力进行监管呢？笔者认为很不乐观，关键是政府不可能掌握如此之多的信息，也没有精力去收集、分析和处理这些信息，因而对大量的幕后操作无能为力。

（二）外包期限短及低价中标影响服务质量

深圳 H 区的数据说明了这一问题[①]。机扫率的高低直接影响着环卫质量，而截至 2007 年底，深圳 H 区的机扫率仅达到 38.37%，与国内部分城市相比明显偏低，如杭州 2007 年机扫率达 75%，北京 2006 年城区车行道机扫率 70%，上海 2006 年城区的机扫率达到 70%，广州 2005 年城区的机扫率就达到了 74%。其原因在于：

首先，现行招标机制中外包期限过短。机扫的前期成本远远高于人扫，按照现行政府采购招标规定，道路清扫保洁服务时间仅为 1 年半，之后需重新采购招标，那么对企业而言，如在 1 年半中收不回机扫投资，则不愿购置机扫设备。

其次，现行招标机制最终以低价中标取胜。完全以投标价格的高低来决定中标者必将导致中标企业间的价格竞争，它们通过竞相压价来赢得标的，但中标后却为获得利润而减少公共服务人员的数量，也不依法办理社保、加班费、税收等事项，不仅服务质量下降，还可能引发其他问题。

好在，政府已经发现了这些问题，见表 7 – 17。

表 7 – 17　　数据 80

数　据	编　码
A：……但是在过程中也有一些弊端，有些低标中的，就是自己做标（书的价格）比较低，中了以后请的人（数量）可能不是很足，因为他要成本嘛。因为有这种情况，我们个别时候也不能完全按照价格来考虑。要看质量或者性价比……	招标过程中的弊端；投标价格；选择投标企业不能仅凭价格

① 资料来源：附录 5 – 2.1。

政府目前已经修改了相关标准。如从广州政府的综合评标标准中就可以看出，价格因素仅占20%的权重[①]，这无疑是有了明显的进步。

（三）缺乏科学的公共服务定价机制

在我国城市基层政府公共服务外包机制中的另一个突出问题是，公共服务外包价格的形成缺乏有效的机制。目前的价格都是由政府确定的，而实际上，政府确定往往演变得更加简单——由领导确定。由于极其缺乏科学依据，引发了很多问题。在本书的研究中多次发现这方面的数据，详见表7－18。

表7－18　　数据81

数　　据	编　　码
笔者：这个当初做这个事情的时候有没有去国外参考一下国外的经验，这个在国外做了很多了？ C：没有。就我们自己摸索的。 P：原来也去过香港，你根本学不了，香港它那个经费太足了，根本用不完。 C：香港它有一套机制，专门有一个机构来调查市场的消费CPI水平，一个季度就调整一次，我们这个还是缺乏科学，（如果）领导说5块5就5块5毛了。 笔者：还是缺乏一个市场定价的机制啊。	改革没有参考国外经验； 香港的经验难以照搬； 香港有专门机构进行动态的环卫价格管理；环卫外包价格还是领导说了算

以上数据是在深圳H区委与两位政府官员进行的小型座谈会上获得的，从中可知，目前我国城市基层政府的公共服务外包价格还是政府说了算，政府说了算实际上就变成了领导说了算，毫无科学性可言，这与香港建立的科学的公共服务定价机制形成了鲜明的对比。从表7－3、表7－4的数据中也可以看到，接包企业对这一问题怨声载道。因此，建立科学的公共服务外包定价机制势在必行。

而且，科学的公共服务外包定价机制还有可能解决另外一个重大问题，即在前文的研究中发现的“政府公共服务职能的不完全外包”现象。从政府的角度来说，不将某公共服务职能完全外包的主要原因是担心在政

① 资料来源：附录5－1.3。

治压力强化的条件下无法应付上级的检查等紧急工作，但企业站在市场的角度来看却不以为然，见表7－19。

表7－19　　数据82

数　　据	编　　码
笔者：这个现在叫什么部门？ Z：以前叫机扫所，但是我认为这一块呢，如果你对企业的监管、服务、定价到位的话，可以不要这一块，我可以出钱你企业做这一块，企业有钱赚他就要去做，它自然去做，不用你管，有时候做得更好，你没利润的话，你怎么监管、怎么搞？企业也不会给你做好，你有稳定的利润、有一个很好的机制，企业一样给你做好的。比如说你自然灾害什么应急的，你把钱你给好，价格定好，保证企业给你做好，其实我认为呢，留这块呢，可以不留。	政府自留的业务完全可以通过价格机制由市场完成
笔者：现在这个机扫所有多少人？ Z：两百人左右，很少，它是保证600万平方它留着100人，五分之一，＊＊区和＊＊区①是百分之百包出去，它也没闹过事啊，也没问题啊，H区留五分之一也没体现到有什么优势啊，就是政府留的这块我认为，只要你机制合理、定价合理、管理合理，我们讲，我们的管理系统合理就行了。如果你系统不合理，你留的那些人也会闹事。	完全外包是可行的；部分外包没有体现优势；如果管理系统合理则无须自留业务部门；
笔者：留的这些人积极性怎么样呢？ Z：大锅饭，本来的体制就是这样，管理体制有问题，留不留的，积极性有问题。	自留机构仍然吃大锅饭

显然，企业认为，只要给出足够好的价格，任何紧急、困难的任务企业都有积极性去完成。只要有合理的价格形成机制，制定合理的外包价格，政府根本不用保留一个吃“大锅饭”的职能单位。

当然，这一问题并非如此简单，是否能够如此解决要取决于两者的成本比较，如果通过外包定价机制制定了合理的价格，使企业能够优质高效地、让政府（关键是主要政府官员）满意地解决了关系其仕途和前程的紧急问题，而综合成本又低于政府保留“职能单位”的成本的话，基层政府才会有足够的动力将公共服务完全市场化。目前看来，“公共服务职

① 深圳某两个区。

能的不完全外包”现象还将长期存在。

（四）中介机构没有发挥作用

要解决公共服务外包的定价机制问题，仅靠政府和企业的力量是远远不够的，因为双方都难以认可对方提出的价格，需要一个为政府和企业共同认可的权威机构，经过科学的程序来确定公共服务外包价格，这个角色只能由中介机构来扮演。但我国目前却非常缺乏这样的中介机构，从表7－20中可以看到这一问题。

表7－20 数据83

数 据	编 码
C：……像环卫这一块，没有一家是环卫的中介机构。你像现在建筑行业，工程的费用，监理什么都有，现在我们深圳提出来清扫保洁要监理，但是没有一个行业（中介），没有一个部门。如果有这个人才啊，一定要成立。现在我们深圳市的指导单价还是环卫处他们去调研，我觉得不是很权威。 笔者：是啊，环卫处自己来调研，环卫处他还是需求方啊，发包的一方啊。因为我是需求方，我当然希望单价越低越好……	尚无一家环卫中介机构； 政府调研制定环卫外包价格不权威
C：……整个清扫单位成立了一个协会…… 笔者：这个协会实际上也没有起到真正这个中介的作用？ C：没有。我们原来这个招标文件里的资质，甲级乙级，那么现在政府说你这个是民间行业（协会），没有权威性，从2007年开始招标就不认可把它删掉了，以往有。主要是招标中心说社会上不认可的……	行业协会并没有真正发挥作用； 行业协会认定的企业资质没有得到社会的认可；
C：那么专业的这些公司啊，这个监管啊（不力）……协会这个没有公信力。	行业协会没有公信力

表7－20是对深圳H区主管环卫的政府官员的一段访谈数据。从中可以看到，就连政府官员自己都不认同政府自己确定的环卫外包价格的权威性。同时，深圳环卫行业虽然有深圳环卫协会这样一个行业协会，但它并不是真正的中介组织，其公信力无法得到各方的认可，而目前环卫行业又缺乏一个能够得到各方认可的中介组织，因而使得确定环卫外包单价这一工作只能由政府来主导。我们从相关资料上可以了解到，其他公共服务领域也存在类似问题。这使得建立健全公共服务外包机制缺失了一方重要的社会力量。

（五）政府“公共服务外包目标迷失”导致的机制缺陷

最为重要的是，在现有的公共服务外包机制中，我们只看到了政府不同部门和企业的存在，而最重要的社会主体，也是政府公共服务的真正用户——社会公民却难觅身影，这是本章第一节中分析的现象——公共服务外包目标迷失的必然结果。

在现有的公共服务外包过程中，政府始终扮演了一个主导者和需求者的角色，企业参与竞标的方式和过程则与参加其他的市场竞争无异，似乎是企业在为政府提供产品和服务。但我们已经分析过，即便将公共服务外包，政府公共服务的对象也只能是社会公民，他们才是公共服务的真正用户。因此，现有公共服务外包机制中最大的缺失在于，根本没有体现社会公民作为公共服务用户的地位，更不用说对其权利的充分尊重了。本章第一节已经分析了这一问题产生的原因，本书也已经证明，如果政府站在虚拟政府的视角上，对公共服务外包有了正确和全面的理解，这一问题是可以避免的。因此，在政府公共服务外包机制的设计中，必须充分体现社会公民的权利和诉求，而在笔者看来，这是解决政府公共服务外包中诸多难题的关键所在。

第三节　虚拟政府的运行机制研究

经过以上研究，我们理清了公共服务外包中主要利益相关者在虚拟政府视域中的角色及其相互关系，也对我国基层政府的公共服务外包机制现状及存在的问题有了充分的了解。从中可以发现，要改善现有的公共服务外包机制，必须站在新的高度，从新的视角出发，而虚拟政府的相关研究为我们提供了一个有益的视角。因此，下面我们将通过与虚拟企业运行机制理论的比较，提出虚拟政府的运行机制框架，以在此基础上建立有效的公共服务外包机制框架。

一　虚拟企业的运行机制研究

虚拟企业的有效运转要以相应的运作机制为基础。运作机制是虚拟企业的调节器，机制到位，就会对伙伴企业的行为产生有效的协调、约束与激励，使虚拟企业处于良好的运行状态；反之，企业行为就会发生紊乱，无法达到虚拟企业预定的目标。根据贾旭东的研究，虚拟企业的运行机制由五个方面构成，即合作信任机制、沟通协调机制、决策监控机制、激励约束机制和利益分配机制（贾旭东，2005）。

合作信任机制使成员企业间的相互合作和信任得到了制度保证，为虚拟企业有效运作创造了基础条件；沟通协调机制保证了虚拟企业盟主和盟员的有效沟通和协调，使虚拟企业产生协同竞争能力；决策监控机制通过建立有效的决策模式并运用信息平台进行虚拟企业重大决策的制定和决策执行状况的监控，如果决策或执行出现偏差则通过沟通协调机制、激励约束机制和利益分配机制进行间接的引导和修正；激励约束机制通过契约明确规定了成员的权利义务关系，在对成员企业进行激励的同时使其行为受到制约；利益分配机制是虚拟企业运行机制的核心，关系到虚拟企业合作伙伴最终收益的分配，也直接影响了合作伙伴的合作动力和意愿。

二　虚拟政府运行机制框架

经过与虚拟企业运行机制理论的比较，我们发现，在运行机制方面，虚拟政府与虚拟企业有诸多相似之处。作为一种建立在多个独立组织共同合作基础上的特殊组织形态，它们都需要慎重选择自己的合作伙伴；它们都要在运行中与合作伙伴加强沟通和协调以共同达成组织目标；它们既需要对组织整体绩效进行评价以决定未来的发展方向，也需要对每一合作伙伴的绩效进行评价以决定是否与其继续合作；它们都需要与合作伙伴分享合作的成果，分配合作取得的利益；它们都需要在组织的运行中动态监控各种风险以进行动态的调整。在这些方面，虚拟政府与虚拟企业一样，都需要建立科学的运行机制以保证其有效运行。

因此，本书认为，虚拟政府的运行机制应当包括以下五个方面：合作伙伴选择机制、沟通协调机制、绩效评价机制、利益分配机制和风险管理机制，分述如下：

（一）合作伙伴选择机制

虚拟政府的合作伙伴即接受政府虚拟化后职能的企业或其他社会组织。作为虚拟政府的盟主，政府必须选择符合条件的合作伙伴，以保证其提供能够满足社会需要的公共服务。

合作伙伴的选择必须遵循一定的标准和程序，盟主必须设计一定的准入标准，将那些符合与其合作的基本条件的组织纳入动态更新的潜在合作伙伴库，再根据虚拟化的职能及每次工作任务的特点，制定规范、公开的程序选择合作伙伴。更应当明确的是，虽然合作伙伴的选择是盟主和盟员之间的事，但其目的都是为了向最终客户——社会公众提供服务，因此，盟主选择盟员的过程和相关信息应当向社会公众公开并随时接受社会公众的监督。在相关的程序设计中必须体现对社会公众作为最终用户的知情权和参与权的尊重。

（二）沟通协调机制

当盟主选定了盟员，开始进行合作后，盟主要不断通过其虚拟管理部门向盟员的 CM 发布信息和指令，并协调不同盟员间的同步并行工作，盟员也要通过信息网络向盟主反馈信息，使盟主随时掌握工作动态。这些工作都需要在虚拟政府的信息网络基础平台上来完成，因而需要建立一个动态沟通与协调的机制来加以保证。仍需注意的是，在这个沟通协调机制中必须考虑社会公众作为最终用户的知情权，同时，盟主与盟员在虚拟政府的运行过程中需要与社会公众保持良好的沟通并随时接受社会公众的监督，这有利于虚拟政府绩效的提高。

（三）绩效评价机制

绩效评价机制实质上是对盟主和盟员的激励和约束机制，绩效评价既为盟主衡量自身绩效提供了标准，也为盟主决定对盟员的利益分配和激励措施提供了依据，更是盟主决定继续或中断与某盟员的合作关系的唯一标准。

虚拟政府的绩效评价机制应至少包括两方面内容：

首先，包括对虚拟政府整体绩效的评价机制。虚拟政府的绩效如何既体现了政府运行的成果，更是作为虚拟政府用户的社会公民最关心的问题，政府必须向纳税人负责，建立科学、公正、透明、公开的绩效评价机制，使社会各方都能参与对虚拟政府的绩效评价，为不断改进自己的工作以及对相关政府官员进行奖惩提供依据。特别需要指出的是，建立虚拟政府的绩效评价机制必须让社会公民充分参与，体现他们的地位和权利。同时，虚拟政府的盟员也必须有充分的发言权以体现他们对虚拟政府整体绩效的责任。

其次，虚拟政府绩效评价机制的一个重要内容是盟主对盟员的绩效考评。盟员是否很好地完成了盟主交付的工作，是否让最终用户满意，是否损害或保障了盟主的品牌价值都需要进行绩效考评。盟主应当建立一个常态的考评体系，对盟员进行动态的监控和考评并及时向其反馈。同样需要指出的是，该考评体系的主体应当是最终用户——社会公众，因为他们的意见才是对盟员绩效评价的权威，盟员工作绩效的高低应当由民意决定而不是政府官员。

（四）利益分配机制

虚拟政府的利益分配机制与虚拟企业不同。在虚拟企业中，作为盟主的企业与盟员企业都有追求利润最大化的动机，或都以盈利为目的，因而虚拟企业的利益分配机制主要要解决的是经济利益的分配问题。但在虚拟政府中，作为盟主的政府和作为盟员的企业或其他社会组织的利益呈现一种多元化的格局。政府追求的是社会利益的最大化，而企业追求的是自身的经济利益，如果盟员是非政府组织或民间社团，其追求的利益可能是某社会团体的利益或特定的社会利益，如宗教团体追求的可能是某种超现实的利益。

因此，虚拟政府的利益分配机制远比虚拟企业复杂，作为盟主的政府必须根据合作组织的不同性质和不同利益取向来设计利益分配机制，以期保障所有的合作者都能获得其追求的利益从而对其产生充分的激励。但同时必须明确的是，虚拟政府只是为提高政府的效率和效能而产生的新型政府组织形态，这种组织形态的变革并没有改变其性质，因此，作为整体的虚拟政府的利益追求必然也必须与政府相同，即以社会利益最大化为最终追求。所以在利益分配机制的设计中必须置于首位的是虚拟政府的整体利益，即社会利益的最大化，这是虚拟政府必须始终坚持的立场。

（五）风险管理机制

虚拟政府是通过政府与不同社会组织的合作构成的，因而其运行建立在政府、企业及其他社会组织的合作协调基础之上，由于利益追求的不同和组织性质的多元化，虚拟政府运行中的协调沟通难度远远大于虚拟企业，而且，由于虚拟政府服务的对象是社会公民，因而一旦其运行出现不可预料的风险，必将对社会利益造成较大的损害。因此，虚拟政府的运营风险远远大于虚拟企业。

因此，盟主必须建立有效的风险监控机制，对虚拟政府运行中的风险进行动态监控，一旦出现影响虚拟政府运行的重大风险，必须及时向合作伙伴进行反馈和协调，以共同应对和处理。

为建立完善的风险监控机制，作为盟主的政府必须首先建立信息收集、沟通和发布的机制，实现对虚拟政府运行状态信息及社会运行信息的全面掌握，从而对风险的发生实现预警。同时，能够随时向社会发布权威的信息，和用户——社会公民取得良好的沟通，将风险化解在萌芽状态。

虚拟政府的风险管理比传统科层制的实体政府要难，因为在虚拟政府的内部难以完全通过行政命令的手段解决问题，而利益追求的不同又将导致在出现风险甚至危机事件时各利益主体的讨价还价，这必将延误宝贵的时间，使风险处理难以保证效率和效力。因此，在虚拟政府的运行机制不健全尤其是风险管理机制未建立的情况下，本书中发现的政府公共服务职能的不完全外包现象不失为一种临时性的解决风险处理问题的有效的制度安排。当然，此时的政府过于狭窄地把应付领导的视察或平息领导因发现环卫问题的怒气作为风险管理的对象，不能说不是一种在政治压力强化的环境中的无奈选择。

第四节　中国城市基层政府公共服务外包机制设计的原则与思路

基于虚拟政府的视角，我们明确了公共服务外包中利益相关者的角色及其相互关系，通过比较研究提出了虚拟政府运行机制的基本框架，这为设计公共服务外包机制提供了理论准备，使我们有可能站在虚拟政府的理论高度，结合目前我国城市基层政府公共服务外包的实践及其中出现的问题，提出一个较科学、完整和具有可操作性的公共服务外包机制框架，为推进我国政府机制改革提供思路和方法。

公共服务外包机制的设计涉及多个利益相关者，过程非常复杂，技术性问题很多，需要进行长期的实践探索方可逐步完善，这都非本书可以完成的工作。本书只能从虚拟政府的视角为该机制的设计提供基本的原则和思路，以供实践者参考。

基于已有的研究，本书认为，有效的公共服务外包机制应该包括以下五大机制：招投标机制、信息沟通机制、绩效考评机制、价格形成机制和风险管理机制。

一　公共服务外包机制设计的基本原则

基于上文对现行公共服务外包机制及其运行中存在问题的分析，我们可以提出以下公共服务外包机制设计的基本原则：

（一）多方参与原则

该原则要求尽可能使公共服务外包的各利益相关者都能参与到公共服务外包过程中来并对外包过程进行有效的监督。如在招投标及整个公共服务过程中均应体现社会公民的监督权和知情权，各种社会中介组织也应参与公共服务外包中的某些关键环节，如外包价格的形成过程。

只有多方参与才能体现并保障公共服务各方的利益诉求，也更有助于规范和监督各方的行为，最终体现虚拟政府为公众利益服务的基本性质和原则。

（二）资格准入原则

资格准入原则是指，政府要通过向社会公开征求意见的方式，设置基本的资格准入条件，只有符合基本资格条件的企业或社会组织才能参与公共服务外包尤其是投标过程。实行资格准入一方面提高了公共服务外包的效率，另一方面也为政府选择优质的合作伙伴创造了条件。

（三）充分竞争原则

充分竞争原则是指在公共服务外包的竞标过程中应给予所有参与者充分竞争的机会和权力。只有充分竞争才有可能做出更优的选择，也才有可能避免舞弊和腐败行为。

（四）信息公开原则

信息公开原则是保证公共服务外包过程公平公正的关键。另外，信息公开更能有效地解决政府与合作伙伴间的信息不对称问题。

政府不可能有足够的资源和能力掌握所有潜在合作伙伴的所有信息，尤其是竞标中的不正当竞争活动，政府更是难以获知，中标企业的日常经营行为政府也难以有效监督。因此，只有建立信息公开的机制，将公共服务外包乃至外包后的公共产品生产过程置于社会公民的监督之下，利用信息网络平台收集和处理社会公民掌握的海量信息，才有可能发现竞标中的不正当竞争行为及企业的不正当经营行为。

“阳光是最好的防腐剂”，任何舞弊和腐败行为都会在信息公开的情况下难以遁形，信息公开本身就是遏制不正当竞争的有效手段。近年来，网络反腐的诸多典型案例都说明了信息公开的力量。信息公开不仅不会影响政府的形象，反而会更加密切政府与公民的关系，提高政府的公信力。而且，信息公开更是政府的义务和责任，作为公共服务最终顾客的社会公民有权利了解公共服务外包的整个过程并对其加以监督。

（五）公益至上原则

公共服务外包的最终目的是为社会公民提供优质高效的公共服务，因此，公共服务外包的终极利益一定是公众利益，这一点是不容置疑的。因而在公共服务外包机制的设计中必须始终贯彻公众利益至上、社会效益第一的原则。虽然在外包价格的制定上必须给企业留出一定的利润空间，但也应该控制在合理的范围之内，作为虚拟政府盟主的政府更应当坚持公益导向，通过机制建设将企业的逐利行为引导到为公众利益服务上来。

二　公共服务外包的招投标机制设计

公共服务外包的招投标机制实际上就是以政府为盟主的虚拟政府的合作伙伴选择机制，该机制的目的是为政府选择合适的合作伙伴，以更好地为最终用户提供优质的公共产品。

笔者认为，现有的招投标机制需要通过采取以下措施加以完善：

（一）建立潜在合作伙伴信息库

政府应当建立一个动态更新的潜在合作伙伴信息库，在招投标时选择的合作伙伴就从该信息库中产生。通过日常对现有企业及社会组织进行的资格预审和信息的动态更新，政府将基本资质符合公共服务外包招标条件的企业或社会组织纳入该信息库，使政府尽可能全面地掌握社会上有资质的企业或社会组织的信息。通过开放社会公众对该信息库的查询、访问和监督，政府可以及时发现虚假和过时的信息，通过社会公民的监督和反馈保证库容信息的真实有效，为招投标过程中选择优质的合作伙伴提供基础性条件。

目前招投标中的许多违规行为，如买通共谋、挂靠围标、虚假竞标、中标转包等很大程度上都来源于政府与合作伙伴间的信息不对称，这与虚拟企业中盟主选择合作伙伴中的信息不对称非常类似。因此，不能把解决这一问题的希望寄托在某一次招投标的过程中，而应当从长远出发，建立长期追踪、动态更新的信息收集与更新机制才能解决。同时，该信息库还应建立黑名单制度，对在招投标过程中舞弊或在中标后不能很好完成合同任务的企业或社会组织及其负责人列入黑名单，在一定年限内拒绝其参与任何形式的公共服务项目招投标以提高其长期的违规成本。

该信息库的建立有助于政府及企业克服公共服务外包中的短期行为，鼓励企业立足于长期稳健经营来参与投标，也有利于实现信息公开的常态化，通过日常的信息公开接受社会公民的监督，了解各方面的反馈和投诉，使政府能够及时发现其中的舞弊行为，动态剔除违规经营或有潜在风险的合作伙伴，以保证合作伙伴的诚信和优质。

（二）实行资格预审制度

政府应建立公开的资格预审制度，所有进入潜在合作伙伴信息库的企业或社会组织都要经过资格预审，资格预审标准应向社会公开以充分听取社会公民的意见，由专家对入库企业进行资格预审，预审结果面向社会公开，接受社会监督。

通过资格预审，在招投标未开始之前就可以将不符合条件的企业剔除在外，以提高招投标的效率。同时，资格预审过程向社会公开，给社会公众提供了充分的时间和机会了解入库企业和组织的状况，以及向政府反馈信息甚至投诉，政府也有充分的时间掌握潜在合作伙伴的真实状况，为招投标的成功打下了坚实的基础。

（三）实行招标文件向社会公示及专家论证制度

招标文件虽由城市基层政府起草完成，但实际上这是由基层政府代表社会公民向企业提出的公共服务需求，社会公民享有充分的知情权、建议权和参与权。因此，所有招标文件应通过网络等媒体向社会公开并有一定时间的公示期，公示期内，任何公民都有权利就招标文件中的任何问题提出质询和建议，作为招标方的政府必须在网上及媒体上给出公开答复。同时，政府还应就招标文件征求相关专家的意见，以完善招标程序，保证招标条件和程序在合法性、合理性及技术性等方面更趋完善和科学。

（四）实行计算机自动邀请投标制度

在招投标开始时，应由计算机系统自动根据招标文件的条件要求检索潜在合作伙伴信息库中的企业或社会组织，并向符合条件的企业或组织自动发送投标邀请，这样可以保证所有有资格参与竞标的合作伙伴都能够及时准确地了解招标信息，使参与投标的企业或社会组织数量尽可能多，使有能力投标的企业不会错过投标机会。

通过计算机自动邀请投标以保证投标者数量最大化的好处是，使政府有可能从现有社会组织中选择更优的合作伙伴。同时，竞标单位的增多更为暗箱操作、买通共谋等舞弊行为增加了困难、提高了成本，有助于遏制此类现象的发生。更重要的是，该制度体现了公共服务外包过程的充分竞争和信息公开两大原则。

（五）坚持和完善评标专家随机抽选和计算机自动通知制度

目前有的地方已经建立了评标专家库，实现了由计算机自动检索并通知符合评标条件的评标专家，在专家进入评标现场之前，包括其本人在内的任何人都无法获知投标企业的信息，这无疑是值得肯定和坚持的，如表 7－13 中的数据。但同时，该制度仍需从以下几方面加以完善。首先，评标专家入库标准应当向社会公开，但评标专家信息却必须保密以减少企业向专家行贿的可能；其次，要由民意代表对评标专家的资质及在评标过程中是否公平公正进行监督，如果某评标专家的资质及公正性遭到多次质疑，应取消其评标专家资格并将其列入黑名单，取消其参与任何项目评审的资格，以提高评审专家偏袒甚至舞弊的成本。

（六）建立民意代表推选制度与民意代表信息库

整个公共服务外包过程都需要社会公民的参与，但在中国目前的社会环境下，普通民众参与公共服务外包过程的监督尚有很多技术上的难度。如何选择真正有能力、有意愿参与公共服务外包过程，更能充分代表公民意愿的民意代表是最大的难题。

因此，应建立面向社会的、公开的民意代表推选制度，通过向社会公开的方式征求民意代表的选拔标准，通过自愿申请、媒体公开、网络公示等程序来遴选有意愿、有能力、社会认可的、大量的民意代表，由这些民意代表来了解民情民意，监督公共服务外包过程。

同时，政府应建立面向社会的、公开的民意代表信息库，记录民意代表的个人信息及在代表民意过程中的言行，并通过动态接受社会公民的意见反馈对民意代表履职情况进行评价，及时将不愿、不能或民众不认同的民意代表淘汰出去，使民意代表获得充分的激励和约束，使其有充分的动力更好地代表民意。

（七）实行民意代表旁听制度

在开标、评标过程中，应有民意代表参与旁听和监督，政府可通过政府网站发布开标时间、地点等信息，提供不少于评标委员会专家数量的民意代表席位。同时，由计算机在民意代表信息库中随机抽取符合条件的民意代表并向其自动发送通知，在符合数量的民意代表通过手机或网络向计算机平台发送信息，确认参加旁听后，计算机系统自动中止检索。这一过程应完全由计算机系统自动完成，不应有任何人为因素参与其中。

在评标之前，发标单位要向民意代表说明招标文件的社会公示情况、投标企业的资质情况、评标专家的抽选及资质情况等。在开标、评标的旁听过程中，民意代表应享有充分的质询权，对民意代表的疑问，评标专家、投标企业及政府官员必须给予正面回应。

（八）实行招投标公正度即时民意评价制度

为保证民意代表能充分代表民意，以及评标现场状况向社会及时公开，应建立招投标公正度的即时民意评价制度。评标结束后，民意代表要在评标现场马上通过计算机填写对招投标过程公正度的民意评价，评价结果通过计算机自动汇总并马上公布上网，任何人不得更改。如果公正度评价结果低于预先制定并获得社会认可的标准，则此次招标结果自动作废，政府必须重新组织招投标。民意代表要对自己提出的意见和评价负责，如果滥用其民意代表权，无理破坏招投标，则政府也有权向社会公示并取消其民意代表权。

另外，现有招投标机制中的问题也要着力弥补。例如，要注意打破低价中标带来的恶性竞争，从过去的低价中标转为综合评标，结合对投标企业的信誉、作业规范、安全措施、劳动保险、劳动定额及工人工资等方面因素的综合考评来确定中标企业。再如，应适当延长公共服务的外包期限，如将人工清扫保洁和公厕外包的合同期限可延长为 3 年，垃圾清运和市政道路机械清扫外包延长为 5 年，等等。

通过以上制度的建设，充分保障了公共服务外包各利益相关者的知情权和监督权，充分调动了社会各界力量来弥补虚拟政府盟主与盟员间的信息不对称，最大限度地增加了相关各方的串谋成本和评标结果的随机性，同时对招投标全过程都实现了社会监督，必然使招投标过程更加科学和完善。

三　公共服务外包的信息沟通机制设计

公共服务外包的信息沟通机制贯穿于公共服务外包的全程，作为虚拟政府盟主的政府需要通过信息沟通网络平台向其盟员和用户发布信息，动态获取盟员运行状态的信息，并及时听取用户的意见和建议。

在公共服务招投标机制中，招投标过程向社会公众的公示和公开都是公共服务外包信息沟通机制的组成部分，除此以外，还需建立和完善以下制度：

（一）建立中标后续跟踪和回访制度

在招投标结束后，作为盟主的政府不能当“甩手掌柜”，一包了之，而是要对合作伙伴——中标企业进行回访和跟踪，及时听取其对执行外包协议的想法和困难，掌握中标企业在提供服务中存在的问题和薄弱环节，以进一步完善招投标机制并为中标企业提供优质的后台支持和服务。

（二）建立与中标企业间的动态信息沟通制度

中标企业投入正常的公共服务工作以后，政府要承担起盟主的责任，建立与盟员的动态信息沟通制度，通过网络等信息技术软硬件手段，与盟员保持动态的、即时的沟通，一方面及时掌握和监控盟员的工作状况，另一方面提供风险预警，以避免盟员出现经营风险累及虚拟政府的运行。

（三）建立与其他利益相关者之间的动态信息沟通平台

作为盟主，政府仅仅与盟员沟通是远远不够的，它还需要收集各方面的信息才有可能对虚拟政府的运行实现动态监控并不断改进其运行效率和效能。因此，政府要建立一个动态、开放、透明、界面友好的信息沟通平台，和公共服务外包的各利益相关者保持畅通的沟通。例如，盟员企业的员工可以通过该平台向盟主反映盟员企业经营中存在的问题以及对损害员工权益的行为进行投诉，作为最终用户的社会公民可以通过该平台向政府投诉中标企业的违规行为或质量问题，而政府也可以通过该平台向盟员企业的员工解释政府的相关政策，回馈社会公民的投诉、回答百姓的问题。

四　公共服务外包的绩效考评机制设计

公共服务外包的绩效考评机制是对公共服务外包两大主体：政府和企业的最重要的激励和约束机制。在目前的绩效考评机制中，仅仅包括了政府对企业的质量考评，但这是远远不够的。从虚拟政府的角度来说，政府对企业的质量考评仅是盟主对盟员的绩效考评，这虽然不可或缺，但虚拟政府整体运行的绩效却更为重要。因此，建立和完善公共服务外包的绩效考评机制需从以下几方面入手：

（一）建立完善虚拟政府的整体绩效评价机制

政府绩效评价已经成为公共管理中一个重大的前沿问题，近年来国内外都有大量学者进行了这方面的研究。而政府虚拟化后，对虚拟政府的绩效评价问题则更加值得讨论和研究，这一问题必将成为该领域未来研究的前沿。本书无法展开研究这一问题，只能就公共服务外包的绩效考评机制提出一点建议。

公共服务外包是政府通过职能虚拟化方式构建虚拟政府的常用手段，而政府之所以要从实体走向虚拟，根本目的还是提高政府的绩效。因此，虚拟政府整体运行的绩效是公共服务外包后最重要的绩效问题，如果通过公共服务外包提高了政府运行的绩效，那么公共服务外包就是成功的；反之，无论公共服务外包本身如何成功都没有意义。因此，政府必须把对公共服务外包的绩效考评纳入虚拟政府绩效考评体系，研究二者的相互关系及公共服务外包对虚拟政府整体绩效的影响；反之，要提高公共服务外包的绩效也应从虚拟政府整体的角度来考虑，在虚拟政府总体绩效提高的情况下改进公共服务外包工作。

（二）完善对接包企业的绩效考评体系

目前的中国城市基层政府高度重视对接包企业的绩效考评，已经建立了不同层次的考评体系并在不断完善中，从以下数据中可以看出，见表7－21：

表7－21　　数据84

数　据	编　码
C：……所以整个这个公共服务外包机制啊，它是这样一步一步走到现在，逐步完善的，现在更加完善了，通过向全社会公开招投标。审查你的公司的资质啊，这里环卫局还有一个检查、评比、监督，包括跟你经济挂钩，发现你（违规）扣分、扣钱，还有通过一个日常一些规范的机制来监控你，我们通过几级嘛。以前叫三级监管嘛，区里面有一级，街道办事处有一级，社区工作站一级，三级监管，现在再多一个，就是我们的环卫所队，它不再扫马路了，它分为十个小队，一个办事处一个队，专门监管。	逐步建立完善招投标机制； 向全社会公开招标； 由三级监管发展到四级监管

表7－21是对深圳H区委环卫部门官员的一段访谈数据，从中我们可以看到，基层政府已经建立了一个较完整的公共服务质量监管机制而且还在不断完善之中。但总体而言，现在的质量监管机制更多地体现了对上

级负责，没有太多体现对公民负责，而且该机制也还没有实现常态化、动态化，这都是未来要加以改进的方向。

（三）引入社会各方参与绩效考评

改进现有绩效考评机制的关键是引入社会各方共同参与，尤其是虚拟政府的用户——社会公民的参与。目前的考评机制中，虽然政府已经建立了社会公民投诉的渠道，政府也会对公民的投诉进行必要的反馈，但总体而言，政府和企业都缺乏对社会公民意见的重视①。其原因在于，政府没有在对企业的绩效考评机制中对公民意见给予足够高的权重，更没有使公民意见成为考核企业服务质量和水平的“硬指标”，因而出现了企业应对上级检查和公民投诉“一手硬”、“一手软”的局面。

另外，考评体系和考评指标的设计也应公开征求相关专家和社会民众的意见和建议，以形成更加科学全面的考评体系。

（四）绩效考评与责任追究联动

虚拟政府服务于公共利益，因而虚拟政府的绩效更多地体现在公共利益上，而无论虚拟政府的盟主还是盟员在运行中出现严重问题，都有可能对公共利益造成重大损害。因此，虚拟政府必须建立与绩效考评结果联动的责任追究制度，如果绩效考评结果低于预设的标准，构成对公共利益的损害，则应启动相应的责任追究程序，对责任人进行问责，追究其相关责任。

五　公共服务外包的价格形成机制设计

从虚拟政府的视角来看，公共服务外包的价格形成机制实质上就是虚拟政府的盟主和盟员之间的利益分配机制。与虚拟企业相比较可以发现，利益分配机制关系虚拟企业的成败，不当的利益分配机制无法调动虚拟企业合作伙伴尤其是盟员企业的积极性甚至可能使其产生败德行为，在满足自身利益需求的同时损害虚拟企业整体的利益。

虚拟政府也是如此。如果作为盟员的企业无法获得利益的满足和充分的激励就很可能损害虚拟政府的整体利益，而最终利益受损的必将是政府和社会，这一点前文已经做过探讨。从以下数据中我们可以看到建立合理的公共服务外包价格形成机制的重要性，详见表7－22。

---

① 详见第五章的研究。

表 7－22　　数据 85

数　据	编　码
Z：……你看你这个采取什么措施，如果我们通过这方面去沟通的话，基本上都（不错），如果你政府实行沟通式的。你像＊＊①，它们关于定价的问题啊，想当然地定价，这么一算做不下来了，怎么办？ 笔者：偷工减料？	政府与企业要沟通
Z：不是偷工减料啊，是给你出事啊，我做不下来不但偷工减料，工人不愿意啊，闹事啊。后来他就从原来5块多定到7块多，价格一定要让企业有生存的空间，你让企业没有生存的空间，又增大了风险去做，企业肯定会闹的，要么工人闹事，要么质量上不去，要么出问题。 笔者：那您觉得这个定价机制里面应该再增加…… Z：人工、设备、管理、成本。 笔者：这就让企业来报这些东西，然后政府来测算？	外包价格低导致工人闹事； 外包价格要给企业生存空间
Z：第一，你政府找权威人士来核算，专家或权威人士，第二，可以找公共平台，会计师事务所，或者是中介机构啊，来核算，它定位合不合理，它定位合理的、不合理的讲出道理来，那我们现在深圳就是说，没有这个权威机构，企业说的是参照有关法律，劳动法的，那企业说了不算。 笔者：只有企业和政府两方的话，谁说了都不算，企业说的政府也不信。 Z：只能参考，不能作为法律依据，可现在目前又没有这样的机构？ 笔者：就是应该有第三方来参与。	定价机制应考虑人工、设备、管理等方面的成本； 定价机制的相关者：专家或权威人士、中介机构（会计师事务所）
Z：香港呢，不是有第三方，而是政府主动，我们叫主动性，它跟你核算，我们深圳就不是主动，而是我们去找它核算，香港是政府跟你核算，政府跟你核算的基础在哪里？定员、定岗和过程管理，我们这里呢，给你钱，过程不管了。 笔者：我只要结果，你做去。	应有第三方参与价格机制的形成； 政府应主动核算和管理；定员、定岗和过程管理
Z：比如它们都去新加坡学习，新加坡理念什么理念，就是我认为真正的主心骨、核心，服务理念还没做到位，所以研究到位，我给你这个活，很好给你做。讲的是很多，你要是真正体现了服务型政府，你就要主动去和好，跟人家配多少人、配多少钱，给足钱，还要给足企业的利润空间，你企业做不好，你对不起我，我不要你，我换一家企业，你这一部分没做好的话……	政府的服务理念； 服务型政府

① 中国中部某城市。

表7－22的数据来自对深圳H区环卫公司高管的访谈。从中可以看到，没有科学的公共服务价格形成机制必将对公共服务质量产生重大影响。尤其是在公共服务外包价格明显低于市场平均水平的时候，仍然会有企业来竞标，但中标后必然采取各种方式降低成本以保证其基本利润，结果不仅将导致公共服务质量的下降，严重时还会因企业损害职工的利益而带来社会稳定问题。

而且，企业已经意识到，仅靠企业或政府单方面提供的数据都无法获得公信力，只有引入专家或权威人士、会计师事务所等中介组织来参与公共服务外包的定价，才有可能获得客观公正的价格。

同时，以上数据也表达出了企业对政府多方面的期待：期待政府真正树立服务理念，建设服务型政府；期待政府尊重企业，真正与企业平等地沟通；期待政府主动进行管理，主动关注公共服务提供的过程而不是“一包了之”。

因此，要形成长效的公共服务价格形成机制，必须引入社会各方的参与，应当让相关领域的专家、会计师事务所、行业中介机构、市场调查机构都参与到外包价格的制定过程中来。例如可以设计这样的机制：先由会计师事务所对接包企业进行审计，确定其基本业务及成本数据；再由市场调查机构进行市场调查，了解社会公众对接包企业服务质量的反馈；由行业中介机构与市场调查机构对行业内的平均运营成本进行调查，制定行业成本标准；最后在相关领域的专家主导下，确定最终的外包价格并向社会公示，听取社会公众的意见。

在这样的多方参与下，作为盟主的政府只需要做好协调沟通和机制的维护工作，即可获得科学合理的外包价格。合理的价格对盟员产生了充分的激励，实际上为政府减轻了很多负担和后顾之忧，甚至“职能单位”这样的机构都无须再留，实现公共服务的完全市场化，使政府可以全力进行监管，当好盟主，可以更加理直气壮地进行质量监管和绩效考评。

六　公共服务外包的风险管理机制设计

与虚拟企业一样，虚拟政府在运行过程中可能有多种风险，因而必须建立风险管理机制。在公共服务外包的过程中可能出现的风险有：接包企业因经营不善导致亏损甚至破产对公共服务质量带来的风险；接包企业与其员工间发生利益冲突带来的风险；紧急或特殊的公共服务任务带来的风险；政府对接包企业监管不善带来的风险，等等。

公共服务外包过程中最大的风险还是来自政府对盟员的监管不力，不能及时发现盟员企业经营中出现的问题而及时预警，因此，建立公共服务外包风险管理机制的关键和基础环节是建立全面、全方位、全天候的信息收集与沟通系统。一方面，盟主可以通过该信息系统及时掌握盟员的工作动态，对其进行有效监管，通过及时的沟通解决运营中的各种问题从而把风险化解在萌芽之中；另一方面，一旦发现盟员企业出现经营风险可以及时预警，使政府预先启动各种应急预案应对风险。

可喜的是，目前政府已经注意到了建立风险管理机制的重要性并开始了初步的尝试，如表 7－23 中的数据。

表 7－23　　数据 86

数　据	编　码
C：现在为了防止企业欠薪，我也研究这个问题，看怎么操作，你中了这个标，你有多少工人你备案了没有？我想呢，工资你核定，你报给我，我们正在这样，防止企业欠薪，保证不会出现罢工事件，你的工人的工资你造表给我，现在正准备把比方 100 万的承包费，比如工人工资 80 万，你把工人的名单造册，你放到我这里，我们签协议，这样对工人有保障。 笔者：那是不是工人的工资我从政府的一个固定账户开支？ C：我们正在做，首先要保证工人的工资要到位。	防止接包企业欠薪的办法和制度 政府要保证工人能够拿到工资

表 7－23 的数据是对深圳 H 区委官员进行访谈获得的，他们已经开始考虑由政府接管接包企业的工资发放工作，以保证接包企业不能拖欠或克扣环卫工人的工资，这无疑是一种有意义的尝试。但采取这样的措施必须与环卫价格机制的建设相配套，如果环卫价格不能与市场接轨，而政府却按照市场价格向工人支付工资，那么势必挤压接包企业的利润空间，不仅对其不公平，也有可能迫使企业采取更为隐蔽的方式降低成本从而进一步降低公共服务质量甚至损害公共利益。

另外，建立各种风险情况下的应急预案非常必要。作为盟主的政府要考虑公共服务过程中可能出现的各种潜在风险，分别制定应急预案并由专家审定，确保其科学性和合理性。预案确立后要定期组织相关岗位和部门进行应急演练，提高各部门临时应对突发紧急事件的能力。

总体而言，公共服务外包机制的设计应站在虚拟政府的视角，全面审视公共服务外包中的各利益相关者，充分考虑各方在公共服务外包过程中的动机、态度和利益需求，以设计出能够充分调动各方积极性、对各方均能实现有效激励与约束并实现虚拟政府绩效最大化的运营机制。

第八章　研究发现、贡献与不足

本书在对中国城市基层政府公共服务外包的研究中获得了多方面的研究发现并对其进行了初步的理论研究，获得了新的理论成果，对推进虚拟政府、政府公共服务外包及相关领域研究做出了一些基础性的理论贡献。但同时，本书仍存在许多不足和需要改进的问题，有待于在未来的研究中继续深入。

第一节　主要结论、研究发现与贡献

本书的研究回答了最初的研究问题，即中国城市基层政府公共服务外包的动因；获得了3个方面的研究发现并对其进行了初步的理论概括和研究，这些新的现象均未在相关文献中被讨论，这为未来更加深入的研究提供了有价值的问题。同时，本书提出、证实或重新界定了11个概念与范畴，作出了3个方面的理论贡献。

一　本书的主要结论与研究发现

本书通过扎根研究，回答了在研究之初提出的问题，即中国城市基层政府公共服务外包的动因。同时，在本书的研究中发现，中国城市基层政府公共服务外包中存在“公共服务职能的不完全外包”及“公共服务外包目标迷失”现象，同时存在一种有别于企业与政府的特殊的部门：“职能单位”，这种单位与政府之间存在一种特殊的关系，本书将其命名为“行政性承包”。

（一）中国城市基层政府公共服务外包的动因

国内外现有文献对政府公共服务外包动因的解释不尽相同，有的认为经济因素起了主要作用，有的认为政治因素为主要动因，更缺乏对中国政府的实证研究[①]。因此，本书通过扎根理论方法，首先对中国城市基层政府公共服务外包的动因进行了研究。研究发现，与现有文献中认为政府公共服务外包的动因或主要来自政治因素、或主要来自经济因素的观点不同，我国城市基层政府公共服务外包的动因同时来自其外部与内部，其中外部动因又同时来自经济和政治两个方面。

经济动因是上级政府对基层政府财政支持数量的逐步减少，本书将其概括为“财政支持弱化”。而政治动因是上级政府通过指挥、检查、评比等方式对基层政府不断提出越来越高的改善公共服务水平、提高公共服务质量的要求，而基层政府能否很好地满足这种要求决定了其前途和命运，这对其产生了强大的压力，本书将其概括为“政治压力强化”。同时，我国城市基层政府公共服务外包的内部动因来源于基层政府提升公共服务效率的内在动机，本书概括为“提升效率的需要”。如图 8－1 所示。

中国城市基层政府公共服务外包的动因
- 外部动因
  - 财政支持弱化
  - 政治压力强化
- 内部动因：提升效率的需要

图 8－1　中国城市基层政府公共服务外包的动因

本书的研究结论与现有文献不同，处于转型期的中国城市基层政府公共服务外包的动因既不是仅来自于外部，也不是仅来自于内部，既非单纯的经济原因，也非单纯的政治原因，而是内外因相结合，经济与政治因素共同作用。这一成果弥补了现有文献的不足，解释了中国城市基层政府公共服务外包的动因，为更加深入地研究中国政府的公共服务市场化问题提供了有价值的基础性成果。

（二）发现中国城市基层政府的公共服务职能不完全外包现象

本书在随后的研究中发现，中国城市基层政府在进行公共服务市场化的改革中，既将某公共服务职能的大部分外包，但又不愿使其实现完全的市场化，即不将该公共服务的所有职能完全外包，而是以保留一支自己的“嫡系部队”的方式来继续掌控该公共服务职能的某些关键领域。

基于以上发现，本书将这种由于政府不愿将某公共服务职能完全市场

① 详见第二章。

化而形成的政府仅将该公共服务职能部分外包，而同时又保留一部分职能由自己来提供的现象称之为“公共服务职能的不完全外包”。通过对该现象的深入研究，本书发现，出现这一现象的主要动因就是：政治压力强化。

至此，本书发现了一个有趣的现象，即“政治压力强化”既是城市基层政府积极推动公共服务外包的主要动因之一，但同时，“政治压力强化”也构成了阻碍基层政府将某公共服务职能完全外包的关键动因。这种有趣的现象及其对中国政府公共服务改革的影响值得进一步深入研究。

（三）发现“职能单位”的存在及其与政府的“行政性承包”关系

在本书的研究中还发现了一类特殊的部门，即那些承接了政府未外包的公共服务任务并部分享受事业待遇的单位。我们不能称之为“企业”，因为它并不是一个真正独立的企业，但它也已经不是一个政府下属的职能部门或处室。它通过稳定地承包政府不愿外包的公共服务任务获得收入，其业务的获得不需通过市场竞争，但政府也并不将其纳入编制。其高管享受事业单位待遇，但其收入却并不从政府财政列支，而其他员工则与企业员工无异，完全通过市场化手段来聘用和解聘。所以，为区别于市场化的“企业”与隶属于政府的“职能部门”，我们将这样的单位命名为“职能单位”。

政府与职能单位间的关系非常特别，既不是政府与其内部职能部门间的指挥命令关系，又不是政府与企业间的市场交易关系。因此，本书将政府与职能单位的这种特别的关系定义为“行政性承包”关系，即政府既对职能单位负责人及主要管理人员以行政手段进行管理，又使其通过业务承包方式获得收入，同时不限制其进行市场化的经营。

“行政性承包”关系介乎政府与内部职能部门间的行政指挥关系及政府与企业的市场关系之间，“职能单位”及“行政性承包”关系的存在是转型期的中国城市基层政府公共服务外包活动中的一种独特的现象，值得深入研究。

（四）发现“政府公共服务外包目标迷失”现象

本书界定了政府公共服务外包的利益相关者并对其相互关系进行了研究。研究发现，目前的中国城市基层政府在公共服务外包中对自己的角色定位存在明显的偏差，它以为将公共服务外包出去就等于将提供公共服务的最终责任也外包给了企业，从而在将公共服务外包后迷失了其最终目标，忽视了公共服务的最终用户——社会公民的权利和诉求。本书将这种现象概括为“政府公共服务外包目标迷失”现象，即政府在公共服务外包过程中迷失了公共服务外包的最终目的，模糊了自身在公共服务外包后对社会公民应负的责任。

这一现象的存在更加凸显本书基于虚拟政府视角研究政府公共服务外包的价值和意义——只有政府在新的视角上全面地看待自己与其他公共服务外包利益相关者之间的关系，才有可能避免这种目标的迷失。

二　本书提出或重新界定的主要概念或范畴

在本书的研究中发现了一些以往文献中从未讨论过的新的现象，通过运用扎根理论方法对其进行理论性概括和提升，本书提出了 7 个新的概念或范畴。同时，本书的研究为 4 个已经提出过的概念提供了实证支持或验证，并对其进行了重新界定。

（一）提出的新概念或范畴

本书提出的 7 个新的概念或范畴包括：财政支持弱化、政治压力强化、公共服务职能的不完全外包、职能单位、行政性承包、政府公共服务外包目标迷失、政府公共服务外包的利益相关者。

1. 财政支持弱化

“财政支持弱化”是本书研究获得的一个核心范畴，是中国城市基层政府公共服务外包的主要外部动因之一。这一范畴概括了这样的现象，即转型期的中国各级政府需要解决社会管理多方面的问题，财政支出项目与日俱增，而财政支付能力却捉襟见肘，导致上级财政对基层政府公共服务部门的财政支持金额日益减少。这使得基层政府被迫将原本由财政负担的公共服务部门推向市场以减轻自身的财政压力。根据本书研究，政府财政支持弱化的主要原因来自三个方面：上级政府财政紧张；上级政府试图降低运营成本；上级政府无法负担过多的事业编制职工。

2. 政治压力强化

“政治压力强化”是本书研究获得的另一核心范畴，也是中国城市基层政府公共服务外包的主要外部动因之一。这一范畴概括了这样的现象：中国政府顺应社会的发展趋势做出了建设“服务型政府”的决策，这种改革政府行政体制和公共服务提供方式的压力由中央政府逐级传导下去，使各级地方政府和城市基层政府不得不一方面响应上级的要求，另一方面减轻社会对自己的批评和压力而进行公共服务体制的市场化改革，同时，这种改革的成效直接影响着地方政府官员的政绩及个人的晋升。

根据本书的研究，这种推动城市基层政府进行公共服务外包的政治压力通常以以下形式体现：

首先，这种压力直接体现为更高层政府对基层政府构建“服务型政府”和进行公共服务体制改革的行政命令；其次，这种压力通过上级政府组织的对基层政府公共服务水平的评选和竞赛活动体现出来；最后，这种政治压力常常以上级领导视察、外宾参观、重大外事活动、所在城市组织关系城市形象或执政者形象的重大活动及体育赛事等非常具体的形式体现出来。

3. 公共服务职能的不完全外包

这一概念来源于本书的研究发现，即中国城市基层政府在公共服务市场化的改革中，在将某公共服务职能的大部分外包的同时，以保留一支自己的“嫡系部队”的方式来继续掌控该公共服务职能的某些关键领域而不愿使其实现完全的市场化。因此，这一概念是指政府不愿将某公共服务职能完全市场化而仅将其部分外包的现象。本书研究发现，这一现象出现的动因是：政治压力强化。

4. 职能单位

“职能单位”是指本书研究发现的一类特殊的部门，即那些承接了政府未外包的公共服务任务并部分享受事业待遇的单位。它既不是一个真正独立的企业，也不是一个政府下属的职能部门或处室。它通过承包政府不愿外包的公共服务获得收入，其业务的获得不通过市场竞争，政府也并不将其纳入编制。其高管享受事业单位待遇，但收入并不从政府财政列支，而其他员工则完全通过市场化手段来聘用和解聘。

5. 行政性承包

行政性承包是指政府与职能单位间的关系，即政府既对职能单位负责人及主要管理人员以行政手段进行管理，又通过业务承包的方式使其获得收入，同时不限制其进行市场化的经营。行政性承包关系既不是政府与其内部职能部门间的行政指挥命令关系，又不是政府与企业间的市场交易关系，而是介乎二者之间。

6. 政府公共服务外包目标迷失

这是目前中国城市基层政府在公共服务市场化过程中出现的一个新的现象，即政府在公共服务外包过程中迷失了外包的最终目的，忽视了自身对社会公民应负的公共服务责任。

7. 政府公共服务外包的利益相关者

本书将政府公共服务外包的利益相关者定义为：凡是能够影响政府公共服务外包活动或被该活动所影响的人或团体。根据本书掌握的数据，本书将政府公共服务外包的利益相关者划分为政府、接包企业、雇员、社会公民、中介组织、其他利益相关者等六类。

（二）验证或支持的概念

通过本书研究，支持和验证了“企业职能虚拟化”、“政府职能虚拟化”及基于职能虚拟的“虚拟企业”和“虚拟政府”概念，为进行更加深入的理论研究打下了实证基础。

1. 企业职能虚拟化

“企业职能虚拟化”是指企业为降低经营成本、提高运营效率、抓住市场机会、细化专业分工，将某些职能通过外包等契约合作方式交由其他企业或组织完成的经营方式。这一概念并非首先由本书提出，但本书的研究使这一概念获得了实证证据的支持。

2. 政府职能虚拟化

“政府职能虚拟化”是指政府为降低运营成本、提高公共服务效率，将某些职能通过外包等契约合作方式交由企业或其他组织完成的运营方式。

3. 虚拟企业

虚拟企业概念并非本书首次提出，但本书的研究使基于企业职能虚拟化的虚拟企业概念获得了实证证据的支持。因而本书将其简单地界定为：企业职能虚拟化后形成的新型企业组织模式。

4. 虚拟政府

在本书的研究中，通过将“政府职能虚拟化”这一概念与研究数据做进一步比较并进行理论性编码初步获得了“虚拟政府”的概念，即政府职能虚拟化后形成的政府组织模式。通过与已有虚拟政府文献的比较，本书将“虚拟政府”概念最终界定为：政府通过契约合作方式，将自身的某些职能交由企业或其他社会组织完成，由此而形成的新型政府组织模式。

三　本书的主要理论贡献

本书在实证研究的基础上，提出了虚拟政府组织结构的一般模型和组织运行的基础理论，对虚拟政府研究做出了新的理论贡献；同时，本书基于虚拟政府视角，提出了政府公共服务外包机制的基本框架和机制设计的基本原则，为推进政府公共服务外包研究及其机制设计给出了基本理论指导；另外，本书遵循扎根理论研究方法论进行实证研究并对该方法进行了有益的创新，是运用规范的定性研究方法进行公共管理问题研究的有益尝试和探索。

（一）对政府公共服务外包研究的理论贡献

本书引入虚拟企业及虚拟政府理论，从虚拟政府的视角进行公共服务外包研究，提出政府公共服务外包的本质是一种虚拟政府构建方式的观点，这为公共服务外包研究提供了一个新的理论视角，深化了对公共服务外包的理论认识并有助于在此基础上为公共服务外包研究做出有特色的理论贡献，也可能在此基础上充实和完善现有的虚拟组织理论，推动相关理论的对接与融合。

本书从政府职能虚拟化的视角研究了政府公共服务外包的机制问题，不仅提高了认识此问题的理论高度，为此问题的研究提供了新的视角，也为构建更加科学完善的公共服务外包机制提供了基础理论和方法指导。

（二）对虚拟政府研究的理论贡献

在虚拟政府研究方面，本书的理论贡献主要体现在以下三点：

1. 提出基于实证的虚拟政府概念

本书通过实证研究，同时比较现有文献中对虚拟政府概念的两种观点，为其中基于政府职能虚拟化的观点提供了实证支持，并在此基础上重新界定了虚拟政府的概念，为推进虚拟政府研究的进展打下了良好的实证基础，进而为推动虚拟组织及相关领域的研究做出了基础性理论贡献。

2. 对虚拟政府组织运行的理论研究

根据本书的实证研究以及与虚拟企业相关文献的比较，在重新界定虚拟政府概念的基础之上，本书对虚拟政府的层次结构、业务分工、盟主与盟员关系等问题进行了理论研究。在此基础上，初步构建了一个较完整的虚拟政府组织结构模型，从组织运行的层面对虚拟政府的组织结构进行了理论描述。

本书对虚拟政府组织运营相关问题的研究及虚拟政府组织结构模型的构建使我们首次从理论上对虚拟政府的组织及运行有了清晰的认识，对推进虚拟政府及相关领域研究做出了重要的基础性工作。

3. 对虚拟政府运行机制的理论研究

通过实证研究以及与虚拟企业运行机制的比较，本书提出了虚拟政府的运行机制基本框架，为推进虚拟政府研究，完善虚拟政府运行机制并指导政府公共服务外包机制的建立与完善提供了基础性理论。

（三）对管理研究方法论的贡献

运用扎根理论进行公共管理问题的研究是本书在方法论方面的鲜明特色，在管理研究方法论方面有以下两方面的贡献：

1. 对规范的定性研究方法的运用与创新

扎根理论在社会学、教育学、护理学等研究领域都已经得到了越来越广泛的运用并取得了丰硕成果；在国际管理学界，运用扎根理论的研究也越来越多，但这一方法论在国内学界尚未得到广泛重视，研究成果极少。从笔者目前掌握的文献来看，国内尚未出现运用此方法论及其方法进行公共服务外包研究的任何成果。因此，本书的研究既是将扎根理论这一科学的研究方法论应用于公共服务外包研究的有益探索和尝试，也是公共管理研究方法的一个创新。

同时，本书在运用经典扎根理论展开研究工作的同时对其研究方法进行了有效的梳理和创新。本书整理出了可供初学者遵循的经典扎根理论的基本研究程序和规范，并指出，扎根理论的方法论核心和精髓是“扎根精神”，即扎根现实、理论源于实践的学术精神。只要不违背这一精神，研究者完全可以在操作性的技术层面进行必要的创新。在本书的研究中就根据研究情境和问题的特点进行了适度的技术性创新，获得了良好的成效，为更好地理解和运用该方法积累了实践经验。

2. 对中国管理研究的方法论贡献

目前，中国管理研究正面临着方法论方面的巨大挑战。对当代中国管理学者而言，“研究中国情景嵌入和中国情景依赖的管理科学是中国管理学界的责任”（郭重庆，2008）。但由于管理学在我国还是一个年轻的学科，“研究基础相对薄弱，缺乏深厚的学术积淀，在学术研究的经验和学术成果的数量积累、研究的原创性、研究手段与基础设施等方面都存在许多不足”（谭劲松，2007），“特别是研究方法的不规范，导致相当部分研究成果不能得到国际认可”（谭劲松，2007）。因此，“方法论的缺失从根本上制约着管理学在中国的发展”（薛求知、朱吉庆，2006）。

从研究方法论上来看，中国目前管理研究的重要特点是：重视定量研究、忽视定性研究，而定性研究中又非常缺乏对国际主流学界认同的规范的方法论的运用。相当一部分学者认为，管理研究必须运用数学模型或严密的数学推理和演绎，只有这样得出的结论才是科学的。但在这样的方法论偏好影响下，管理学者们越来越缺少对管理中情境因素的关注、对管理活动中人的要素的关切，管理学研究越来越有了沦为一种数学游戏的危险。

实际上，定性研究与定量研究各有其优势和缺陷，各自适用于不同的研究问题和情境，两者并不排斥，而是互为补充，相得益彰。定量研究科学、严谨的优点不容否认，但由于中国的管理环境与西方有很大差异，如果根据基于西方国家文化背景而建立的管理学理论来提出假设，则这些假设就可能脱离中国的具体情境，使研究者忽视现有理论框架之外的本土现象和特殊问题。因此，要开展高水平的中国管理研究，定量研究方法有其天然的局限性。

定性研究“是一种归纳式的理论研究，有利于基于具体情景的社会科学理论的构建”（马克·霍哲，2001）。相对于定量研究，定性研究的优势在于构建对社会现象深入透彻的理解和解释（牛美丽，2006）。因此，在基于中国情境的管理学理论建构工作中，尤其是在中国管理研究的初期阶段，在发展概念和构建理论的时候要采用归纳法，定性研究是必要且适宜的研究工具（徐淑英、刘忠明，2004）。此外，定性研究是在理论和文献匮乏的领域里进行理论构筑工作的有效手段，这些方法尤其适合在中国背景下创建新的理论（徐德音、周长辉，2004）。

扎根理论在中国管理研究中的运用有助于发现中国管理情境中新的问题或新的现象，得出真正扎根中国实际的理论成果；其扎根数据的、规范的理论归纳方法有利于深入挖掘管理现象的本质及其背后的规律，建构规范的理论；其规范的研究程序和方法正是缺乏规范的定性研究方法论指导的我国管理研究所迫切需要的。因此，本书的研究是运用规范的定性研究方法进行基于中国情境的管理研究的有益尝试，有助于推动对我国本土管理现象和问题的研究，为推动以扎根理论为代表的规范的研究方法论在中国管理研究中的运用做出了探索性贡献。

四　本书对中国城市基层政府公共服务外包实践的指导

本书通过对虚拟政府组织及运行的理论研究，基于虚拟政府视角，重新审视中国城市基层政府的公共服务外包实践，从以下三方面对实践工作提供了指导：

首先，本书提出了公共服务外包利益相关者的概念，并基于虚拟政府的视角重新界定了政府与其他公共服务外包利益相关者间的关系和角色定位，为我国城市基层政府转变角色认知和思想观念，改进和提高公共服务外包工作给出了理论指导。

其次，本书提出了公共服务外包机制设计的基本原则，为我国城市基层政府设计和完善公共服务外包机制提供了基本指南。

最后，本书通过对现行公共服务外包机制及运行中存在问题的分析，结合本书所提出的虚拟政府运行机制框架，提出了公共服务外包机制的基本构成，并分别提出了设计、改进和完善的对策，为我国城市基层政府建立更加科学完善的公共服务外包机制提供了具体的、可操作的实践建议。

第二节 研究不足与展望

本书运用经典扎根理论研究方法，获得了一些基于中国本土情境的新的研究发现，初步对这些现象进行了研究和理论探讨，获得了一定的理论成果并作出了一定的理论贡献。但由于时间、精力与研究能力之限，使得本书也存在诸多不足与尚待完善、深化之处，有待于未来更加深入的研究。

一 本书研究的不足之处

总体而言，本书在以下方面尚存诸多不足之处，有待在未来的研究中继续深化与改进：

（一）对中国城市基层政府公共服务外包动因研究的不足

本书的研究初步回答了中国城市基层政府公共服务外包的动因这一问题，并对其进行了初步的理论探讨和分析。但由于研究时间、精力及资源有限，只能研究有限的样本，因而本书未能对影响中国城市基层政府公共服务外包的更多因素进行更加深入全面的研究。目前发现的外包动因同时来自政府内外两方面、内部又来自政治和经济两方面的结论只能是一个基于有限样本的研究假说，这一假说是否具有普适性，即是否能够解释更多的中国城市基层政府公共服务外包的动因，能否扩展到更加广泛的范围，是否还有其他方面的影响因素等问题均需进行更加深入广泛的研究。

（二）对中国城市基层政府公共服务职能不完全外包现象研究的不足

本书发现了我国城市基层政府在特定公共服务职能的外包过程中存在的不完全外包现象，发现了“职能单位”、“行政性承包”等与此相关的特殊部门和关系，对此进行了理论概括及初步的分析和探讨，指出产生这一现象的原因同样来自“政治压力强化”。但由于研究资源与能力之限，无法进行更多、更广泛的扎根研究，使得对这一现象的普遍性缺乏了解，对产生这一现象的动因及影响因素的研究不够深入，对“职能单位”与“行政性承包”存在的普遍性、其运行模式、内在机理与发展趋势等深层次问题的研究都未能涉及。

（三）对中国城市基层政府公共服务外包利益相关者研究的不足

本书提出了政府公共服务外包利益相关者的概念并对其中主要利益相关者之间的关系进行了研究。但由于研究资源和时间精力之限，本书还缺乏对更多样本的研究，如对政府公共服务外包利益相关者之一的“雇员”就未能进行直接的访谈，对“中介机构”的调研也不够充分和全面，因而对这些利益相关者在政府公共服务外包中的思想、行为及其相互关系的探讨不够深入和全面。在对深圳 H 区居民进行的问卷调查中，由于时间精力所限，未能对更多的居民发放问卷，因而该调查的代表性有待提高。

（四）对中国城市基层政府公共服务外包机制研究的不足

本书基于虚拟政府视角，提出了政府公共服务外包机制的基本框架及机制设计与改进的一些对策建议。但由于调研时间有限，未能对现行公共服务外包的机制及其现存问题进行更加深入和广泛的了解，因而无法提出更加具体深入的操作性建议。

二 未来的研究展望

首先，由于时间、精力和研究资源所限，本书仅以广州 F 区与深圳 H 区的环卫服务外包为样本进行了扎根研究，未能对更多城市基层政府的更多公共服务外包项目进行调研。因此，未来需要选择更多样本进行研究，通过与本研究中获得的数据进行不断比较，继续深化对我国政府公共服务外包的研究，充实本书提出的概念和范畴的内涵，以期获得更多的研究发现，做出更多的理论贡献。

其次，对于本书首次发现的一些现象，如公共服务职能的不完全外包、职能单位及行政性承包关系的存在、公共服务的目标迷失等，未来都需要对更多样本进行更加深入的研究，一方面确认这些现象是否是转型期中国基层政府公共服务外包中的普遍现象，另一方面深入探究产生这些现象的深层次原因，未来有可能从对这些现象的深入研究中获得新的发现或贡献。

再次，本书通过扎根研究发现了新的现象，也同样通过扎根理论方法建构了概念、范畴与理论并对其进行了初步的阐释，但在这一过程中缺乏与现有的各种成熟理论的比较。未来有必要运用现有的各种理论，如新公共管理理论、新公共服务理论、交易费用理论、治理理论等对这些新的现象进行研究和比较，从而使本书提出的概念、范畴与理论能更加饱和，具有更大的理论价值和意义。

最后，本书采用的研究方法论决定了本书研究的重点是通过对个案进行深入情境的研究发现问题，因而其突出贡献在于发现了一些基于中国本土情境的现象和问题，但缺陷与不足也同时产生，即无法对更多、更广泛的样本进行研究。因此，本书基于个案研究提出的概念、范畴和理论都有待于未来通过大样本的统计检验进行量化的实证研究，使之具有普适性并用于指导更加广泛的实践。

参考文献

[1] 周志忍：《西方国家行政改革述评》，国家行政学院出版社 1998 年版。

[2] 周志忍：《当代国外行政改革比较研究》，国家行政学院出版社 1999 年版。

[3] 孙学玉：《企业型政府论》，社会科学文献出版社 2005 年版。

[4] [澳] 欧文·E. 休斯：《公共管理导论》，中国人民大学出版社 2001 年版。

[5] 李文良：《中国政府职能转变报告》，中国发展出版社 2003 年版。

[6] [美] E. S. 萨瓦斯：《民营化与公私部门的伙伴关系》，中国人民大学出版社 2002 年版。

[7] 陈振明：《政府再造——西方“新公共管理运动”评述》，中国人民大学出版社 2003 年版。

[8] 陈振明：《公共管理前沿》，福建人民出版社 2002 年版。

[9] [美] 简·芳汀：《构建虚拟政府：信息技术与制度创新》，中国人民大学出版社 2004 年版。

[10] [美] B. 盖伊、彼得斯：《政府未来的治理模式》，中国人民大学出版社 2001 年版。

[11] 毛寿龙、李梅、陈幽汉：《西方政府的治道变革》，中国人民大学出版社 1998 年版。

[12] [美] 戴维·奥斯本、特勒·盖布勒：《改革政府企业家精神如何改革着公营部门》，上海译文出版社 1996 年版。

[13] [美] 史蒂文·L. 戈德曼，罗杰·N. 内格尔，肯尼斯·普瑞斯：《灵捷竞争者与虚拟组织》，辽宁教育出版社 1998 年版。

[14] 赵春明：《虚拟企业》，浙江人民出版社 1999 年版。

[15] 解树江：《虚拟企业——理论分析、运行机制与发展战略》，经济管

理出版社 2002 年版。
[16] 陈剑、冯蔚东：《虚拟企业构建与管理》，清华大学出版社 2002 年版。
[17] 达庆利、王愚、万伦来：《虚拟企业结构模型及运作机制——一种类生物化的分析视角》，清华大学出版社 2004 年版。
[18] 陈向明：《质的研究方法与社会科学研究》，教育科学出版社 2001 年版。
[19] 陈菊红、汪应洛、孙林岩：《灵捷虚拟企业科学管理》，西安交通大学出版社 2002 年版。
[20] [英] 卡麦兹（Charmaz，K）：《建构扎根理论：质性研究实践指南》，边国英译，重庆大学出版社 2009 年版。
[21] 徐淑英、刘忠明：《中国企业管理的前沿研究》，北京大学出版社 2004 年版。
[22] 刘俊海：《公司的社会责任》，法律出版社 1999 年版。
[23] Anselm Strauss，Juliet Corbin：《质性研究概论》，徐宗国译，巨流图书公司 1997 年版。
[24] 包国宪、贾旭东：《虚拟企业与战略联盟案例点评》，中国人民大学出版社 2007 年版。
[25] 包国宪、贾旭东：《虚拟企业管理导论》，中国人民大学出版社 2006 年版。
[26] 陈薇：《政府公共服务外包：问题及对策》，《兰州学刊》2005 年第 3 期。
[27] 莫永荣：《政府服务委托外包的理论与实务：台湾经验》，《行政暨政策学报》2004 年第 39 期。
[28] 刘昕：《政府公共就业服务外包体系：制度设计与经验启示》，《江海学刊》2008 年第 3 期。
[29] 句华：《美国地方政府公共服务合同外包的发展趋势及其启示》，《中国行政管理》2008 年第 7 期。
[30] 敬嘉：《中国公共服务外部购买的实证分析——一个治理转型的角度》，《管理世界》2007 年第 2 期。
[31] 徐漪、王兴全：《基于现行政府模式的电子政务外包风险研究》，《产业与科技论坛》2007 年。

［32］梁桂兰:《人力资源外包是提高政府核心竞争力的有效途径》,《广西大学学报》(哲学社会科学版) 2006 年第 S2 期。
［33］马建斌:《政府转型视域下公共服务型地方政府构建》,《现代管理科学》2008 年第 2 期。
［34］陈文博:《转型期城区政府的社会管理和公共服务职能建设——基于厦门市湖里区外来人口管理现状调查的思考》,《行政论坛》2008 年第 4 期。
［35］宋世明:《工业化国家公共服务市场化对中国行政改革的启示》,《政治学研究》2000 年第 2 期。
［36］邵峰:《公共服务市场化的国际比较及其启示》,《深圳大学学报》(人文社会科学版) 2005 年第 1 期。
［37］李树林:《公共服务市场化的中西比较及启示》,《理论研究》2008 年第 1 期。
［38］王艳、马宁:《公共服务市场化改革: 国际经验及启示》2006 年第 2 期。
［39］黄伟、刘学政:《公共管理社会化与公共服务市场化——美国“政府再造”对珠海市城市管理制度创新的启示》,《城市发展研究》2002 年第 6 期。
［40］刘晓、胡德平:《论地方政府公共服务的市场化与社会化》,《福州党校学报》2007 年第 4 期。
［41］胡象明、鲁萍:《治理视野下的政府公共服务市场化》,《北京行政学院学报》2002 年第 5 期。
［42］李招忠:《中国公共服务市场化的困境及改革思路》,《西北师范大学学报》(社会科学版) 2004 年第 5 期。
［43］郑恒峰:《英国公共服务民营化战略述评》,《中共福建省委党校学报》2008 年第 10 期。
［44］王乐夫、陈干全:《我国政府公共服务民营化存在问题分析——以公共性为研究视角》,《学术研究》2004 年第 3 期。
［45］王金华:《中国政府在公共服务民营化中的角色》,《宁夏党校学报》2005 年第 7 期。
［46］孙钰:《城市公共服务的市场化运营方式研究》,《福建论坛·人文社会科学版》2004 年第 8 期。

[47] 李艳波：《关于公共服务市场化的思考》，《中国行政管理》2004 年第 7 期。

[48] 詹国彬：《民营化——公共事业改革的路径选择》，《决策探索》2003 年第 8 期。

[49] 程国祥、韩艺：《西方公共服务市场化的启示与反思》，《江西社会科学》2004 年第 4 期。

[50] 费小冬：《扎根理论研究方法论：要素、研究程序和评判标准》，《公共行政评论》2008 年第 3 期。

[51] 战德臣、叶丹、徐晓飞、李全龙：《动态联盟建立过程研究》，《计算机集成制造系统》1997 年第 4 期。

[52] 孙东川、叶飞、张红：《虚拟企业生命周期系统管理》，《系统工程》2002 年第 1 期。

[53] 陈春明、刘希宋：《基于混沌理论的耗散结构组织研究》，《学术交流》2004 年第 6 期。

[54] 李振华、赵黎明：《企业合作竞争系统自组织演化的动力学模型》，《天津大学学报》2006 年第 6 期。

[55] 包国宪、贾旭东：《虚拟企业的组织结构研究》，《中国工业经济》2005 年第 10 期。

[56] 包国宪、贾旭东：《虚拟企业研究基础——实践背景与概念辨析》，《兰州大学学报》（社科版）2004 年第 11 期。

[57] 贾旭东：《虚拟企业组织运行的基础环境与模式研究》，《兰州大学学报》（社科版）2005 年第 2 期。

[58] 田华文：《虚拟政府——一种新的政府形式设想》，《行政与法》2008 年第 9 期。

[59] 孙晶：《电子政务下构建政府虚拟组织的探讨》，《办公自动化杂志》2006 年第 5 期。

[60] 陈红捷、刘西林：《电子政务环境下虚拟组织在政府组织变革中的应用》，《西北工业大学学报》（社会科学版）2005 年第 3 期。

[61] 张成福：《电子化政府发展及其前景》，《中国人民大学学报》2000 年第 5 期。

[62] 刘春海：《论电子政府与中国行政发展》，《工业技术经济》2004 年第 3 期。

[63] 牛华:《“虚拟政府”对公共服务能力提升的影响分析》,《生产力研究》2007 年第 16 期。

[64] 陆璐:《论虚拟组织理论视野下的行政组织创新》,《湘潭师范学院学报》(社会科学版)2005 年第 3 期。

[65] 韦伟光:《虚拟组织理论对行政组织改革的借鉴意义》,《企业科技与发展》2007 年第 16 期。

[66] 齐明山:《从现实政府走向虚拟政府的政府变革》,《新视野》2002 年第 6 期。

[67] 李艳波:《关于公共服务市场化的思考》,《中国行政管理》2004 年第 7 期。

[68] 张青:《关于我国公共服务市场化的思考》,《现代管理科学》2004 年第 7 期。

[69] 徐冬蓉:《西方国家公共服务市场化背景下的中国公共服务改革》,《南昌大学学报》(人文社会科学版)2005 年第 2 期。

[70] 付俊文、赵红:《利益相关者理论综述》,《首都经济贸易大学学报》2006 年第 2 期。

[71] 娄成武、尹涛:《论政府在公共服务民营化中的作用》,《东北大学学报》2003 年第 9 期。

[72] 徐增辉:《论我国公共服务供给现状及市场化改革》,《华北电力大学学报》(社会科学版)2005 年第 3 期。

[73] 刘旭涛:《公共服务市场化:政府职能转变的重要方向》,《新视野》1999 年第 1 期。

[74] 沈荣华:《论政府公共服务机制创新》,《北京行政学院学报》2004 年第 5 期。

[75] 句华:《公共服务市场化的内涵和动因》,《社会科学战线》2003 年第 3 期。

[76] 赵纯均、陈剑、冯蔚东:《虚拟企业及其构建研究》,《系统工程理论与实践》2002 年第 10 期。

[77] 于英香:《企业组织虚拟化现象的社会学阐释》,《上海大学学报》(社会科学版)2006 年第 5 期。

[78] 蒋山花、何跃:《虚拟企业的系统论诠释——从组织结构与运行机制看虚拟企业的系统性》,《系统科学学报》2006 年第 3 期。

[79] 李金勇、郑丕谔、王维斌：《虚拟企业组织模式研究》，《中国软科学》2001 年第 3 期。

[80] 史修松：《基于耗散结构理论的企业组织演化分析》，《现代管理科学》2006 年第 6 期。

[81] 刘璞、王云峰、史亚巍：《虚拟企业组织机制研究综述》，《河北工业大学学报》2001 年第 3 期。

[82] 冯生尧、谢瑶妮：《扎根理论：一种新颖的质化研究方法》，《现代教育论丛》2001 年第 6 期。

[83] 陈向明：《扎根理论的思路和方法》，《教育研究与实验》1999 年第 4 期。

[84] 郭重庆：《中国管理学界的社会责任与历史使命》，《管理学报》2008 年第 3 期。

[85] 李志刚：《扎根理论方法在科学研究中的运用分析》，《东方论坛》2007 年第 4 期。

[86] 牛美丽：《公共行政学观照下的定性研究方法》，《中山大学学报》（社会科学版）2006 年第 3 期。

[87] 谭劲松：《关于中国管理学科定位的讨论》，《管理世界》2006 年第 2 期。

[88] 谭劲松：《关于中国管理学科发展的讨论》，《管理世界》2007 年第 1 期。

[89] 王京生、王争艳、陈会昌：《对定性研究的重新评价》，《教育理论与实践》2000 年第 2 期。

[90] 王锡苓：《质性研究如何建构理论？——扎根理论及其对传播研究的启示》，《兰州大学学报》（社会科学版）2004 年第 3 期。

[91] 许德音、周长辉：《中国战略管理学研究现状评估》，《管理世界》2004 年第 5 期。

[92] 徐淑英、张志学：《管理问题与理论建立：开展中国本土管理研究的策略》，《南大商学评论》2005 年第 4 期。

[93] 薛求知、朱吉庆：《科学与人文：管理学研究方法论的分歧与融合》，《学术研究》2006 年第 8 期。

[94] 张敬伟、马东俊：《扎根理论研究法与管理学研究》，《现代管理科学》2009 年第 2 期。

[95] 张梦中、[美] 马克·霍哲：《定性研究方法总论》，《中国行政管理》2001 年第 11 期。
[96] 仓平、王素芬：《基于扎根理论的大学产业集群形成机理研究——以同济大学建筑规划产业集群为例》，《同济大学学报》（社会科学版）2008 年第 2 期。
[97] 李志刚、李兴旺：《蒙牛公司快速成长模式及其影响因素研究——扎根理论研究方法的运用》，《管理科学》2006 年第 3 期。
[98] 任征、朱怀意、关涛、胡峰：《基于扎根理论的临时性组织模型》，《阴山学刊》2005 年第 5 期。
[99] 韩炜：《基于扎根理论的企业战略定位探讨》，《现代财经》2008 年第 10 期。
[100] 于建原、李清政：《应用“扎根理论”对营销假说的验证》，《财贸经济》2007 年第 11 期。
[101] 李志刚、王迎军：《继承式裂变创业的扎根理论方法研究》，《中国海洋大学学报》2007 年第 2 期。
[102] 邓文君：《基于扎根理论的中国旅游业人员跨文化敏感性研究》，浙江大学，硕士学位论文，2006 年。
[103] 辛春艳：《城市公共服务市场化研究》，大连理工大学，硕士学位论文，2005 年。
[104] 姚青：《非营利组织参与公共服务外包问题研究》，兰州大学，硕士学位论文，2008 年。
[105] 周春梅：《公共服务外包委托代理问题研究》，燕山大学，硕士学位论文，2006 年。
[106] 刘厚金：《我国政府转型进程中的公共服务研究》，华东师范大学，博士学位论文，2007 年。
[107] 胡丽伟：《经济社会转型中的公共服务型政府建设——以浙江为例的研究》，浙江大学，硕士学位论文，2007 年。
[108] 苗红培：《转型期提高地方政府公共服务能力研究》，山东大学，硕士学位论文，2007 年。
[109] 詹晨霞：《市场化与公共服务的有效供给——浙江省温岭市泽国镇环卫服务市场化的个案研究》，浙江大学，硕士学位论文，2007 年。

[110] 曾保根：《当代中国公共服务市场化论析》，华中师范大学，硕士学位论文，2005 年。

[111] 陈智军：《交易费用视角下的公共服务外包》，浙江大学，硕士学位论文，2003 年。

[112] 刘静波：《公共服务的多主体供给分析》，西北工业大学，硕士学位论文，2006 年。

[113] 赵晨：《公共服务社会化初探》，吉林大学，硕士学位论文，2004 年。

[114] 陈微露：《公共服务的市场化改革研究——以中山市公共服务市场化改革为例》，吉林大学，硕士学位论文，2005 年。

[115] Abbass F. Atkhafaji. Privatization: an overview. Journal of Organization Change Management, 1993, 6 (3): 24 – 42.

[116] Age johnsen, pentti meklin, lasse oulasvirta and jarmo vakkuri. governance structures and contracting out municipal auditing in finland and norway. Financial Accountability & Management, 2004, 20 (4): 445 – 477.

[117] Ahmed, shafiqul, huque. Contracting Out and Trust in the Public Sector: Cases of Management from Hong Kong. Public Organization Review: A Clobal Journal, 2005, (5): 69 – 84.

[118] Allan. A Manifesto for an Independent Balmain, Balmain Secession Movement, Balmain. 2001.

[119] Andrew Kakabadse, Nada Kakabadse. Outsourcing in the public services: a comparative analysis of practice, capability and impact. Public Adminis Gation and Development, Dev. 21, 401 – 413 (2001).

[120] Anna Ya Ni. Stuart Bretschneider. The Decision to Contract Out: A Study of Contracting for E – Government Services in State Governments. Public Administration Review, 2007, May – June, 531 – 544.

[121] Anne M. Libby. Contracting between public and private providers: a survey of mental health services in california. Administration and Policy in Mental Health, Vol. 24, No. 4, March 1997.

[122] Cole E. Partnering: A Quality Model for Contract Relations, The Public Manager, 1993: 39 – 42.

[123] Colette Rogers. The Impact of the Australian Government Job Network Contracting on Not – for – Profit Service Providers. The Australian Journal of Public Administration, 2007, Vol. 66, No. 4, pp. 395 –405.

[124] Dan guttman. Contracting United States Government Work: Organizational and Constitutional Models. Public Organization Review: A Global Journal, 2003, (3): 281 –299.

[125] David M. Van Slyke. The Mythology of Privatization in Contracting for Social Services. Public Administration Review. May/June 2003, Vol. 63. No. 3: 296 –315.

[126] Deborah Foster and Peter Scott. Conceptualising union responses to contracting out municipal services, 1979 –97. Industrial Relations Journal. 136 –150.

[127] Denzin and Y. S Lincoln (Eds.), " Hand book of qualitative research", Thousand Oaks, CA: Sage, 1994.

[128] Pierre Morgenrood, Partnership for Public Service. Public Sector Highlights, 2004, (24): 65 –67.

[129] Eaves, "A Synthesis Technique for Grounded Theory Data Analysis", Journal of Adranced Nursing, 2001.

[130] E. Dijkgraaf, R. H. J. M. Gradus, B. Melenberg. Contracting out refuse collection. Empirical Economics, 2003 (28): 553 –570.

[131] Eisenhardt, K., "Building theories from case study research", Academy of Management Review, 1989, 14.

[132] G. David Garson. Public information technology and e – governance: managing the virtual state. Jones and Bartlett, 2006.

[133] Glaser, B. G. And Strauss, A., "The discovery of grounded theory: Strategies for qualitative research", Chicago: Aldine, 1967.

[134] Glaser, B. G., "Theoretical sensitivity", Mill Valley, CA: Sociology Press, 1978.

[135] Glaser, B., "Basics of grounded theory analysis", Mill Valley, CA: Sociology Press, 1992.

[136] Glaser, B. G. (Ed.), "Examples of grounded theory: A reader", Mill Valley, CA: Sociology Press, 1993.

[137] Glaser, B. G. (Ed.), "More grounded theory methodology: A reader", Mill Valley, CA: Sociology Press, 1994.

[138] Glaser, B. G., "Doing grounded theory: Issues and discussions", Mill Valley, CA: Sociology Press, 1998.

[139] Glaser, B. G., "The future of grounded theory", Qualitative Health Research, 9 (6), 836 - 845, 1999.

[140] Glaser, B. G., "The grounded theory perspective: Conceptualization contrasted with description", Mill Valley, CA: Sociology Press, 2001.

[141] Glaser, Barney G., " Constructivist Grounded Theory? ", Forum Qualitative Sozialforschung / Forum: Qualitative Social Research, 3 (3), Art. 12 http: //nbnresolving. de/urn: nbn: de: 0114 - fqs0203125, 2002.

[142] Glaser, B. G., "The grounded theory perspective II: Conceptualization contrasted with description" . Mill Valley, CA: Sociology Press, 2003.

[143] Glaser, B. and Holton, J., "Basic Social Processes", The Grounded Theory Review, 4 (3): 1 - 27, 2005.

[144] Gregg G. Van Ryzin, E. Wayen Freeman., Viewing Organizations as Customer of Government Services. Public Productivity and Management Review, 1997, (6).

[145] Harry P. Hatry et al.. How Effective Are Your Community Services? Produce for Monitoring the Effectiveness O Municipal Services. Washington, DC: Urban Institute, 1977.

[146] Henry ohlsson. Ownership and Production Costs: Choosing between Public Production and Contracting - Out in the Case of Swedish Refuse Collection. Fiscal Studies, 2003, Vol. 24, No. 4, pp. 451 - 476.

[147] Howard Davis and Bruce Walker. Trust - Based Relationships in Local Government Contracting. PUBLIC MONEY & MANAGEMENT OCTOBER - DECEMBER, 1997, 46 - 54.

[148] Hood, Christopher. A public management for all seasons ? . Public Administration, 1991, 69 (1): 3 - 19.

[149] Hood, Christopher. Paradoxes of Public Sector Managerialism: Old Public Management and Public Service Bargains, International Public

Management Network Conference, Macquarie University, Sydney, 2000.

[150] Hodge, Graeme A. Privatization: An International Review of Performance. Oxford, UK: Westview Press, 2000.

[151] IRENE RUBIN. Budgeting for Contracting in Local Government. Public Budgeting & Finance. Spring 2006, 1 –13.

[152] Jane E. Fountain. The Virtual State: Transforming American Government? . NATIONAL CIVIC REVIEW, Vol. 90, No. 3, Fall 2001: 241 –251.

[153] John A. Bourbeau. Has outsourcing/contracting out saved money and/or improved service quality? A vote counting – analysis. Virginia: Virginia Polytechnic Institute and State University, 2004.

[154] Lauren B. Gates, Suzanne W. Klein, Sheila H. Akabas, Robert Myers, Marian Schwager, and Jan Kaelin – Kee. Performance – based contracting: turning vocational policy into jobs. Administration and Policy in Mental Health, 2004, 31 (3): 219 –240.

[155] Manuela S. Macinati. Outsourcing in the Italian National Health Service: findings from a national survey. International Journal of Health Planning and Management, 2008, (23): 21 –36.

[156] Mary K. Marvel, Howard P. Marvel. Outsourcing Oversight: A Comparison of Monitoring for In – House and Contracted Services. Public Administration Review, 2007, May –June: 521 –530.

[157] Martha Golensky, Gerald L. DeRuiter. Merger as a Strategic Response to Government Contracting Pressures A Case Study. Nonprofit management & leadership, Vol. 10, No. 2, Winter 1999, 136 –152.

[158] Martin Chalkley & James M. Malcomson. Contracting for health services with unmonitored quality. The Economic Journal, 1998, 108 (July): 1093 –1110.

[159] Michael E. Yensz. A Systems theory Analysis of Outsourcing Food Service Functions in The United States Coast Guard. Walden University, 2001. Doctoral Dissertation.

[160] M. Olson. The Logic of Collective Selection, 2nd Edition. Harvard Uni-

versity Press, 1980.

[161] Paul oslington. Contracting – Out of Assistance to the Unemployed: Implications of the Australian Experiment. The economic record, 2005, 81 (252): 30 – 37.

[162] Paul Seidenstat (ed), Contracting out Government Services. Praeger Publisher, 1999.

[163] Raymond J. struyk. nonprofit organizations as contracted local social service providers in eastern europe and the commonwealth of independent states. public administration and development. Dev. 22, 429 – 437 (2002).

[164] Richard Heeks. Implementing and managing e – government: an international text. Sage, 2006.

[165] Richard Mulgan. Contracting Out and Accountability. Australian Journal of Public Administration 1997, 56 (4): 106 – 116.

[166] Seiichiro Hayakawa & Francois Simard. Contracting Out in Japanese Local Government: Are Unions Making a Difference? British Journal of Industrial Relations 2001, 39 (1): 81 – 95.

[167] Sean Nicholson – Crotty. The Politics and Administration of Privatization: Contracting Out for Corrections Management in the United States. The Policy Studies Journal, 2004, Vol. 32, No. 1, 41 – 57.

[168] Strauss, A. , Qualitative analysis for social scientists. New York: Cambridge University Press, 1987.

[169] Strauss, A. and Corbin, J. , Basics of qualitative research: Grounded theory procedures and techniques, Newbury Park, CA: Sage, 1990.

[170] Strauss, A. and Corbin, J. , " Basics of qualitative research: Techniques and procedures for developing grounded theory (2nd ed.)", Thousand Oaks, CA: Sage, 1998.

[171] Thomas pallesen. A Political Perspective on Contracting Out: The Politics of Good Times. Experiences from Danish Local Governments. Governance: An International Journal of Policy, Administration, and Institutions, Vol. 17, No. 4, October 2004 (pp. 573 – 587).

[172] Trevor L. Brown. Matthew Potoski. Contract – Management Capacity in

Municipal and County Governments. Public Administration Review. 2003, 63 (2): 153 - 164.

[173] Wesemann, Contracting for City Services. New York: The Free Press, 1995.

[174] Ruben Berrios. Government Contracts and ContractorBehavior. Journal of Business Ethics, 2006, (63): 119 - 130.

[175] Yijia jing. outsourcing in china: an exploratory assessment. public administration and development, 2008, (28): 119 - 128.

[176] YOSEF BHATTI, ASMUS LETH OLSEN, and LENE HOLM PEDERSEN. The Effects of Administrative Professionals on Contracting Out. Governance: An International Journal of Policy, Administration, and Institutions, Vol. 22, No. 1, January 2009 (pp. 121 - 137).

附录 1

《基于扎根理论的中国城市基层政府公共服务外包研究》保密承诺书

您好！

衷心感谢您接受我的访谈，本访谈是为完成《基于扎根理论的中国城市基层政府公共服务外包研究》项目而进行的，目的是以中国经济发达地区城市基层政府为案例，研究其进行公共服务外包的实践经验，据此进行公共服务外包机制的理论研究，以指导我国城市基层政府的公共服务外包实践。

我希望了解您所在城市基层政府实施公共服务外包的动因、决策的影响因素及外包过程中各相关利益者的态度、思想与行为，请您真实地回答我提出的问题，与我进行深入的沟通和交流，以便我顺利完成该课题的研究！谢谢！

作为一项规范的案例研究，我希望能够对访谈过程进行录音以便节省访谈时间并利于资料的整理。如您认为不便，您可以在访谈中的任何时候关闭录音设备甚至拒绝录音，我将充分尊重您的隐私权。如您需要，我将把访谈录音文件提供给您备份。

我向您郑重承诺：我将恪守学术研究的道德规范，不将访谈的任何内容和信息（包括访谈录音及其整理文件）泄露给第三方或用于除本项目研究外的任何用途！在本项目的最终成果中不会出现任何有关受访者的个人信息或能够使人联想到受访者的任何暗示，请您放心！

我以学者的身份，认真而郑重地对您做出以上承诺！如有违反我愿承担法律责任！

再次感谢您对我研究的支持和帮助，祝您健康！愉快！

本承诺书请您妥为保存！

访问者：兰州大学管理学院　（本人签名）

电　话：136＊＊＊＊＊422

E－mail：jia＊＊＊＊＊＊@lzu. edu. cn

日　期：

附录 2

《基于扎根理论的中国城市基层政府公共服务外包研究》受访者信息表

No. □□

姓名		性别		年龄	
工作单位				职务或岗位	
电　　话				E－mail	
通信地址					

是否接受访谈录音：　　是□　　否□

是否需要访谈录音文件：是□　　否□

附录3

访谈提纲

●为什么实施公共服务外包？

●外包决策的做出考虑了哪些因素？

●政府选择外包的公共服务职能的标准是什么？哪些可包，哪些不可包？

●在外包的实施过程中，政府、企业、社会组织及公众等利益相关者分别扮演着怎样的角色？具有怎样的态度与行为？它们之间怎样互动？对外包的过程与绩效有何影响？

●外包的绩效如何？与外包过程有何关系？

●外包具体如何操作？过程怎样？

●已经获得了哪些经验？有何不足？

附录 4

深圳市 H 区公共环境卫生工作满意度调查

非常感谢您在繁忙的工作中抽出时间填写这份问卷，您对这些问题的回答将使我们全面地了解深圳 H 区环卫工作的现状，以支持我们对城市基层政府公共服务进行的研究。

请实事求是地填写本问卷，填写说明如下：

●本问卷采用无记名方式。

●所有的问题都没有对错和好坏之分，只是表达您个人的看法，请勿有任何顾虑。

●请用“√”直接勾选一个您同意的答案，或在题后的空白处写下您的回答。

我们郑重承诺，我们对您的回答和有关数据将严格保密，否则将承担法律责任。

您的支持和配合对我们的研究非常重要，再次感谢！

谢谢！

兰州大学管理学院项目组

2009 年 7 月

个人基本情况

1. 您的性别是:

a. 男　　　b. 女

2. 您的年龄在:

a. 20岁及以下

b. 21—30岁之间

c. 31—40岁之间

d. 41—50岁之间

e. 51—60岁之间

f. 60岁以上

3. 迄今为止,您已经在深圳H区生活或工作了多长时间?

a. 2年以下

b. 2—5年

c. 6—10年

d. 10年以上

e. 20年以上

请您回答以下问题

1. 您对目前H区室外公共环境的卫生状况是否满意?

A. 非常满意　　B. 基本满意　　C. 说不清

D. 不太满意　　E. 很不满意

2. 如果公共场所的环境卫生状况不佳,您认为应由谁负主要责任?

A. 所属辖区的基层政府　　B. 负责清扫保洁的公司

C. 生活在这里的居民　　D. 外来人员或流动人口

E. 说不清

3. 您是否了解H区政府所进行的环卫工作市场化改革状况?

A. 非常了解　　B. 了解一些　　C. 说不清

D. 不太了解　　E. 一无所知

4. 您对H区政府所进行的环卫工作市场化改革及其日常工作的态度是:

A. 非常关心　　B. 偶有关心　　C. 说不清　　D. 不太关心

E. 毫不关心

5. 您认为老百姓的意见在 H 区政府所进行的环卫改革及日常环卫工作中是否得到了充分的尊重?

A. 得到了充分的尊重　　B. 基本得到了尊重　　C. 说不清

D. 基本没有得到尊重　　E. 完全没有得到尊重

6. 您认为目前 H 区公共环境卫生工作存在的主要问题有哪些?

7. 您对城市基层政府应如何做好城市环卫工作有何意见和建议?

附录 5

受访者提供的资料清单

1. 广州 F 区

1.1　2008 年环美中心＊＊业务部年度总结（PPT）

1.2　广州市政府采购委托协议（DOC）

1.3　广州市政府采购中心招标文件（DOC）

1.4　广州市水上市容环境卫生管理处河涌垃圾打捞项目绩效评价自评报告（DOC）

1.5　广州市市容环境卫生管理处江面垃圾打捞项目绩效评价自评报告（DOC）

1.6　广州 F 区环美中心＊＊业务部 2009 年度上半年工作总结和下半年工作计划（DOC）

2. 深圳 H 区

2.1　“探索环境卫生管理新举措　　打造最干净最优美的城区”（DOC）

2.2　H 区环境卫生管理体制改革调研汇报材料（DOC）

2.3　深圳市公共区域环境卫生质量和管理要求（PDF）

2.4　市政道路机扫车辆技术要求（深城管［2009］155 号）（TIFF）

2.5　垃圾清运设备及站点图片 40 张。

2.6　深圳市城市管理局文件“关于印发鹏城市容环卫杯竞赛评比方案和评分标准的通知”（深城管［2009］85 号）复印件

2.7　深圳市人民政府文件“关于完善环卫市场机制提升城市清洁水平的意见”（深府［2009］5 号）复印件

注：因资料内容繁多，故这里仅列出清单。

附录 6

开放性编码图

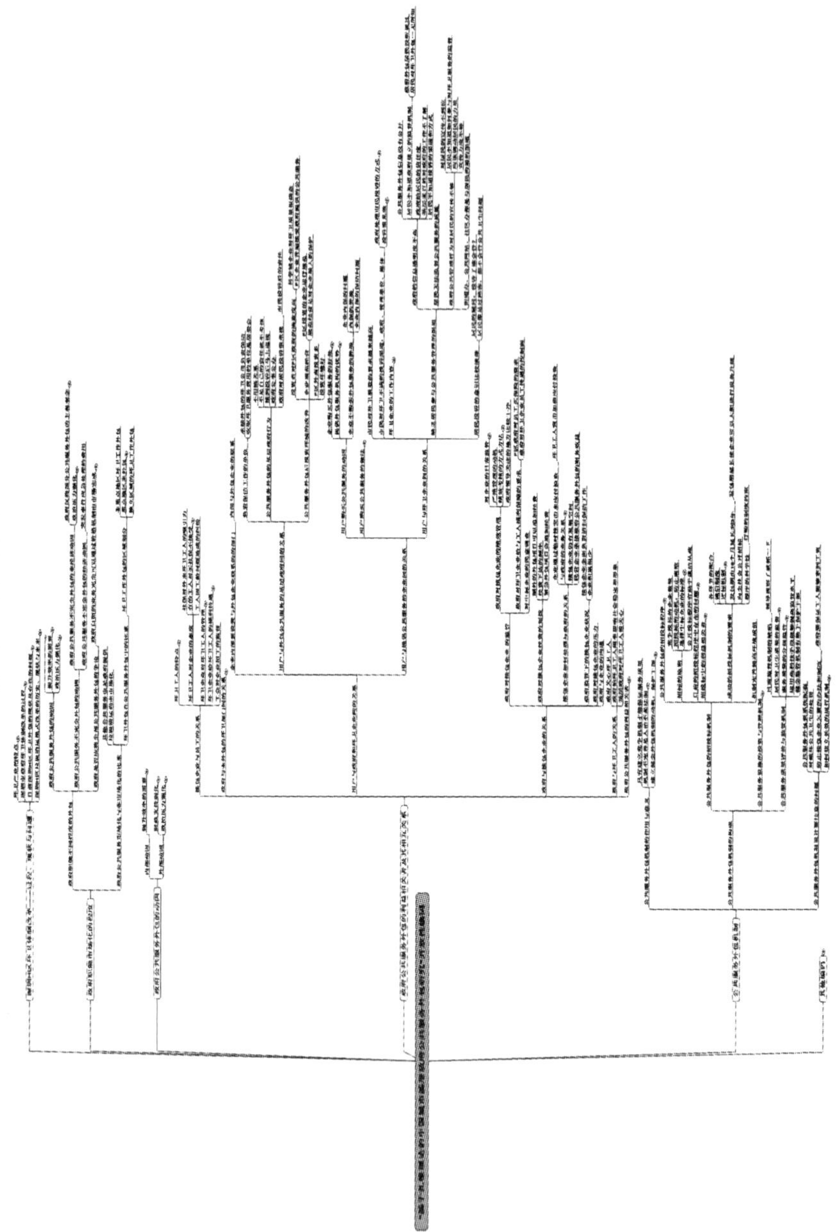

附录 7

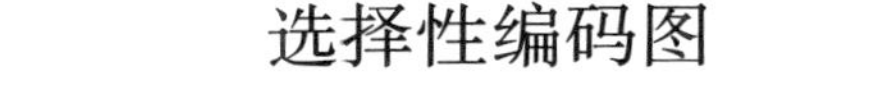

"基于扎根理论的中国城市基层政府公共服务外包研究"选择性编码

- 政府公共服务外包的动因
- 政府公共服务不完全外包
  - 政府公共服务不完全外包的动因
    - 政府压力强化
- 政府公共服务外包的利益相关者及其相互关系
  - 政府公共服务外包的利益相关者
  - 政府与接包企业的关系
    - 政府对接包企业的监管
      - 政府对接包企业的绩效管理
        - 对企业的日常监管
        - 绩效考核的方式方法
      - 政府对接包企业的压力
      - 政府监管下的接包企业状况
    - 政府对接包企业经费的划拨
    - 接包企业如何处理与政府的关系
      - 接包企业如何应付政府的检查
      - 接包企业与政府的业务关系
  - 政府与"职能单位"间的关系——行政性承包
  - 政府与环卫工人的关系
    - 政府关心环卫工人
    - 政府怕环卫工人闹事影响社会稳定和形象
    - 基层政府对环卫工人很关心
  - 承包企业与员工的关系
    - 环卫工人的特点
    - 环卫工人对企业的态度
    - 环卫企业对环卫工人的管理
    - 环卫企业给环卫工人的福利待遇
    - 工会对企业招工的监督
  - 用户与政府和环卫企业间的关系
    - 用户与外包公共服务的基层政府间的关系
    - 用户与提供公共服务的企业间的关系
      - 企业用户购买公共服务的动因
      - 企业用户购买公共服务的做法
      - 市民与环卫企业间的关系
        - 市民对环卫质量的要求越来越高
        - 市民对环卫不满的投诉渠道：政府、管理单位、媒体
        - 缺乏居民参与公共服务管理的渠道
        - 居民投诉的意识比较淡薄
- 公共服务外包机制
  - 公共服务外包机制的作用与意义
    - 只有建立竞争机制才能保证服务质量
    - 机制不完善是人治不是法制
    - 建立健全外包机制的意义和动机：保护干部
  - 公共服务外包机制的构成
    - 公共服务外包的招投标机制
      - 公共服务外包的招投标程序
      - 招标的原则
        - 招投标的动机：防止腐败
        - 选择中标企业的标准
      - 目前的招投标程序中存在的问题
      - 招投标中各种利益相关者扮演的角色
      - 成功的招投标机制的要素
        - 程序的科学性
        - 评标机制
        - 诚信制度
        - 向全社会公开招标
        - 各环节的配合
        - 发包期延长使企业可以大胆进行设备升级
      - 机制完善提高环境质量
    - 公共服务外包定价机制
      - 环卫定价机制设计应考虑的问题
        - 权威的定价机制
        - 政府应主动核算和管理
        - 政府要给企业给足经费
        - 外包价格形成的长效机制
        - 定价机制应考虑人工、设备、管理等方面的成本
        - 制定保洁单价一定要符合市场规律
        - 不同路段清扫单价不同
      - 环卫外包定价机制的意义与作用
      - 定价机制的相关者：专家或权威人士、中介机构（会计师事务所）
      - 案例：香港由专门机构进行动态的环卫价格管理
    - 公共服务设施的投资与管理机制
    - 公共服务质量评价与监管机制
      - 服务质量的分级监管
      - 目前监督机制的缺陷
      - 居民对卫生质量的监督
      - 运用高科技手段能够提高监管水平
      - 健全监管机制有助于保护干部
  - 公共服务外包机制设计要注意的问题
    - 公共服务外包要系统配套
    - 对破坏公共卫生的处罚
    - 防止接包企业欠薪的办法和制度
    - 如何建立长效的运行机制
      - 政府将公共服务外包后不能放弃管理
      - 质量管理的长效机制
      - 环卫工作要搞好需要和其他部门一起综合治理
      - 案例：香港的经验：动态价格评估、全面过程管理

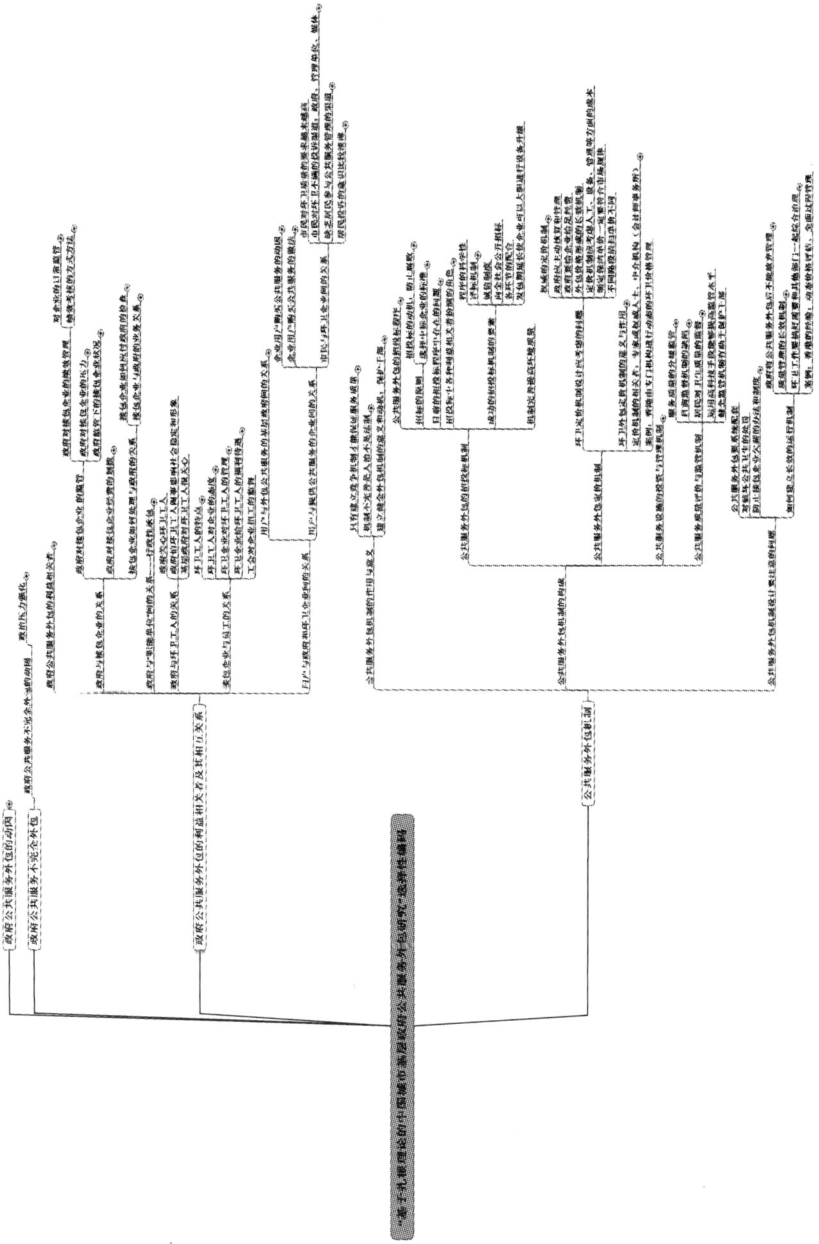

附录 8

理论性编码图

“基于扎根理论的中国城市基层政府公共服务外包研究”理论性编码
核心理论性概念
虚拟政府
政府职能虚拟化
政府公共服务市场化与非市场化的比重
环卫工作外包的区域划分
非重点地区环卫工作外包
重点地区未外包
独立区域的环卫工作外包
政府外包与自留公共服务的业务比例
事业在编人员与其他从业者的比例
政府是否应将全部公共服务外包的争论
部分公共服务外包的弊端
部分外包没有体现优势
自留机构仍然吃大锅饭
公共服务完全外包是可行的
如果管理系统合理则无须自留
政府自留的业务完全可以通过价格机制由市场完成
未市场化环卫部门的业务
承接市场化的业务
承接政府的业务
不市场化业务的特征：适合机扫
机扫的好处：提高效率、保证质量、减少交通事故
政府直属的保洁队伍全部实现了机械化
设备全部由政府投入
重点区域、一类、二类路由自己的队伍清扫
提高机扫率有助于降低环卫工人发生交通事故
工作特点
“经常加班加点”
承接任务的方式
工作压力大
做政府的业务足以生存
只接政府的业务
政府给活儿就干
“无条件地干”
虚拟企业
企业职能虚拟化
企业内部要设置与外包企业联系的部门
内部与外包企业的联系
接包企业可以进行多种经营
承接政府外包业务是接包企业的基础性业务，目的是分摊成本
接包企业自营业务与接包业务的比例
企业用户购买政府外包的公共服务的动因
企业购买外包服务的好处
用保安公司成本低、风险低
服务外包体现了专业分工
企业能够对服务提供者进行有效监督
提供外包服务机构的优势
成熟的规模
服务质量高
违规处罚很严厉
造成客户损失负责赔偿
服务很专业
服务很规范
安保服务的内容
保安联防服务
保安服务的核心内容：巡视
服务人员素质高
保安公司保安能严格执法
保安能力强
对保安的培训
保安人员进行培训
联动机制
联防机制
治安状况好
管理规范化、制度化
制度很健全
高度细化的分工
军队化的管理
分清责任
个人的责任制
企业不购买外包服务的弊端
企业内保的问题
内保的弊端
企业内部的保洁问题

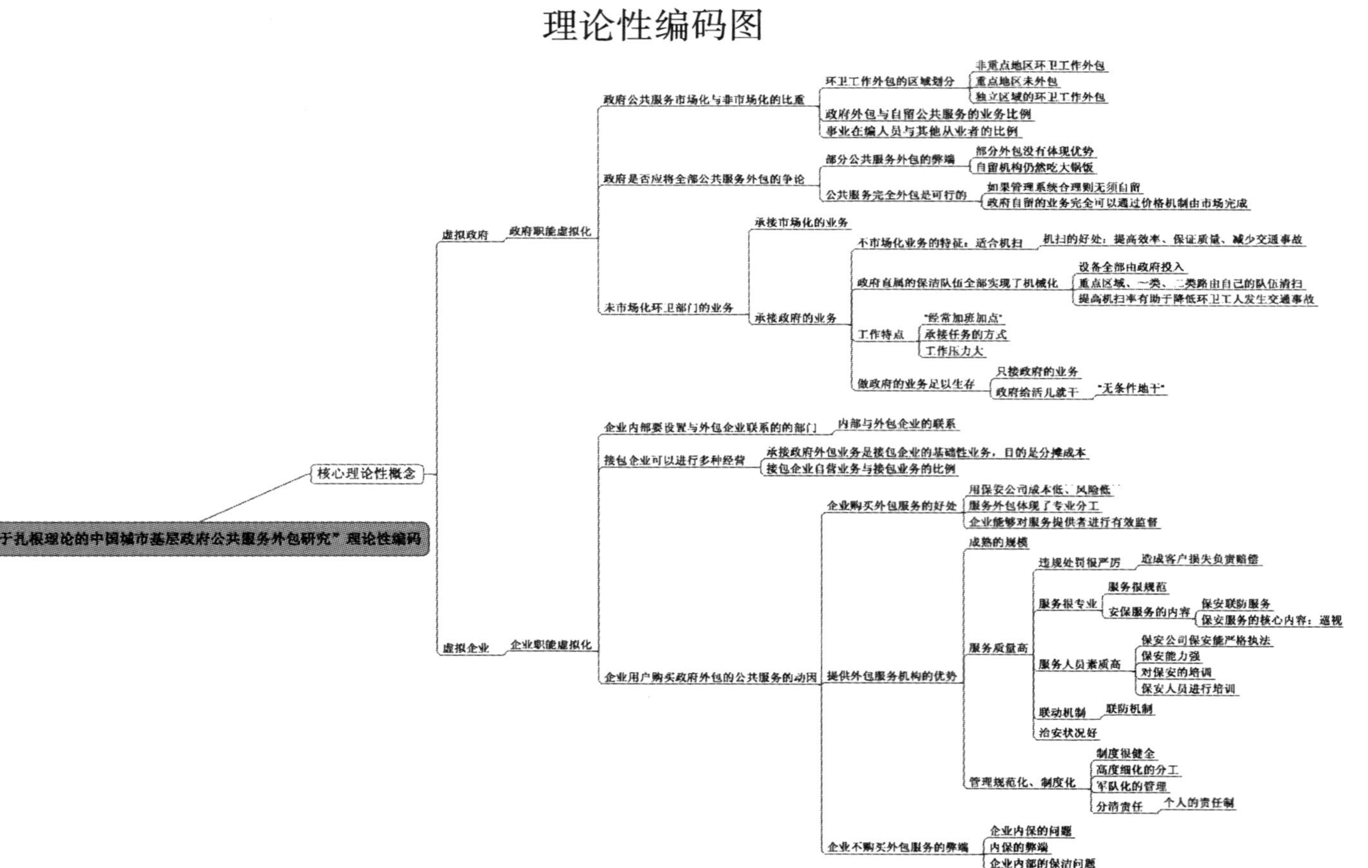

后　记

本书行将掩卷之际，正值2013年的尾声，感慨着又一年悄悄地逝去，憧憬着又一年全新的旅程，心中涌起阵阵复杂的情感……

感谢我的父亲和已在天上的母亲，他们给了我生命，给了我健康的身躯，培养了我独立的人格和丰富的心灵，我获得的点点滴滴的进步都来自他们多年来的教育、鼓励和支持！我爱他们！我会更加努力，用今生所有的成就来回报他们的养育之恩！

感谢所有关心过、支持过、帮助过、陪伴过我的人，感谢所有曾与我相识、与我相知、与我相惜的人，他们都是我人生中不可或缺的精彩！更要深深地感谢那些打击过、欺骗过、伤害过我的人，人生的意义来自缘聚缘散中对永恒的追求，无论何缘都值得珍惜和感恩，感谢他们让我获得了成长！

学术之路既寂寞又喧嚣，既漫长又短暂，有人说它是一场寂寞苦旅，多少人皓首穷经，寤寐以求，有人说它是一条漫漫长途，多少人早生华发，上下求索。但我觉得，这其实更该是一段段精彩纷呈的发现之旅：既风光无限，气象万千，又风云际会，瞬息万变，非全心体悟不能品其中甘苦，非剑胆琴心不能揽其中胜景！

我，仍在路上……

贾旭东
2013年12月24日